世の中を知る、考える、変えていく

高校生からの社会科学講義

飯田 高・近藤絢子・砂原庸介・丸山里美 編

はしがき

この本を手に取ってくださったみなさんは、「世の中」についてどのようなイメージをもっているでしょうか。

今の「世の中」は十分に満足できるものでしょうか、それとも改善の余地があるでしょうか。あるいは、どうしようもないほど問題だらけと思われるかもしれません。いずれにしても、問題がどこにあるかを理解するには「世の中」について知る必要があります。社会科学は、そのためのツールを提供してくれます。

この本の目的は、社会科学に属するとされる諸分野が「世の中」をどのように眺めているかを紹介しながら、各分野の案内をすることにあります。読者層として主に念頭に置いているのは高校生の方々ですが、大学生や社会人の方にも、社会科学の入門書として読んでいただける内容になっているのではないかと思います。

社会科学とは、「文系」といわれている学問分野の中で、主として現在の社会のことを考える分野の総称です（文系のうち、文学や哲学などは人文学と呼ばれます）。社会科学はいずれも「世の中」の問題に取り組む学問といえます。ただし、「世の中」の捉え方は一様ではなく、何に照準を合わせて捉えるかはおのおの異なっています。

社会科学としてこの本で取り上げたのは、経済学・政治学・法学・社会学の 4 分野です。もちろん社会科学はこれらの分野だけで成り立っているわけではなく、他にも重要な分野はたくさんあります（例えば、教育学、心理学、経営学など）。さらにいえば、伝統的には理系分野に分類されてきたさまざまな分野（工学、データサイエンス、脳科学などが例です）と社会科学との境界線も次第に薄まりつつあり、上記の 4 つの分野だけで社会科学を語り尽くすのはもとより不可能です。しかし、社会科学の考え方の特徴をできるかぎり伝えられるように、「世の中」の問題を比較的幅広く扱っている 4 分野を選びました。また、この 4

分野には共通する研究テーマが多いため、同じテーマを論じることで学問の違いを際立たせやすいというねらいもあります。

　高校生のみなさんからみると、これらの分野が何を研究しているか、そしてそれを学ぶことが何に役立つのかが分かりにくいかもしれません。経済学・政治学・法学・社会学はそれぞれ何を目指し、どのように異なっているのか。各分野ではどんなことが研究できるのか。将来の自分にとってどういう意味があるのか。そういったことを大学入学前（または、大学に入って専攻分野を選択する前）に伝え、高校での勉強と大学での学問を取り結ぶ一助となれば、という願いがこの本には込められています。

　もっとも、この願いを強くもっていたのは、有斐閣の編集部の方々だったように思います。編集部からは、次の3点が目標として示されました。

① 大学の社会科学系の学部への進学を考える高校生に、「自分の関心のもち方は、経済学／政治学／法学／社会学に近いかもしれない」と感じてもらい、進路決定の参考にしてもらいたい。
② 社会科学系の学部に通う大学生に、自身の専門分野以外の視点から社会の課題にアプローチするやり方があること、それがどんなものであるかを知ってもらいたい。
③ 社会の課題に関心のある一般読者に、課題へのアプローチのしかたについてヒントを与えたい。

　この難題に取り組むべく編者と編集部との間で議論を重ね、さらに、多くの研究者の協力を得てできあがったのがこの本です。Part Ⅰでは、各分野に対してありがちな誤解を解きつつ、4つの分野のアプローチのしかたを概観します。Part Ⅱ以降では、環境、貧困、テクノロジー、ジェンダーという具体的なテーマを取り上げて、各分野で活躍している研究者に解説してもらいました。

結果として、この本はかなり贅沢な内容になりました。300 ページほどの本にこれほど多様な分野のたくさんの研究者が集まっているというのは、そうそうないことです。おそらく、読者のみなさんに響くものが本のどこかにあるのではないかと思います。それが将来的に「世の中」をより良くしていくためのきっかけになれば、編者としても非常に嬉しく思います。

　本書の刊行に際しては、有斐閣編集部の大原正樹氏、岩田拓也氏、四竈佑介氏、渡部一樹氏に、企画段階から校正段階に至るまで大変お世話になりました。また、草稿を読んで貴重なコメントをくださった中学校・高校の先生方にも心からの謝意を表したいと思います。そして最後に、寄稿してくださった研究者の方々にも厚く御礼申し上げます。この本の企画・執筆時期はちょうどコロナ禍のさなかだったため、編集会議はすべてオンラインで行われました。ようやく落ち着いてきた時期に世に出る本書が、さまざまなところで新たなネットワークを紡いでいくことを願っています。

2023 年 5 月　　　　　　　　飯田　高／近藤絢子／砂原庸介／丸山里美

目次

PartⅡ 環境

PartⅢ 貧困

Part Ⅳ　テクノロジー

Part V　ジェンダー

執筆者紹介 (*は編者)

― 経済学

近藤絢子*（こんどう・あやこ）
東京大学社会科学研究所教授
担当：PartI_1／
PartV イントロダクション／Column1

猪野弘明（いの・ひろあき）
関西学院大学経済学部教授
担当：PartII_2

森 悠子（もり・ゆうこ）
津田塾大学学芸学部准教授
担当：PartIII_3

渡辺安虎（わたなべ・やすとら）
東京大学大学院経済学研究科教授
担当：PartIV_4

原ひろみ（はら・ひろみ）
明治大学政治経済学部教授
担当：PartV_1

― 政治学

砂原庸介*（すなはら・ようすけ）
神戸大学大学院法学研究科教授
担当：PartI_2／PartI まとめ／
PartIV イントロダクション／Column3

宇治梓紗（うじ・あずさ）
京都大学大学院法学研究科准教授
担当：PartII_3

木山幸輔（きやま・こうすけ）
筑波大学人文社会系助教
担当：PartIII_4

羅 芝賢（な・じひょん）
國學院大學法学部准教授
担当：PartIV_1

松林哲也（まつばやし・てつや）
大阪大学大学院国際公共政策研究科教授
担当：PartV_2

― 法学

飯田 高*（いいだ・たかし）
東京大学社会科学研究所教授
担当：PartI_3／
PartII イントロダクション／Column2

島村 健（しまむら・たけし）
神戸大学大学院法学研究科教授
担当：PartII_1

笠木映里（かさぎ・えり）
東京大学大学院法学政治学研究科教授・
フランス CNRS リサーチフェロー
担当：PartIII_2

小塚荘一郎（こづか・そういちろう）
学習院大学法学部教授
担当：PartIV_3

石綿はる美（いしわた・はるみ）
一橋大学大学院法学研究科准教授
担当：PartV_4

― 社会学

丸山里美*（まるやま・さとみ）
京都大学大学院文学研究科准教授
担当：PartI_4／PartIII イントロダクション

青木聡子（あおき・そうこ）
東北大学大学院文学研究科准教授
担当：PartII_4

知念 渉（ちねん・あゆむ）
神田外語大学
グローバル・リベラルアーツ学部准教授
担当：PartIII_1

高野麻子（たかの・あさこ）
明治薬科大学薬学部准教授
担当：PartIV_2

森山至貴（もりやま・のりたか）
早稲田大学文学学術院准教授
担当：PartV_3

｜　本書の読み方　｜

　この本では、「PartⅠ イントロダクション」に、経済学・政治学・法学・社会学を全般的に紹介する4つの章を置き、「PartⅡ 環境」「PartⅢ 貧困」「PartⅣ テクノロジー」「PartⅤ ジェンダー」のそれぞれにも、経済学・政治学・法学・社会学の考え方を紹介する4つの章を置いています。つまり、この本には、合計で20の章が置かれています。

　私たちとしては、全部の章を読んでほしいと思っていますが、ひとつひとつの章は独立していますので、関心のある部分だけ読んでみることもできます。例えば、「PartⅢ 貧困」を読む、「経済学」について書かれた章を読む、といった読み方ができるでしょう。そして、テーマや分野を超えて、社会科学全体に興味が出てきたら、ぜひすべての章を読むことにもチャレンジしてもらえればと思います。

｜　出典の見方　｜

　学術的な文章を書くときには、ほかの人が発表した論文、書籍、調査データの内容を使って、自分の見解を補強することがあります。その際には、それらの研究成果が誰によるものか、その研究成果はどの文献で確認できるかを示す、「出典の明示」が必要です。これは、文系、理系を問わず、学術的な文章を書くうえでの基本です。

　この本では、これから学問の世界に踏み込もうとする読者に出典の明示のことを意識してもらうため、社会科学の世界で広く用いられている次の方式で、出典を示すことにしました。

▶ 本文での表記　　　　……… 編著者名 ※人数が多い場合は一部を省略
（松久ほか 2022：36）　　　-・- 刊行年
　　　　　　　　　　　　　 ── とくに参照すべきページ ※省略していることもあります

▶ 文末の参考文献リスト
● 松久三四彦・遠山純弘・林誠司、2022、『オリエンテーション民法〔第 2 版〕』有斐閣

　このように参考文献リストと、本文での著者名・刊行年の表記を組み合わせることで、その部分がどの文献に依拠して書かれたかが分かります。

　なお、学問分野によっては、これ以外の出典の明示の方式を用いていることもあります。読者のみなさんが学問の世界に踏み込んだ際には、ぜひ、その分野における出典の明示の方式を身に付けてください。

※紙幅の都合で掲載できなかった参考文献は、有斐閣のウェブサイトで提供しています。下記のURLまたは右記の二次元コードからアクセスし、「ウェブサポート」のコーナーをご覧ください。
https://www.yuhikaku.co.jp/books/detail/9784641126459

イントロダクション

1. 経済学

経済学：効率性とインセンティブの観点から世の中を考える

近藤絢子

経済学とは？

　「経済学」と聞いて、みなさんはどんな学問を思い浮かべるでしょうか。多くの人が「お金持ちになる方法がわかる」とか「景気をよくするにはどうすればよいか研究する」といったイメージを持っているのではないでしょうか。

　経済学とは、社会全体で人やお金などの資源をより効率的に配分する方法を考えたり、人々の行動をインセンティブ（動機）の視点から理解しようとしたりする学問です。「景気をよくするにはどうすればよいか」は経済学の研究対象のうちの1つですが、自分がお金持ちになる方法は経済学を勉強しても直接はわかりません。

　例を挙げて説明しましょう。私の職業が経済学者であることを知っている友人や親戚から、たまに「どの株を買えば儲かるの？」と訊かれることがあります。しかし、経済学を勉強しても個別の会社の株価予測にはあまり役立ちません。ただし、「長期にわたって株価を予想して大儲けし続けられる人が存在したらおかしい」ということだけはわかるようになります。

　それはこういうことです。仮にどの株が上がるか正確に予想する方法があるとします。でも、その方法で値上がりしそうだとわかった株はみんなが欲しくなるので、わかった瞬間にその株の価格は高騰してしまいます。運よく値上がり前からその株を持っていた人は儲かりますが、それは偶然です。確実に値上がりする株を他の投資家が気づく前に見分け

て大儲けし続ける方法は、（内部情報を手に入れ悪用するなどの非合法な手段を除けば）存在しないのです。

　この、一見当たり前のロジックのどこが経済学なのでしょうか？　まず「値上がりしそうだとわかった株はみんなが欲しい」というのは、人々が「お金を儲けたい」というインセンティブに従った結果です。インセンティブとは、人々に特定の行動をとらせるものという意味で、「動機（づけ）」「誘因」などとも訳されます。経済学では、家計（消費者）や企業（生産者）などの経済主体が、各々与えられたインセンティブに従って行動し、その結果として社会全体がどうなるかを考えるのです。

　そして、みんなが欲しがる株の価格が高騰してしまうのは、経済学の基本概念の1つである価格メカニズムによるものです。たくさんの人が欲しいと思うようになる、すなわち需要が増えると、今の価格よりも高くても買いたい人も多くなります。同時に、価格が高ければこの株を売ってもいいと思う人の数も増えるので、価格が上がり取引量が増えていきます。

　こうして需要が増えると価格が上がるのですが、価格が上がるにつれて、だんだんとその価格でも買いたいと思う人の数は減り、売りたいと思う人の数は増えていくので、最終的に買いたい人と売りたい人の数が同じになるところで価格が決まります。株式市場では特に売り買いがすぐに成立しやすいので、あっという間に価格が調整されてしまいます。

高校の公民で習う「経済」は経済学の入口

　この価格メカニズムの説明は、高校の政治・経済や公共（公民）の教科書にも載っています。縦軸に価格、横軸にある商品（経済学では「財・サービス」と呼びます）の取引量をとって、右下がりの需要曲線と、右上がりの供給曲線が描かれたグラフに見覚えがある方も多いのではないでしょうか（図1）。需要曲線と供給曲線が交わるところ、すなわち需要と供給が等しくなるところの価格を均衡価格といいます。もし、価格が

図1　需要曲線と供給曲線

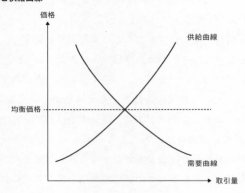

均衡価格よりも高ければ、供給が需要よりも多い状態になり、品物が余ってしまいます。そうすると、もっと安い価格で売ってもよいという売り手が出てきて、価格は下がっていきます。逆に、価格が均衡価格よりも低いと需要が供給よりも多くなるので品物が不足し、もっと高い価格でも買いたい人が出てくるので、価格が上がっていきます。このように、需要と供給が等しくなるよう価格が自動的に調整されることで、品不足（需要超過）や品余り（供給超過）が解消されるのです。

　高校の公民の教科書の多くでは、最初に、この品不足や品余りが生じない状態を「資源配分が効率的な状態」であると説明します。経済学でいう「資源」とは、石油や鉄鉱石などのいわゆる天然資源だけでなく、土地や労働力のもとになる人間など、物を作るのに必要なものすべてを指します。品不足や品余りが存在しているときは、品余りしているものを作っているところから、品不足なものを作っているところに資源を動かす方がよいですよね。また、どうしても足りないものは、より強く必要とする人に届けた方がよいわけです。価格メカニズムは、品不足なものの価格を上げることで、不足しているものを生産者がもっとたくさん作るように促すとともに、消費者の中でそれほどその物を必要としない

人が「高いから買わなくていいや」と諦めることも促しているのです。

　続いて、高校の公民の教科書の多くで、この価格メカニズムがうまく働かない状況として、独占や外部性といった概念が導入されます。独占とは、ある物の生産を1つの企業だけが独占することで、市場価格を操作する力を持ってしまうことをいいます。外部性とは、市場取引を経由せずに他者に利益や不利益を与えてしまうことで、例えばみんながワクチンを打てばワクチンを打ってない人もその病気にかかるリスクが減るのでワクチンには正の外部性がありますし、タバコには吸う人本人だけでなく周りも煙の害を受ける負の外部性があります。そして、こうした価格メカニズムがうまく機能しない状況を「市場の失敗」と呼び、市場の失敗による悪影響を取り除くために政府による市場への介入が必要になる、という説明が続きます（外部性について詳しくは☞ Part II_2. 経済学）。

　多くの大学の経済学部で必修科目になっているミクロ経済学は、こうした内容をより深く学ぶものです。例えば、「価格が上がると欲しい人が減るから需要曲線は右下がりになる」をより深く突き詰めていくと、人がそれぞれ限られた予算の中で、自分の嬉しさ（経済学では「効用」と呼びます）を最大にするようなお金の使い方をすることによって需要曲線の形が決まることを、理論的に示すことができます。同様に、右上がりの供給曲線は、その財やサービスを生産する企業が、生産技術の制約のもとで「利潤」（売上から費用を引いたもので、企業会計上の「利益」とは厳密には違います）を最大化した結果であることが示されます。

　このように、それぞれの経済主体が自分のことだけを考えて自分にとって最もよい行動（利己的行動）をとったとしても、もし誰も他人の邪魔をできない状況（厳密には「完全競争」と定義される状況）であれば、市場全体の資源配分は効率的になる、というのが経済学の根幹をなす基本定理です。

　しかし、現実経済では「誰も他人の邪魔をできない」という条件がなかなか成立しません。たとえば、独占企業は供給量を操作することによ

って価格を吊り上げ、消費者に損害を与えながら自分の利潤を増やします。独占企業のような力のある主体が、他の主体の状態を悪くしてでも自分にとってよい状態をかなえようとすることによって、市場の失敗が起きるのです。

最適化という考え方

　このように、経済学では、「各経済主体が与えられた条件のもとで自分にとって最も望ましい行動をとると経済全体で何が起こるか」を分析することに主眼が置かれます。自分にとって最も望ましい行動をとることを「最適化行動」といいます。すべての経済主体の行動のベースに、インセンティブに基づいた最適化がある、と考えるのが、他の社会科学と比較した際の経済学最大の特徴です。労働経済学、産業組織論、国際貿易論など、分析対象によって細分化されていても、根っこにはこのインセンティブと最適化の考え方があります。

　こういった理論をきちんと理解するための道具として数学を使うのも、経済学の特徴です。例えば、与えられた条件のもとで効用なり利潤なりを最大化する最適化行動は、数学の局所最大化問題として記述することができます。高校の数学で微分を習った人は、二次関数のグラフの頂点では傾きがゼロ、すなわち微分してゼロになることを知っていると思います。下側に開いている放物線の頂点はその放物線の縦軸でみた最大値なので、二乗項の係数が負である二次関数が最大値をとるのは、その関数を微分してゼロになるところです。局所最大化問題は基本的にこれを発展させたものです（図2）。このように、経済学で扱う事象を数式を用いて記述したものは理論モデルと呼ばれます。ある程度深く経済学を勉強しようと思うと、理論モデルを理解するための数学の知識がどうしても必要になってきます。

　経済学部は文系のくせに数学を使う、といわれるのはこのためです。とはいえ、入門レベルであれば数学をほとんど使わない教科書もたくさ

図2　局所最大化問題の例

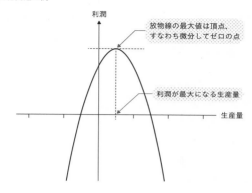

利潤

放物線の最大値は頂点、
すなわち微分してゼロの点

利潤が最大になる生産量

生産量

んありますし、特に高度な数学を使う特定の分野を深く研究するのでなければ、高校2年生までの数学がだいたいわかっていれば大丈夫です。

さまざまな分野への応用

　ここまでが、経済学の各分野に共通する基本的な考え方です。この考え方をベースに、分析対象によって分野が細分化され、理論分析だけでなく、現実のデータを用いた実証分析も行われます。労働経済学、産業組織論といった経済学の応用分野における実証分析は、こうした最適化の理論から導かれる予測が現実をどのくらいうまく説明できているか、もし理論予測と現実がかけ離れている場合は、なぜかけ離れてしまうのかを検証しようとするものです。

　この本のPart Vで扱う男女間格差の問題を例にして説明しましょう。男女間の格差にもいろいろなものがありますが、ここでは就職や働き方をめぐる労働市場での格差を考えます。経済学者が労働市場における男女間の格差を考えるとき、まず前提にするのは、「もしも男性と女性が労働力としてまったく同じだけの生産性を持ち、労働市場で価格メカニズムがきちんと機能していれば、男女の賃金（＝労働力の価格）に差は

生じないはず」という理論です。しかし現実には男性と女性の平均収入には大きな差があります。ということは、「男性と女性が労働力としてまったく同じだけの生産性を持つ」か「労働市場で価格メカニズムがきちんと機能している」のどちらかあるいは両方が、成立していないことになります。ではその原因は？　と考えていくのです（具体的な原因については Part V を読んでください）。

　実証分析の結果を踏まえて、さらに理論分析を発展させていくこともあります。実証分析の結果新たな事実が判明したら、その事実を説明できるような理論モデルを構築し、そのモデルが現実に当てはまっているかデータを使って検証する、というように、実証分析と理論分析がお互いに補い合って、経済学全体が発展してきました。

　また、経済学の考え方は、景気変動とか国民所得の成長率といった一般的に考えられている「経済」の範囲を超えて、さまざまなことを分析するのにも使えます。例えば、スポーツの分野では、選手のやる気を最も引き出せるような年俸や賞金の設定とか、観客がより楽しめるように試合結果を拮抗させるリーグの組み方などを考える際に、経済学の考え方が使えます。男女の出会いもある意味では「取引」「契約」であると考えれば、婚活「市場」の分析や、結婚後の夫婦間のパワーバランスを理論で予測するなどということもできます。学力をある種の生産物とみなして「教育生産関数」という概念を導入し、より効率的に学力を上げるにはどこに力を入れればいいかという分析が行われることもあります。

　このように羅列していくと、なんだか「何でもあり」にみえるかもしれません。しかし、「〇〇経済学」と呼ばれるものは共通して、各主体が与えられた条件のもとで自分にとって最も望ましい行動をとると経済全体で何が起こるかを分析する、というインセンティブの視点を基礎にしています。裏を返せば、このインセンティブに基づく考え方はそれだけ応用可能性が広いのです。

EBPM──エビデンス（証拠）に基づく政策立案

　このようにさまざまな分野に応用される経済学ですが、やはり最も得意とするのは人々の経済活動を理解することです。どのような制度をつくると、人々がどのように反応し、結果として経済全体ではどのようなことが起きるか、を考えるうえで、経済学の最適化とインセンティブの考え方は非常に役に立ちます。そして、経済学の理論どおりに人々が反応し、予想されたとおりの結果が起きているかをデータを用いて確認する実証分析は、最初に意図したように政策の効果が出ているかを検証するうえで重要な役割を果たします。

　とりわけ近年、「エビデンス（証拠）に基づく政策立案」の重要性が増してきています。政策を作る際には、担当者の主観的な経験や一部の市民の陳情などに流されるのではなく、科学的なデータ分析によって得られたエビデンスに基づいた議論を行うべきだ、という考え方です。英語で Evidence-Based Policy Making といい、しばしば EBPM と省略されます。背景には、コンピュータの普及や情報通信技術の発展によって、社会保険や税などといった、国や地方自治体の役所が扱う情報もデジタル化され、統計的な解析を行いやすくなったことがあります（☞ Part Ⅰ_Column 1）。

　少子化対策を例にして説明しましょう。子どもの数を増やすためにどんな政策が考えられるでしょうか？　例えば子どもが生まれた家に子育てのための補助金を出す、保育園をもっとたくさん作って入りやすくする、などさまざまな政策が考えられます。どれもそれなりに効果はありそうに思えますが、「なんとなく効果がありそう」というだけでは「エビデンスに基づく」とはいえません。どのくらいの額の補助金を出すと子どもの数が何パーセント増えるのか？　保育園の定員を 100 人分増やした場合は？　などと具体的な数値で効果を予測する必要があります。その際には、過去に実施した補助金を出したり保育園を増やしたりした事例の記録をデータとして、科学的な方法で分析して信頼できる予測を

出すことが重要です。この、予測を立てるプロセスで、経済学の実証分析で発展してきた分析方法が役に立ちます。

また、政策によっては思わぬ副作用を持つこともあります。例えば、少子化対策のつもりで出産後の女性社員にさまざまな配慮を行うことを企業に義務づけた結果、企業が若い女性を雇用すること自体を避けるようになり女性の失業率が上がってしまった、という事例もあります。こうした副作用を予測したり、起きてしまった副作用の大きさを計測したりするのにも、経済学の理論や実証手法が役立ちます。

経済学だけでなく他の社会科学分野も、それぞれの形で EBPM にかかわりがあります。たとえば政治学は、主に意図した政策を着実に実行するにはどうすればよいかという観点から EBPM にかかわってきます。また、法律を制定する際の根拠として、科学的なエビデンスを重視する傾向も強まってきており、その意味では法学も関係してきます。もちろん、政策立案の根拠となるエビデンスを提供できるのは経済学だけに限らず、社会学や政治学、それにこの本では扱わない他のさまざまな学問分野が、それぞれの得意なかたちで貢献しています。そのなかでも、経済学は特に、人々や企業の経済活動にかかわる政策に関するエビデンスの提供に強みがあるといえます。

経済学を勉強するとどんな役に立つの？

経済学が政策立案に非常に役立つことはすでに述べました。実際に、政策を作る現場では、多くの経済学者が政府や地方自治体、中央銀行や国際機関などに知見を提供しています。また、そうした組織で働く人たちの中には、大学卒業後に大学院でより深く経済学を勉強した人たちも少なくありません。

直接は政策立案にかかわらない場合でも、経済学の考え方を身につけておくと問題解決力につながります。経済学では「理論上は、理想的な完全競争市場のもとではすべてが効率的になるはず。だが実証分析の結

果、現実はそうではない。では何が原因か？」という考え方をします。このように、理論的な予測と現実にずれが生じたときに、冷静に原因を探る態度は、経済学を学ぶうちに自然と身についていくものです。

　また、人々は与えられた条件のもとで自分にとって最も得になる行動をするものだ、というインセンティブの視点は、何か目的があってルールを定めるときに、想定外の副作用を起こさず意図したとおりの効果を上げられるような制度設計をするために、非常に有用な考え方です。例えば、子どもにおもちゃを買ってあげるときに、今持っているおもちゃが壊れたら買うとだけ決めてしまうと、新しいおもちゃが欲しくなると今あるおもちゃをわざと壊すようになってしまうかもしれません。では、どうすればいいのか。わざと壊しちゃダメ、と決めるのがいいのか、それともまったく別のルール、例えばクリスマスと誕生日だけ買ってあげることにする方がいいのか。このようにルールを詰めていく際に、「このルールのもとでは子どもはどう行動するか？」とそのつど考えていく姿勢が、経済学を学ぶなかで培われていきます。

　さらに、観察できる相関関係が因果関係かどうかを見極める因果推論の考え方（詳細は☞ Part Ⅰ_Column 1）も、さまざまな場面で役に立ちます。卒業論文などのために、自分でデータを分析して実証分析を行う経験をする機会があれば、統計データの探し方や扱い方を身につけることができます。自分で分析を行うことがなくても、新聞・雑誌やウェブメディアなどでみるグラフや表から、正しい情報を読み取れるようになります。因果推論の考え方自体は、他の社会科学や一部の自然科学を専攻しても学ぶことができますが、他の社会科学と比べても比較的、経済学が得意とするところではあります。

　冒頭で述べたように、経済学を勉強しても、自分がお金持ちになるための方法はあまりわかりません。それよりも、世の中全体をよくしたい人や、物事がなんでうまくいかないのか解明することが好きな人に、向いている学問分野だと思います。

著者紹介　　**近藤絢子（こんどう・あやこ）**
東京大学社会科学研究所教授（労働経済学）

〈主要著作〉「高齢者雇用の現状と政策課題」川口大司編『日本の労働市場
──経済学者の視点』（有斐閣・2017 年）、「人手不足なのに賃金が上がらない
三つの理由」玄田有史編『人手不足なのになぜ賃金が上がらないのか』（慶應
義塾大学出版会・2017 年）
〈なぜこの学問・この専門分野を志したか〉中学生の時に、バブル景気がはじ
けて急に不況になったのが経済学に興味を持ったきっかけです。さらに大学で
経済学を勉強し始めたころ、金融危機が起こり一段と景気が悪くなり、就職難
を身近に感じて労働経済を専門にしました。

Q & A

Q. 数学が苦手だから文系を選んだのですが、経済学部の勉強についていけますか？

A. 本文でも触れたように、経済学の理論を記述するときに、数式を用いることがあります。ただし、高校2年生までの範囲の基本的な内容がわかっていれば十分ですし、足りない分は大学に入ってから勉強することもできますから、苦手であっても勉強する気があればどうにかなります。でも数学はなるべく避けて通りたい、という人には、経済学部はあまりお勧めできないかもしれません。また、統計データを用いる実証分析も避けて通れないので、数字がぎっしりの表を見ると頭が痛くなる、というタイプの人にもちょっと辛いかもしれません。

　とはいっても、入門レベルの教科書には数学をまったく使わないよう工夫して書かれたものもたくさんあるので、数学がどうしても苦手な場合はそういう本を選んで勉強していくだけでも、基礎的なことはひととおりわかるようになると思います。

Q. 経済学部を卒業したら、どんな仕事につけるの？　会社の経理や会計の仕事をすることになるの？

A. 医学部のように特定の職業に直結するような学部ではないので、卒業後の就職先はさまざまです。確かに、他の学部よりは経理や会計関係の仕事につく割合が若干多く、公務員試験を受けて行政官になる人や税理士や公認会計士などの資格を取る人も一定数いますが、営業、販売、商品開発など、一見経済学とは関係なさそうな仕事につく人もたくさんいます。ただし、本文で述べたように、経済学的な考え方はいろいろな仕事で役に立ちます。将来ど

んな仕事をしたいかまだよくわからない、という人にこそ、経済学部はお勧めかもしれません。

Q. 経営学や商学とどう違うの？

A. 大学によっては経済学部のなかに経営学科があったり、経済経営学部とひとまとめにされたりしていることもありますが、経済学と経営学・商学では、分析対象が違います。

経済学は、各経済主体がインセンティブに基づいて行動すると経済全体で何が起こるかを考えるのが基本です。特定の産業とか、労働市場や金融市場など特定のものの市場に限定して考えることはありますが、とにかくなにがしかの取引が行われる場＝市場を、俯瞰的な視点で分析するものです。

これに対して、経営学では、企業組織をいかにうまく経営するかを考えます。経営戦略を考える際には市場での取引相手のことを考える必要があるので少し経済学と似たところもありますが、基本的には、ある企業をいかにうまく経営するか、その企業を中心とした視点で考えていきます。商学は、会計やマーケティング、ファイナンスなど、ビジネスにかかわる実践的な内容について研究する学問です。経営学と共通する部分も多いですが、経営学では組織の分析にも重点が置かれるのに対して、商学は商品とお金の流れに直接かかわる内容が多いという特徴があります。

どちらもビジネスをうまく行う方法を研究しているという意味で、経営学と商学はかなり近い学問です。それに比べると社会経済全体の動きを俯瞰して分析する経済学は、はっきりと違う学問分野であるといえます。

Column 1

社会科学のなかの因果推論

　各分野の説明でも触れられているように、社会科学の関心の1つに、世の中で起きた出来事の原因を探ることがあります。ある出来事という結果を引き起こした原因を探ることで、結果に対して誰が責任を負うのかを考えたり、原因から将来を予測しようとしたり、原因に当たるものに働きかけることで将来のよりよい結果を生み出そうとしたりすることもできるでしょう。しかし、社会科学全体に共通する課題として、「○○によって××が起きた」とか「○○が××を増やす」など、何かが何かに影響を与えることを誰にでも納得できるように示すのは、実はとても難しいということがあります。

　「○○によって××が起きた」とか「○○が××を増やす」などのように、○○が原因で××が結果であるという関係を因果関係といいます。これと似ているけれども根本的に異なる概念が、「○○が大きいと××も大きい（または小さい）ことが多い」という相関関係です。

　因果関係があるところには必ず相関関係もありますが、相関関係があっても因果関係ではないことは多々あります。例えば、日本の高齢化率（人口に占める65歳以上の割合）もアメリカの肥満率も年々上昇傾向にあるので、「日本の高齢化率が高い年はアメリカの肥満率も高いことが多い」という相関関係が成り立っています。でも日本の人口が高齢化したからアメリカで肥満が増えたのではなく、単にたまたまどちらも年々増加していく傾向にあるというだけです。

　日本の高齢化率とアメリカの肥満率くらい明白に関係がなければわかりやすいのですが、これが「教育年数が長い方が年収も高い」になるとどうでしょうか？ 教育の効果によって年収が上がったのかもしれないし、もともと能力の高い人が進学し

やすいだけかもしれません。「教育年数が長い方が年収も高いことが多い」、すなわち教育年数と年収に相関関係があることは、データさえあれば簡単に示すことができます。しかし、その関係が、教育が年収に影響するという因果関係なのか、年収が高くなりそうな能力の高い人は教育年数も長くなりやすいだけなのか、区別するのは簡単ではありません（図1）。

　もしも、人々の教育年数を、もともとの能力などとはまったく無関係に、くじびきで割り当てることができれば、たまたま長い教育年数を割り当てられた人が、そうでない人よりも年収が高くなるかどうかを調べるだけで、教育年数と年収が原因と結果の関係（因果関係）にあるかがわかります。しかし、現実には、高校や大学に進学するかどうかは、それぞれの生徒が自分の成績やなりたい職業、家庭の経済状況や周囲の環境などさまざまな要因に影響を受けながら決定するものです。その人の

図1　因果関係と相関関係

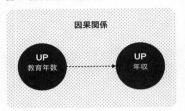

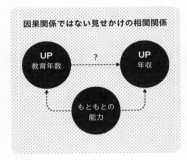

一生を左右するようなことを、研究者がくじびきで決めるようなことはできません。

　このように、化学や物理学などとは違って、社会科学の研究対象は人間の営みや社会の動きであり、実験室での実験では解明できないことがほとんどです。それでもなるべく科学的な方法で実証分析を行うべく、

それぞれの分野でさまざまな手法が発展してきました。

　なかでも、年収や教育年数、あるいは政党の得票率とか温暖化ガスの排出量など、数値化しやすいものについては、統計学を基礎にした、データ上で観測された相関関係から因果関係の有無を推論する手法（因果推論）が発展してきました。具体的な手法の説明は専門的になりすぎてしまうのでここではしませんが、計算能力の高いコンピュータの普及や、社会のデジタル化にともなって、因果推論の手法を用いて分析することができるデータがどんどん豊富になってきています。

　因果推論のテクニックは、研究の場だけでなく、企業のマーケティングなどにも幅広く応用されています。消費者が、なぜある商品を購入しているのか、という原因がわかれば、企業はそこに働きかけて効率よく商品を売り込むことができます。みなさんも「ビッグデータ」という言葉を聞いたことがあると思います。携帯電話の位置情報や電車の乗車記録など、デジタル技術によって集められた大量のデータのことです。こうしたデータから、必要な情報をうまく取り出すうえでも、大学の社会科学系の学部で勉強できるデータ分析の手法は役に立つのです。

　因果推論の手法は、経済学を中心に、社会科学の分野の垣根を越えてさまざまな分析に利用されています。とはいえ、計量的な解析だけで、社会科学が扱うすべての問いに答えられるわけではありません。世の中で生じる出来事には、さまざまな文脈があるので、分析を行うときには関心がある出来事の意味づけを探ることも重要になります。観察から得られたデータや歴史的資料を丹念に遡ったり、理論的に説明できるか試みたり、調査対象に密着して丁寧な聞き取りを行うなど、計量分析以外のさまざまなアプローチがとられます。そうして出来事を記述・分析して、世の中を理解するための知識を増やしていくのです。　　〔近藤絢子〕

2. 政治学

政治学：人を動かす力から世の中を考える

砂原庸介

政治学とは？

　政治学が対象とするのは、政治という営みです。政治について学ぶといわれたとき、「政治家と呼ばれている人たちが行っている何か」について勉強することを想像する人が多いかもしれません。政治家が、国会で演説したり、公務員を呼んで説明させたり、選挙で人々に話しかけたりする姿をみたことがある人は多いでしょう。そこから、政治学を勉強すると、そんな政治家やそれをサポートする公務員になりやすくなるとか、政治家や公務員が自分たちの仕事をうまくできるようになると思われるかもしれません。しかし、確かに政治家や公務員は重要な研究対象なのですが、政治学の研究成果は、そういったことを直接教えてくれるわけではありません。

　国会や地方自治体で政治家や公務員が行っている仕事は、いったい何のために行われているのでしょうか。それは、私たちの社会で、人々がそれぞれに感じている利害を調整し、社会として何らかの望ましい状態を実現しようとするため、と考えられます。政治学は、そのような観点から、たとえば法律や予算を作るといった政治家や公務員の活動を分析しようとしています。政治家や公務員がある法律を作ったとして、なぜそのような法律を作ろうとしたのか、どのような過程で合意に達することができたのか、その法律がどのような影響を他者に与えたのか、そういったことが政治学の関心となるのです。

　そして、社会といっても、国や地方自治体のような単位だけではなく

て、企業や学校、マンションの管理組合や町内会、あるいは家族など、複数の人で集団が作られるところには、必ず人と人との関係があり、利害調整の問題が出てきます。政治家や公務員のような登場人物はおらず、法律のように明確で堅苦しい決まりはないかもしれませんが、集団に属する人に特定の行動を求めたり、集団の中でやってはいけないことを決めたりすることはあります。政治家と呼ばれる人たちがかかわっていなくても、複数の人々がかかわり合えば、利害調整や問題解決を迫られる場面が出てきます。政治学の関心はそこにも向いています。

　ここまで述べてきたことをやや抽象的に整理すると、政治学の関心は「価値の権威的配分」にあるといえます。「価値」というのは、私たちが日常的に使うモノ（財）や人に提供してもらうサービス、そういった財・サービスを得るための金銭や労働などの資源をはじめとして、人々が持つ権利や称えられるべき名声、安全・安心の感覚など、広く価値があるものを指しています。「権威的配分」のほうはわかりにくいですが、経済学などで前提とする自発的な交換と比較すると、わかりやすいのではないでしょうか。自発的な交換の場合には、交換に参加する人々が、自分が持っている何かと、それよりも価値が高いと感じる何かを交換することで、利益を得ることができます。権威的配分とは、自発的ではない形で、誰かから何かの価値を奪ったり、誰かに何かの価値を与えたりすることをいいます。

　しばしば私たちが目にするのは、そのために法律を作るとか、命令するとかして、人を動かして価値の配分について何か新しい状況をもたらすという場面でしょう。さまざまに行われる「価値の権威的配分」の中で最も多くの人が目にするのが、政治家や公務員が活躍する場面だということです。それは、確かに政治学が強い関心を寄せる対象の１つではあります。しかし、どんな集団でも「価値の権威的配分」は行われていて、政治学はその関心を軸として広がっていくのです。

他者の行動を変える

　誰かが決めたことに従って何かをしないといけない、といわれて喜んで従う人はそんなに多くはないでしょう。それにもかかわらず、広く社会で「価値の権威的配分」が行われていて、自発的な交換だけでは作り出せないような状態が生まれています。では、なぜそれまでに実現してきた価値の配分を変えて、新たな配分を実現しようとすることが可能になるのでしょうか。多くの人々にとって、自分が持っているものを使って、他の誰かが持つ自分の欲しいものと交換する、のはよいことでしょう。しかし、誰かが決めた望ましい状態を実現するために、自分が持っている資源（お金や労働力）を差し出せといわれると、嫌がる人は少なくありません。そして、それをみんなが拒否してしまえば、「権威的配分」が考える状態は実現しないはずです。

　それでは、何が多くの人々に協力してもらう、行動を変えてもらうような力になるのでしょうか。重要になるのは、「正統性」と「強制力」です。まず正統性とは、法や規範に認められるなどして、公正で多くの人々に受け入れられるような性質を指します。関係する人々の意見を取り入れた民主主義的な手続きで行われた決定は、多くの人の納得のうえに行われていれば正統性を持つことになり、「正しい」という感覚から、人々に協力すること、決められた行動をとることを促します。しかし、何か特定の手続きが絶対的に正しさを生み出す、というものではなく、民主主義的な手続きをとっていても正しくないと思われる決定もありえます。また、そのような手続きに則っているかどうかにかかわらず、自分にとって不利な帰結があるとしても、正しいことを行うべきだという信念で行動する人もいるでしょう。

　強制力は、暴力を背景として、人々が自発的には行わないことを、場合によっては制裁を課すなどと脅しながら促すものです。脅しがなければやらないようなことをさせるとすれば、人々の行動を無理やり変えることになります。しかし、これも常に人々の行動を変えることができる

わけではありません。脅しに過ぎないといって無視する人もいるでしょうし、暴力に反撃してくる人もいるかもしれません。特に暴力を受けてでも自分の信念を貫く、というような人々の行動を変えることはきわめて難しいのです。正統性も強制力も、それが示されれば常に人を動かすことができるというものではありません。

現代社会の民主主義国家では、民主的な正統性を基盤として、政府が軍隊や警察といったかたちで暴力を独占し、人々が従うべき法を作り、法の執行を中心として、さまざまな決定を行っています。その中で、国家や政府は、時として、人々が必ずしも自発的に行わないことを、強制力を持って行わせようとすることがあります。刑罰が確定していない犯罪の被疑者の身体を拘束したり、金銭的な債務を満たすために財産を差し押さえたりするような強い手段がすぐに思い浮かぶでしょう。例えば喫煙禁止区域の設定のように、ある場所で望ましい状態を作るために、個人の行為（ここでは喫煙）に罰を与えることもあります。強制で個人の自由が脅かされることは非常に重要な問題であり、そのような観点から、政治学が強制力を行使する国家や政府について大きな関心を寄せるのは自然です。

しかし、正統性や強制力を扱いながら人々の行動に影響を与えようとするのは、国家や政府だけではありません。身近なところでは、家族のような小さな集団であっても、正統性や強制力が働いてメンバーの行動に影響を与えることを発見できます。親が子どもの行動を変えようとする、例えば子どもに勉強をさせたい、といった日常的な場面で考えてみましょう。勉強するのが正しいことだからしなさい、と促す親もいれば、インターネットへの接続やゲームの時間を制限するという脅しで勉強を促す親もいるでしょう。子どもに働きかける方法も1つではなく、いろいろなアプローチが試みられているはずです。

「価値の権威的配分」について、必ずしも自発的には実現しない状態を作り出すことと述べてきましたが、実際に人々は自分が行動するとき

に、そこに働く正統性や強制力を意識するとは限りません。政治学は、普段意識されないものも含めて、私たちの決定や行動を促す原因を探り、個人として自由に生きるということがどのようなことかについての理解を深めることを助けます。同時に、人々が本来であればとらなかったかもしれない行動をなぜとるようになったのか、どのようにすれば人々を動かすことができるのか、についての知見を深めることもできるのです。そのような理解や知見は、私たちが他者と共に生きていく社会を築くときの基礎の1つとなるはずです。

正しさを探る

　正統性が人を動かす、人は正しいと納得したことを行う、とはいっても、何が正しいかについて、人々が同じ感覚を共有しているかについては論争があるでしょう。確かに世の中には、多くの人が自然に正しいことだと考え、それに従うかたちで規範が形成されることがあります。例えば、人を殺してはいけないという規範は広く共有され、法という形式で示されています。他方で、日本を含めて、殺人の罰として死刑──国家による殺人──が認められている国がありますし、国家間の戦争のように、このような規範が乗り越えられてしまう場面もあります。

　重罪に対する罰として死刑を認めるべきかどうか、という論争にみられるような、何が正しい考え方・行動なのかという問題も、政治学で扱う重要なテーマです。私たちが何を正しいと考えるのか、正しさの指針となる規範はどのように生まれるのか、あるいは生まれた規範は誰をどのように拘束するのか、といった問題です。規範をもとに人々が従うべき法が形成されることもありますし、反対に政府が作った法が人々の間で規範として浸透することもあるでしょう。政治学の研究者は、明確な法が存在しない状況でも、歴史をさかのぼって規範の起源へと迫ったり、さまざまな思考実験で規範の存在を確認したりしながら、私たちが何を正しいと感じて行動するのかについて考えています。

　有名な思考実験として人々が「無知のヴェール」をかけられた「原初状態」を考えるというものがあります。これは、人々が、もし自分を含めて互いの生まれ持った能力や財産、性格、運などが全くわからない（無知）という「原初状態」に置かれたとすれば、どのような不平等なら合意できるだろう、と考えていくものです。この思考実験を提起したジョン・ロールズの主張は、人々に基本的な自由と機会の均等が保障されたうえで、最も困難を抱える人にとって利益につながる不平等であれば合意できるだろう、というものです。例えば、経済成長の中で貧しい人々の生活が改善されながら、熱心に働いた高所得者の所得がさらに大きく増えることで生じる不平等なら、人々はそれを受け入れることができると考えていきます。

　もちろん、このような主張に対しては賛成・反対のいずれもあります。自由や平等といった規範について議論する方法は多様で、最近では、アンケートの中で、仮想的に「無知のヴェール」がかけられたような状況を複数設定したうえで、それぞれに回答者を無作為に割り当て、条件に応じて人々が望ましいと考える不平等に違いが生まれるかを確認する、という「実験」も行われています（Inoue, Zenkyo & Sakamoto 2021）。このような論争を経て生成・確認されていく規範が、現存する政治に対して正統性を与えたり、反対に現実を批判する際の強い力になったりすることがあるのです。

政治過程における対立

　制定された法をはじめとして、政府による決定は、多くの人々が正しいと考える民主主義的な手続きを経て、違反したときには罰を与える強制力を持ちうるものです。民主主義的な手続きを経て決められるためには、多くの人々が正しいと賛成している必要があります。しかし、何が正しいかについての考え方の違いや、政府の決定から得られる利益・失う利益をめぐって、人々の間に深刻な対立が生じることがあります。過

去に、人類が思想・宗教や利益をめぐって戦争を繰り広げてきたように、対立が互いへの憎悪や殺し合いにまでつながってしまうこともあります。深刻な対立を抱えつつも、交渉によって妥協を図り、悲惨な結果に陥らせないことも政治の重要な役割です。

現代の民主主義国家では、選挙で勝利して、人々の意思を代表するとされた政党・政治家が、人々の支持を基盤に政府としての意思決定を行っています。選ばれた政党・政治家が、選んだ人たちの期待通りに決定を行っているかを検討することは、民主主義が機能しているかどうかを評価するために重要です。中学校や高等学校で政治について学ぶときは、この過程に焦点を当てることが多いのではないでしょうか。人々の意思を選挙で集約し、代表が中心となってその意思をかたちにしていくところです。そこでは、選挙制度や議会制度など、あらかじめ用意されたルールに基づいて行われた決定が正しいものとされていきます。

他方で、たとえ多くの人々が支持するからといって、少数者の権利を抑圧するような決定がなされてはいけません。選挙で少数者となった人々にも尊重されるべき利益があり、多数者とは異なる規範があるかもしれません。多くの民主主義国家では、そのような少数者を保護するための仕組みが用意されていますが、その仕組みが期待通りに機能しているかどうかを常にチェックする必要があります。

民主主義国家には、国民を代表して意思決定とその執行を行う政府があり、政府が国民の期待通りに機能しているかについて関心が向けられます。しかし、国と国との国際関係では、世界政府のようなものが存在しないので、同じような意思決定の仕組みが機能するわけではありません。1つの国の中では、ルールに基づいて行われ正統性を持った意思決定が、強制力を背景として実現されていきますが、国際関係ではある国が他の国に対して正統性のより高い決定をするとか、その決定を強制するとかということは難しいのです。なぜなら、現代の国際社会では、それぞれの国あるいは民族が、自分たちのことを自分たち自身で決める重

要な単位であると考えられており、他者がその自己決定権を侵害することは認められていないからです。

国内・国際関係を問わず、政治過程においてどのような対立が存在したか、そしてそれがどのように解消されて決定に結び付いたか（あるいは決定がされなかったか）についての知識を蓄積することは、私たちが将来にわたって意思決定をしていくときに役に立ちます。それは、私たちの社会が何を正しいとしてきたかについての重要な情報だからです。とはいえ、従来正しいとされてきたことが、いつまでも正しいものとして扱われるかはわかりません。少数者を保護しつつ、多くの人々の求める利益を実現するような仕組みが成り立っているかどうかを絶え間なく検証していくことが大事なのです。

原因を探求する

では民主主義の仕組みが機能しているかどうかを検証するにはどうすればよいでしょうか。まず挙げられるのは、人々が選んだ代表がどのような成果を挙げたか、人々の期待に応えているのか、といったことを確認することでしょう。代表が決定した公共政策（あるいは何もしない不作為）が、社会に対して望ましい効果をもたらしているのかどうかを測定したり、それが効率的・経済的に行われているかを検証したりすることで、人々が自分たちの代表を選ぶときに参考になる情報を提供することができます。

また、選挙や議会に関する制度など、民主主義の仕組み自体が、特定のグループを優遇したり、反対に抑圧したりするような偏りを生んでいないか、といったことも検証されるべきでしょう。手続きが事前に決められていて、それに基づいて行う決定が正しいものであるとされていたとしても、手続き自体が偏りをもたらすものであれば、多くの人々が決定の正しさを疑い、決定を受け入れることを拒むかもしれません。

いずれにしても、何らかの結果をもたらした原因を探求していくこと

が重要になります。たとえば、経済状況が悪いときには、それがそのときに政府を運営している政党や政治家の責任なのか、あるいはもっと長期的・構造的な要因によるものなのか、といったことが検証されるべきでしょう。政治家が適切な命令を出しているのに、公務員がその命令に従っていない、ということもあるかもしれません。

　原因と結果の関係を推論していくときに助けになるのが理論です。政治学の理論は、あいまいで不明確なものも含みますが、それぞれに正しいと考える信念や、経済的な利益への欲求、制裁などの不利益を避けたいという気持ちなどに注目して、人々の行動を説明しようとします。そのような理論を参照しながら、ある結果をもたらした原因について探り、場合によっては原因に働きかけて、よりよい結果の実現を目指すこともあります。

　もちろん、現在の政治学の理論が常に正しいわけではなく、その妥当性についても検証しなくてはなりません。経済学でも因果推論の重要性が強調されていますが、政治学でも特に近年では、適切に条件を統制して、科学的な方法に基づいて因果関係について議論することが求められるようになっています（☞ Part I _Column 1）。経済学に比べて政治学では、政治制度から人々の意識まで、関心の対象が数値で表されていないことが多いですが、分析者の手によってそれらを数値化しながら分析する、ということが行われています。また、もともと数値で表されていない、国会の会議録や選挙公約など、さまざまな人々の意思を反映する文書（テキスト）を利用し数値で表現して分析を行うことも増えています。

　計量的な分析だけではなく、歴史をさかのぼることや、事例間の比較を行うことで原因と結果の関係を推論し、検証することも行われています。科学的な因果推論で期待されるような厳密な因果関係の議論とは異なりますが、政治が持つさまざまな意味や文脈を考慮しながら、原因について探っていく手法です。科学的な観点から厳密ではないとしても、ここまでに述べてきたように、政治がそもそも「価値の権威的配分」で

あり、正しさの感覚という可変的なものを扱う以上、人々の行動や決定が持つ意味や、その文脈を探求した研究の重要性を無視することはできません。

政治学は何の役に立つのか？

　自分自身の行動が、何らかの正統性や強制力の影響を受けていると自覚することは、政治学を学ぶことの1つの意義でしょう。もちろん、そんなことは意識しなくても生きていけるじゃないか、といわれるとその通りです。しかし、無意識のままに、自分自身が深刻な不正義の下に置かれているとしたら、それに対抗するための言葉が必要になるはずです。そのような言葉を獲得できることにつながるとすれば、政治学を学ぶ意義は大きいはずです。

　個人で身につけることができるスキルとしては、経済学と同様に、公共政策に携わるときに有用なものがあります。政治制度がどのように機能するかという蓄積されてきた知識や、原因と結果の関係をどのように検証するかという方法論は、専門分化が進む現代社会でますます求められるようになっています。特有の知識や方法論だけでなく、異なる正しさをめぐる考え方を持った人々であっても、交渉を通じて相違点の解決を図ることができるという信念を育むことができれば、それは公共政策に携わるために必要な資質であるように思います。

　民主主義の仕組みが機能しているかどうかを検証することは、政治学の重要な仕事です。しかし、一人の市民としてそれを自分で行うことで、大きな利益が得られるかといえば、そんなことはないかもしれません。どちらかといえば個人に対して役に立つというよりも、社会において誰かが行っておいたほうがよい仕事、という側面があります。また反対に、民主主義の仕組みが機能しているかどうかを判断するのに、政治学の知識など必要ない、という主張もありえます。しかしいずれであっても、現代社会において私たちが他者と協力しながらさまざまな問題に取り組

んでいかなくてはならない中で、これまでに蓄積されてきた政治学の知識を参照することが、問題を理解する基準や解決の糸口を見つけることにつながるように思います。

参考文献

・Inoue, Akira, Masahiro Zenkyo & Haruya Sakamoto, 2021, "Making the Veil of Ignorance Work: Evidence from Survey Experiments," *Oxford Studies in Experimental Philosophy* 4, Oxford University Press.

著者紹介　　**砂原庸介**（すなはら・ようすけ）
　　　　　　　　神戸大学大学院法学研究科教授（行政学、地方自治）

　　　　　　　　〈主要著作〉『民主主義の条件』（東洋経済新報社・2015年）、『領域を超えない民主主義――地方政治における競争と民意』（東京大学出版会・2022年）
　　　　　　　　〈なぜこの学問・この専門分野を志したか〉社会の発展や「グッドガバナンス」に関心があって、はじめは経済学や社会学を勉強しようと思っていました。政府に関係する仕事（バイトですが）をしたり、多くの方のアドバイスを受けたりするうちに、次第に政治学に近づいた感じです。

Q & A

Q. **政治学を学ぶと政治家になれますか？**

A. 民主主義国家の政治家は、具体的に何かの利益を追求し、そのために仲間を増やして合意を作っていくのが仕事です。したがって民主主義の機能それ自体に関心を持つ政治学と政治家の関心はやや異なると思います。しかし、政治学の中には、選挙における候補者の当選要因や選挙キャンペーンの研究などもあり、それを参考にして選挙戦に挑む候補者がいるかもしれません。ちなみに、現在の熊本県知事は選挙を研究してきた著名な政治学者ですが、初めての選挙のときには、研究で得た自分の知見を活用したと話しています（蒲島 2008）。

Q. **政治家は政治学を勉強しているの？**

A. 有権者がどのような政治家を支持するか、といった分析は、政治家にとっても参考になるものがあるでしょう。また、経済学を学ぶのと同じように、公共政策に携わる政治家は、政治学の知見を利用して公共政策の立案を行うこともあるでしょう。とはいえ、政治家の最も重要な仕事は有権者の意見を聞いて追求すべき利益を見出し、それを実現するための賛同者を増やしていく、という具体的な活動です。政治学は、多くの人が何を支持するかの傾向についての知見を生みますが、政治家の目の前にいる個々の有権者については直接教えてくれません。多くの有権者に働きかけたい政治家には、政治学の知見を重視する人もいるでしょうが、有権者の個別性を強く重視する政治家は、政治学の知見には関心がないかもしれません。

Q. **政治を変えることができる？**

A. 政治を変えるのは本来は政治家の仕事で、分析に従事する政治学者が現実の政治を変えることは難しいと思います。しかし、本文でも述べたように、政治学者が規範を議論したり、民主主義の機能を評価したりすることを通じて現実政治の問題点を主張することはできます。どのように変えるべきかについて論じるのは容易ではありませんが、不正義や機能不全に対して声を上げるのは政治学者の仕事の1つと考えるべきかもしれません。

Q. **だれが当選するかわかる？**

A. 選挙前の調査などのデータからある程度の予測は可能でしょう。しかし、多くの政治学者は、個々の選挙よりも、多くの選挙を通じて発見される傾向に関心を持ち、議論しています。個々の選挙で、候補者が持っている属性を分析し、当選可能性を検討することはできると思いますが、そういった傾向では計り知れないような稀有な魅力を持つ候補者が出現することもあります。

Q. **政治学部はありますか？**

A. アメリカなどでは政治や政府の仕事を学ぶ学部がありますが、日本では稀です。日本の政治学者の多くは、国家の決定への関心を共有する法学部に所属していて、法学部の中に政治学科が設けられていることもあります。その他は、公共政策に関連する学部や、経済学と一緒に政治経済学部を作るところなどもあります。

参考文献

・蒲島郁夫、2008、「選挙研究の第一人者、自らの熊本県知事選圧勝を分析 自民党の推薦を固辞した『理論』」中央公論 2008 年 6 月号 102～109 頁

3. 法学

法学：ルールの観点から
世の中を考える

飯田 高

法学とは？

　人は、世の中の物事を単なる事実としてのみ認識するわけではありません。多かれ少なかれ、自らを取り巻く世界について「こうあるべき」という考えをもっているのではないかと思います。

　これだけではわかりにくいので、いくつか例を挙げてみましょう。

① 全員に配られるはずだった景品が、どういうわけか自分にだけ配られなかった。

② Aさんが教室の掃除当番をさぼってどこかに遊びに行ってしまったので、仕方なく当番ではないBさんが代わりに掃除をした。

③ CさんがDさんとの待ち合わせに遅れ、約1時間後に何事もなかったかのように現れた。Cさんは謝ることはなく、遅刻の理由も特に言わなかった。

　このような例に接すると、何かおかしいと感じるのではないでしょうか。①では、誰かに説明を求めたくなるかもしれません。また、②・③のような場面に居合わせたとき、自身がBさんやDさんの立場でなかったとしても、困惑や憤りを覚える人もいるでしょう。

　そうした感覚の背後には、「このように行動すべき（すべきでない）」という判断があります。上の例でいえば、自分にも景品が配られるべき、さぼらずにちゃんと掃除をすべき、といった判断です。このような「〜

べき」という判断を規範的判断と呼びます。

　規範的判断を排除して純粋に事実を事実として認識するのは、なかなか難しいものです。特に、2人以上の人たちが集まってかかわりをもつと、規範的判断は至るところで登場するようになります。複数の人たちが円滑に生活を営むためには、互いの行動を予測したり調整したりできるほうがよいからです。それぞれの人たちが「他の人たちはこのように行動するはずだ」という理解を共有していれば、足並みを揃えたり、共同作業を行ったりすることも容易になります。

　しかし、規範的判断は人によって異なります（例えば、上記の③のCさんにも言い分がありえます。どういう言い分がありそうか、もし余裕があれば考えてみてください）。したがって、相異なる規範的判断を社会の中でどのように共存させるかという課題が出てきます。つまり、どういった場面でどんな規範的判断が適切になるのかを考える必要があるわけです。

　法学は、複数の人たちがいる場合の規範的判断のあり方を言葉によって明らかにしようとする学問分野だといえます。望ましい「社会のルール」のあり方を探究する分野、と表現することもできるでしょう。法は、そのような「社会のルール」の代表例です。具体的な「社会のルール」がかかわる個々の事例に即して、何らかの「望ましさ」をつねに探究するという部分が、社会科学の他分野と比べた場合に際立つ法学の特色です。

　以下、法学についてありがちな誤解を取り除いていきながら、この点をもう少し詳しくみていきたいと思います。

法学に対するよくある誤解

　法律なんて何が面白いのか、と思う人もいるかもしれません。大学在学中にわざわざ専門を法学に変更した私でも、法学の面白さを疑った時期があったことは否めません。法律自体に興味をもてないということもあるでしょうし、法学の勉強の内容に惹かれないということもあるでし

ょう。

　2014 年ごろの話になりますが、大学改革の議論が政府内外でさかんに行われたことがあり、法学部の役割をめぐってもさまざまな人が意見を表明していました。その際、「大学では憲法や刑法のように普通の人からは縁遠い法ばかり教えている。そうではなく、例えば道路交通法など、将来の職業に役立つ法律を教えるほうがよい」という主張があり、賛同者も決して少なくなかったようです。

　たしかに、本来、法学は生活の中で遭遇する問題と深く結びつきながら発達した実用的な学問といえます。その意味では、道路交通法も重要な法律には違いありません。しかし、上のような主張の裏には、法律や法学に対するより根本的な誤解があるように思われます。それは、法学を知識や情報を伝授する学問ととらえる誤解です。もし本当に知識や情報の伝授ですむのであれば、「法律の条文を覚えていればよい」「インターネットで法律を検索すれば十分」ということになります。

　おそらくこの誤解は、法律についてあまり適切でないイメージを抱いていることに起因します。つまり、「法律を機械的に当てはめれば、問題は解決される」というイメージです。しかし、すでに存在する法律を機械的に適用するだけでつねに答えが出るとは限りません。

　機械的に適用できない理由として、次の 2 つの事情が挙げられます。第 1 に、法律には解釈が必要だという事情です。法律は言葉で表されていますので、意味を解きほぐしていく作業が必然的に伴います。そして、その作業を的確に行うには、さまざまな法律が互いにどのような関係にあるか（法の構造）、各法律がどんな目的をもっているか（法の趣旨・目的）を理解していなければなりません。

　第 2 に、適用すべき法律が用意されていない場合がありうるという事情です。社会状況が変化すると次々に新しい問題が発生しますが、問題解決にふさわしい法律がないかもしれません。あるいは、用意されている法律をそのまま当てはめると、おかしな結論が出てしまう場合もあ

ります。そのような場合は、すでにある法律を超えて、新たなルールを作り出していくことになります。

　法には解釈と創造の両方が不可欠で、法制度が機能するには人間による判断が必須です（法的判断を AI に行わせる試みもありますが、今のところ人間と同じレベルの判断が下せるまでには至っていません）。法学では、そのための基礎を学んだり研究したりします。

　そこで次に、「法の解釈」と「法の創造」について、それぞれ具体例を使って説明していくことにしましょう。

法の解釈

　刑法 204 条（2023 年時点）にはこう書いてあります。「人の身体を傷害した者は、15 年以下の懲役又は 50 万円以下の罰金に処する」。これは傷害罪を規定した条文です。

　同じ刑法の中に、このような条文も設けられています。「公然と事実を摘示し、人の名誉を毀損した者は、その事実の有無にかかわらず、3 年以下の懲役若しくは禁錮又は 50 万円以下の罰金に処する」。刑法 230 条、名誉毀損罪の条文です。

　さて、この 2 つの条文の「人」とは何でしょうか？ 生身の人間（「自然人」といいます）が含まれることは間違いなさそうですが、法律上の「人」には自然人のほかに法人があります。会社や組織が法人の例だと思ってもらえれば、さしあたり大丈夫です（詳しいことは、例えば宍戸・石川編著（2021: 143〜144）を参照してください）。

　傷害罪の条文では「人の身体」と書かれていますので、法人は含まれない気がします。では、名誉毀損罪のほうはどうでしょうか。会社や組織の名誉というものはちょっと奇妙だと思う人も、逆に違和感をもたない人もいると思います。あるいは、会社や組織の名誉は結局のところそこに所属する個人の名誉に還元できるのだから、何も法人そのものに名誉を認める必要はないだろう、と考える人もいるかもしれません。

名誉毀損が法人に対して成り立つかどうかについては、どちらの考え方も論理的にはありえます。実際の裁判では、法人に対する名誉毀損は大正時代から認められています（大審院大正15年3月24判決。なお、大審院は戦前の最高裁判所に当たります）。裁判所はその理由までは述べていないのですが、刑法230条が保護しようとする「名誉」が名誉感情（自分自身に対して感じる価値や自尊心）ではなく社会的評価だからだ、と法学部生向けの教科書などでは説明されています。とはいえ、この点は研究者の間でも説が分かれるところです。

　「人」に関する話のついでに、自然人の範囲についても少し触れておきましょう。胎児がどの時点から「人」になるかは、実は法律によって異なります。例えば民法では、「母体から完全に出てきた時点」で出生、つまり「人」になると考えられています（全部露出説と呼ばれます。ちなみに民法とは、人と人との契約、所有権、家族関係などを規定した法律です）。これに対し、刑法では「体の一部が母体から露出した時点」が出生になるとされています（一部露出説）。細かくみていくとさまざまな説が存在しますが、刑法上の「人」になる時期のほうが民法上の「人」になる時期よりも早い、ということになります。

　なぜそのようにずれているのかというと、民法と刑法の目的が異なっているからです。民法は人々の間の権利・義務（例えば契約を結んだらどのような権利・義務を負うかなど）を定める法律ですので、母体から離れた時点を基準とし、その時点から権利をもつことができるとする全部露出説がとられています。これに対して、刑法は、人の生命や身体を保護するという目的をもっています。胎児が母体から一部でも露出すれば攻撃して傷つけることが可能になりますから、生命や身体をできる限り保護するために一部露出説をとっている、と説明されます。

　このように、「人」の概念だけでも、たくさんの論点があります。ほかにも、先ほどの条文でいえば、「傷害」「公然」「事実」といった用語の意味を解釈していくことになります。解釈の余地がないように明記す

ればよいではないかとも思えますが、ルールはある程度の抽象性をもっているからこそ機能を発揮できる、という面があります。つまり、ルールが一定の柔軟性を保つことで、カバーできる場面は広がります。さらに、ルールが作られたときに想定していなかった状況にも対応できます。

例えば「傷害」の範囲も、時代状況や人々の背景知識によって変わってきています。身体的な怪我が「傷害」に含まれることについて異論はないでしょうが、精神的な傷はどう考えればよいでしょうか。PTSD（心的外傷後ストレス障害）やうつ状態が刑法上の「傷害」に当たるかが裁判で争われることがあり、否定された例も肯定された例もあります（PTSDが「傷害」に当たるとした例として、最高裁平成 24 年 7 月 24 日判決）。現代ではストレスに関する科学的理解も進み、裁判でも肯定されやすくなっています。

このように、与えられた事実に対応する条文を探し出すことさえできれば解答が得られる、というわけではありません。探し出した条文はまず解釈しなければなりませんし、条文の意味は見かけよりも複雑で、一筋縄ではいかない可能性もあります。条文を適切に解釈するためには、法律の構造や趣旨・目的、条文が制定された背景などを踏まえる必要があります。そして、事実をきちんと認識するためには、人間や社会に関する理解を十分に深めておくのが望ましいといえます。

法の創造

すでに存在する法律や判例（裁判所が過去に実際の裁判で下した判断のうち、先例的な価値をもつもの）（裁判制度については☞ Part I _Column 2）を解釈する作業が法学の中心的な位置を占めていますが、新しくルールを創っていくという観点も等しく重要です。私が学生だった数十年前と比べると、法学の内部でも後者の観点が重視されてきているように感じます。

法の創造を担うのは、国会などの立法機関だけではありません。法の

適用を担う裁判所も、法を創造する場合があります。一見すると、裁判所は法律の枠内でしか判断できず、決まったルールに従うだけのように思えます。しかし現実には、裁判所は社会の変化に即して従来とは違うルールを編み出すことがあります。前述の「傷害」の範囲の拡大は、解釈を通じた法創造の例です。

　「法」の定義を広げて「何らかの公的な強制力が伴うもの」が「法」だと考えれば、社会において人々は一種の「法」を日々創り出しているといえます。例えば、学校には校則があり、企業には社内規則があり、地域の自治会には規約があります。社会のいろいろな団体の作るルールは、法律に反しない限りは法的にも尊重されるのが普通です。個人どうしの取り決めや約束も、それが契約と認定されれば強制力をもちますから、「法」と呼んでもあながち誤りではないでしょう。

　「合意は法律である (Conventio est lex)」という古い法格言があります。現在でも、フランス民法1103条では「適法になされた合意は、当事者間では法律に代わる」と定められています。私たちは法を自ら創り出す能力をもっていますし、現に、社会の人たちの日常の行動が法の一部を形作っているのです。

　法は権利と義務の体系です。したがって、今述べたことを言い換えると、私たちの普段の行動が権利と義務を創り出している、ということになります。この点は、残念ながら日本ではあまり意識されていません。権利や義務は権力者から、あるいは自分以外の誰かから与えられるものとしてイメージされることが多いのではないかと思います。そもそもの話として、権利よりも義務が何かと強調されやすいのが実情です。「権利と義務は表裏一体」「義務を果たさない者には権利はない」とはよくいわれるのに、「義務を果たしている者には権利がある」というのはそれほど耳にしません（ちなみに、「権利と義務は表裏一体」は普遍的な真理ではなく、それ自体検討を要します）。

　言葉で要求される前に、自分がなすべきことを察知するのをよしとす

るのが日本社会なのだ、という指摘がかつてありました。現在でもそれほど変わらないのかもしれません。しかし、人々の経験の共通点が多かった時代はともかく、多様なバックグラウンドをもつ人たちがいる現代では、弊害が大きくなるはずです。少なくともマイノリティの人たちにとっては、暗黙のルールは抑圧的なものと映るでしょう。

そのような現状では、権利に関してしっかりとした見方を備えた人たちが社会や組織のルール形成に携わっていくことが大事になります。以上で述べたことから明らかなように、法律を生業とする人だけではなく、社会にいる広い範囲の人たちが権利に関する見方を研ぎ澄ましていくことが必要になると私は思っています。

法学は何の役に立つのか？

これまでの説明で法学を学んでみようという気になっていただければ、それに越したことはありません。ですが、せっかく時間とお金を使って勉強するのですから、自分自身にとっての明確なメリットも欲しいところです。弁護士などの法律専門職に就きやすくなることや公務員試験や資格試験に使えること以外に、例えば次のようなメリットが挙げられます。

1つ目は、法的な知識や思考方法が自分の仕事や生活に役立つ、というシンプルなメリットです。法律や法制度を知っていれば自分や他者の権利を守ることができますし、細かな字が書かれた契約書にもひるまず立ち向かえるかもしれません。ただし、法学を学んだ効果が出てくるまでには、たぶん時間がかかります。「法学部で勉強していて助かった！」という実感の機会もないまま、平穏に人生を送る幸せな人もいるはずです。

2つ目は、異なる意見や好みをもつ人たちが共存していくための知恵を身につけることができる、というメリットです。法律の勉強をするとき、どこかで必ず裁判例に触れることになります。裁判例を読むと、世の中にはいろんな人たちがいて、膨大な数の問題が発生していることがわかります。そこでつねに何らかの解決策を与えてきたのが法です。法

を学ぶ経験は、さまざまな立場の人たちの意見をまとめたり、相手を説得したりする能力を高めてくれます（なお、法自体は不十分な解決策にしかならない場合もあります。そうした場合にどうすればよいかを考えることができれば、能力はより高まるでしょう）。

　３つ目は、逆説的にもみえますが、法律以外の他の分野に対する関心が出てくることがあります。最初に述べたとおり、法学は規範的判断を扱います。多くの人が納得できる規範的判断を下すには、社会のことを知っていなければなりません。市場の作用のしかた、働く人たちが置かれている労働環境、貧困から抜け出せない家庭、現実の政治過程、マイノリティの人たちの生活など、社会で起こる多種多様な問題に対してアンテナを張っておくことを必要とします。後でも述べるように、法学そのものは「実際はどうなのか」を直接に扱うわけではありませんので（裁判になる事件は特殊なものが多く、裁判例は必ずしも社会問題を代表しないのです）、他の社会科学分野の助力を得ることになります。

他の分野と比べたときの法学の特徴

　一般には、法学は社会科学の１つとみなされています。大学案内などでは、法学部は「社会科学系」に入れられるのが通例です。書店でも、法学関係の本は社会科学のコーナーに置かれていることが多いでしょう。法学が社会についての学問であることは間違いありません。

　しかし、法学は社会科学なのかとあらためて問われると、私自身は答えに窮してしまいます。窮した結果、「法学」と「社会科学」の定義次第です、と答えることになると思います。私は法学の中でも法社会学という分野を専門にしており、この分野は法を社会科学的に探究する点に特徴があります。ところが、法社会学は法学の中ではまったく主流ではありません。法学の中心である実定法学（「〇〇法」という名称の分野がこれに当たります）は、科学とは違っています。

　現代の科学の最たる特徴は、「現実の世界をよりよく説明できる理論

を構築して検証し、さらによい理論を作り上げていく」という点です。つまり、研究の方法が科学を特徴づけています。そして、科学と呼ばれる諸分野は研究のための方法論をそれぞれもっています。社会科学の中でも、経済学は方法論がはっきりとしている分野です。

この点からすれば、法学は科学ではなさそうです。「法学はディシプリン（分野固有の分析方法）がない」ともいわれます（森田 2020：112〜114）。法の解釈にしても法の創造にしても、科学の成果を利用することはよくありますが、それ自体が科学というわけではありません。たとえ法学を社会科学に含めるとしても、法学は科学の特徴が最も希薄な分野です。考えてみると、法学は科学や社会科学の誕生よりもずっと昔から存在していますので、ある意味で当然のことです。社会科学が誕生したのは、だいたい 18 世紀後半から 19 世紀以降とされています（吉田 2021：4〜6）。他方、法は紀元前 2000 年ごろから存在し、法学という学問も古代ローマ期にはありました。世の中（または社会）と関係する学問の中では、法学はほぼ最古です。しかも、その時代の法学は現代の法学にも連なっています。

法学は、何が望ましいルールなのかを長らく考えてきた学問です。いま起こっている争いをどのように解決するか。紛争の種となっている場面の事実のうちの何に着目し、どのルールを適用するのがよいのか。こうした問いに対して、法制度は、その場しのぎではない一貫した答えを出す必要につねに迫られています。そのような法制度の作用を支える役目を果たしてきたのが法学です。したがって、経済学・政治学・社会学といった他の社会科学の分野と比べると、政策や実務とのかかわりが強い分野といえます。

法学は、問題状況を細かく分析してどんな規範的判断が適切なのかをできるだけ厳密に考えようとする「分類の学問」であり続けました。理論的分析と実証的分析を積み重ねて知見を深めていく科学とは趣が異なっていますが、試行錯誤を通じて「正しい」答えに近づいていこうとす

る点では似ています。

　もちろん、法を対象とする科学的研究は十分可能です。例えば、法は本当のところ社会の中でどんな効果をもっているのか、個人の行動に対して法はいかなる影響を及ぼすか、そして人間の規範的判断は何に基づいているのか、といった問題は科学の方法論を使って研究することができます。実際、法社会学や「法と経済学」と呼ばれる分野では、こういう問題に取り組む実証分析が行われています。法学が他の社会科学分野や自然科学分野と接点をもつことで、新しいアプローチができていく可能性もあります。

　法が人々によって日々紡ぎ出されているのと同じように、法学も個々の student（＝学生を含む研究者。学生も研究者の一員です）によって変化してきています。方法論がない分、法学は自由な学問です。法学を学ぶみなさんが、法学をより実り多いものにされることと、より良い社会を作るためのインスピレーションをそこから得られることを期待しています。

参考文献
・宍戸常寿・石川博康編著、2021、『法学入門』有斐閣
・森田果、2020、『法学を学ぶのはなぜ？──気づいたら法学部、にならないための法学入門』有斐閣
・吉田敬、2021、『社会科学の哲学入門』勁草書房

著者紹介　　**飯田　高**（いいだ・たかし）
　　　　　　　　東京大学社会科学研究所教授（法社会学、法と経済学）

〈主要著作〉『法と社会科学をつなぐ』（有斐閣・2016 年）、『危機対応の社会科学（上）（下）』（東大社研・玄田有史と共編。東京大学出版会・2019 年）
〈なぜこの学問・この専門分野を志したか〉私は大学在学中に専門分野を変えていて、経済学や政治学にも関心をもっていました。大学 4 年になってもまだ迷っていたのですが、最終的には、いろいろな研究ができそうな「法社会学」に決めました。学生時代の迷走も、今では糧になっているように思います。

Q. 法律はたくさんありますが、すべて勉強しなければいけないのですか？

A. ご存知のように、法律の数は膨大です。いわゆる六法全書でもすべての法律が載っているわけではなく、2023 年時点で 2,100 以上もの法律、それに加えて内閣や各省が定める政令や省令などもあります (https://elaws.e-gov.go.jp/で法令検索ができます)。しかし、大学で学ぶのはそのうちの主要部分だけです。具体的には、憲法・民法・刑法・商法・民事訴訟法・刑事訴訟法・行政法、そしてそれらと関連する法律です。考え方はどの法分野でも類似しているので、主要部分をある程度押さえておけば、未知の法律に出会っても対処できます。すべての法律を勉強する必要はありません。私が学生時代に聞いた言葉を借りれば、「どの引き出しを開ければ何が入っているのかがわかっていればよい」のです。

Q. 法学部とロースクール (法科大学院) とで、学ぶことに違いはあるのでしょうか？

A. 大まかに言えば同じですが、ロースクールは大学院として位置づけられていますので、授業はより発展的な内容になっています。そして、ロースクールは弁護士、検察官、裁判官の実際の業務との連携が重視されていますので、より実践的に法が学べます。一方、法学部では実定法学以外の科目 (基礎法学分野) が充実している場合があります。例えば、法哲学、法社会学、法制史、比較法といった科目です。

Q. 政治学でも「規範」の話が出てきましたが、法学の「規範」とは違うのですか?

A. 両分野の「規範」は相互に関連していますが、政治学では「規範」のありようを観察者の立場から総合的に考えることが多いと思います。それに対して、法学では「規範」の中でも具体的な個別の法規範について、実際に生じている問題を意識しながら考えるのが普通です(したがって、法学では細かい議論をすることになります)。いずれも「規範」の重要な側面ですので、関心がある方はぜひ政治学と法学の両方に触れてみてください。

Q. 「法学部はつぶしが利く」と聞いたことがあるのですが、どういう意味ですか?

A. これにはいろいろな意味があるのだと思いますが、少なくとも、法律を勉強すると汎用性の高い能力が身に付きます。さまざまな人々の利益や事情を考慮に入れつつ、言葉によって説得をしたり解決策を提示したりすることは、どの仕事にも必要な能力です。言葉の力で自分だけではなく他者を助けることができるようにもなる、というのは大きな魅力でしょう。

Q. 国際的な場で仕事をしたいのですが、法学は役に立ちますか?

A. 大学で学ぶ法の多くは国内の法律ですが、法的な考え方はどこの国でもある程度共通しています(もちろん違いもあります。興味のある方は、外国法や比較法の授業を聴いてみるといいでしょう)。海外の企業との取引や交渉、海外での法整備支援、異なる国の人々が集まる場でのルール策定など、法的な素養をもつ人が活躍できる場所はたくさんあります。

裁判制度

　法の解釈や創造を学ぶ際、法律のほかに、おもな素材になるのは裁判所が下した判決です。判決のうち、先例として重要視されるものを判例と呼びます。PartⅡ以降でもいくつかの判例が登場しますので、ここで裁判制度について簡単に説明しておきましょう。

日本の裁判制度

　日本の裁判所には、最高裁判所（最高裁）、高等裁判所（高裁）、地方裁判所（地裁）、簡易裁判所（簡裁）、家庭裁判所（家裁）の5種類があります。最高裁判所は1カ所のみで、東京にあります。高等裁判所は札幌・仙台・東京・名古屋・大阪・広島・高松・福岡の8カ所に加え、支部が6カ所に設置されています（さらに、東京高裁の特別な支部として知的財産高等裁判所があります）。地方裁判所と家庭裁判所は全国で50カ所（都府県に1カ所ずつ、北海道に4カ所）あり、さらに支部が203カ所に設けられています。そして簡易裁判所は最も数が多く、全国に438カ所あります。どの裁判所が事件を担当するかは、何について裁判所の判断を求めるのかによって異なります。

　裁判には、民事裁判と刑事裁判があります。刑事裁判は、罪を犯したとされている人（被告人）に国家が刑罰を科すかどうか（つまり有罪か無罪か）、有罪ならばどのくらいの刑罰を科すかを決める裁判です。これに対して、民事裁判は主として公的な立場にない人たち（私人といいます）の争いを解決するものです。民事裁判では、訴える人を原告、訴えられる人を被告と呼びます。

　日本の裁判制度では、同じ事件につき原則として3回まで裁判を受けることができます（三審制）。これは、なるべく正しい裁判を実現できるようにするための仕組みです。

図1　日本の裁判制度

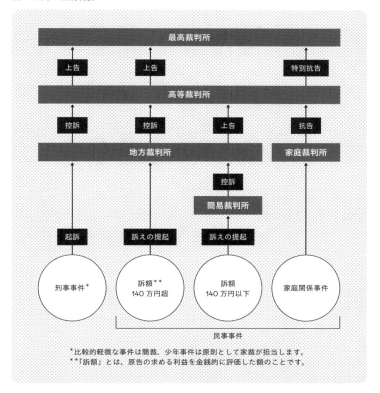

図1　日本の裁判制度

最高裁判所

上告　　上告　　　　　　　特別抗告

高等裁判所

控訴　　控訴　　上告　　　抗告

地方裁判所　　　　　　　家庭裁判所

控訴

簡易裁判所

起訴　　訴えの提起　　訴えの提起

刑事事件*　　訴額**　　訴額　　　家庭関係事件
　　　　　140万円超　140万円以下

民事事件

*比較的軽微な事件は簡裁、少年事件は原則として家裁が担当します。
**「訴額」とは、原告の求める利益を金銭的に評価した額のことです。

1回目の裁判に納得できない場合は、上級の裁判所に不服を申し立てて裁判のやり直しを求めることができます（控訴）。それでもまだ納得

ができない場合は、さらに上級の裁判所に不服を申し立てることもできます（上告）。ただし、上告ができるのは一定の理由がある場合に制限されています。上告可能な理由は、民事裁判では「憲法違反」や「判決に影響を及ぼすことが明らかな法令違反」など（民事訴訟法 312 条）、刑事裁判では「憲法違反」または「判例違反」です（刑事訴訟法 405 条）。このように、3 回目の裁判はその前の 2 回とは少し性格が異なっていて、法律の解釈や適用に関する不服申立てだけが可能です。言い換えると、上告の段階で新たな証拠を出したり、事実関係についての裁判所の判断が誤っていると主張したりすることはできません。

最高裁の判断の重要性

　最高裁判所には、国内の裁判所が行う法律の解釈や適用を統一するという役割があります。それぞれの裁判所は独立して裁判を行い、下位にある裁判所が上位の裁判所の指揮監督を受けることはありません。しかし、上告されると最高裁が最終的な結論を出すことになり、したがって最高裁の判断の影響力が大きくなります。最高裁の判断は、判例として将来においても大きな意味をもつことになります。

　最高裁の裁判官は 15 人で、3 つの小法廷に 5 人ずつ所属しています。多くの事件はこの小法廷で審理されますが、15 人全員で審理される場合があります（大法廷）。この大法廷が開かれるのは憲法に関する判断をするときや判例変更の可能性があるときで（詳しくは裁判所法 10 条を参照）、大法廷の判決は特に重要なものとして位置づけられます。

〔飯田　高〕

4. 社会学

社会学：現実を把握することから世の中を考える

丸山里美

社会学とは？

　社会学が対象にする社会とは、いったい何でしょうか？　政治学が対象にする政治や、経済学が対象にする経済、あるいは法学が対象にする法律と比べて、社会学が扱う社会はイメージがつきにくいかもしれません。「社会」という語を『広辞苑』で引いてみると、以下のようにあります。

> ①人間が集まって共同生活を営む際に、人々の関係の総体が1つの輪郭をもって現れる場合の、その集団。諸集団の総和から成る包括的複合体をもいう。自然的に発生したものと、利害・目的などに基づいて人為的に作られたものとがある。家族・村落・ギルド・教会・会社・政党・階級・国家などが主要な形態。②同類の仲間。③世の中。世間。家庭や学校に対して利害関心によって結びつく社会をいう。④社会科の略。

　以上の説明から、社会とは、同種の人々から成る集団や、漠然と世の中や世間を指す言葉のようです。

　このような社会を研究対象とする社会学は、社会という全体的で総合的で複雑なものを、複雑なまま理解しようとする学問です。というのも社会学は、19世紀後半にできた比較的新しい学問で、経済学や法学や政治学などの社会科学が確立されたあと、それらの学問では扱わないよ

うな社会という漠然としたものを、総合的・全体的に把握しようとすることで学問を確立させてきたという経緯があります。したがって社会学は、それらの学問がカバーしていない残余の問題に取り組んでいるともいえます。

こうした成り立ちから、社会学は他の学問との境界がそれほど明確ではなく、学問越境的なところが特徴の1つといえるでしょう。このようにいうと、社会学はとらえどころのない学問のように思われるかもしれませんが、むしろ、社会学という学問を特徴づけるような明確な領域や方法をもたず、社会という現実に迫っていくのに使える方法は何でも雑多に使うという柔軟な姿勢こそが、社会学の特徴といえるかもしれません。

また一方で社会学は、専門家でなければ理解できないというようなことが他の学問に比べて少なく、むしろ、さまざまな集団や地域、多様な性別や属性を持つ社会の人々が、日常的にしていることや、それぞれの「知」から学んでいくというような、現実指向的なところがあります。そこで生きる人なら当然のように知っていたり、意識すらせずにしていることを把握し、それに言葉を与えたり、その領域のことを知らない人にもわかるように説明する。そうすることで、自己理解や異なる人々のあいだの相互理解を下支えするということが、社会学のしていることだといえるかもしれません。

現実を把握する①──調査に取り組む

社会学は、現実の社会を把握しようとする学問です。そうした現実を把握するために調査を行うのは、社会学が得意とするところです。そしてそのための方法が、社会学においてはさまざまに存在しています。

たとえば、「ボランティア」について知りたい、としましょう。どれくらいの人がボランティアをした経験があるのか、どんなボランティアがよく行われているのかなどを知りたいということであれば、アンケート調査をするのが向いています。ボランティアをしたことがあるか、そ

れはどんなボランティアだったかなどをたずねるアンケートを作って、ある町内に住む人全員に答えてもらう、などの方法です。そうすれば、その町内では何パーセントの人がボランティアをしたことがあるか、どんなボランティアがどのくらいの割合で行われているのかがわかります。質問のなかに、年齢や性別、学歴、収入などの項目を入れておけば、たとえばその町内でボランティアをする傾向にあるのは、若者より高齢者の方が多く、男性より女性の方が多く、学歴が高い人が多く、収入は中程度の人が多いというような傾向も把握できます。こうした方法は量的調査と呼ばれ、ある集団の人々のもつ傾向を把握したいときに有効です。またこうした量的調査にもとづく研究には、自分でアンケートを実施するだけではなく、すでに行われた調査にもとづく大量のデータを分析するということも含まれます。

　他にも、実際にボランティアが行われている現場に行って、自分自身もボランティアをしながらその場面を観察することで、ボランティアはどんな人たちによって行われているのか、ボランティアをするとどのような気持ちになるのか、現場ではどのような葛藤や問題が発生しているのかなどを見ていくという方法もあります。これは参与観察やフィールドワークと呼ばれる方法です。あるいは、実際にボランティアをしている人に、なぜボランティアをするのか、そこからどんなことが得られると思っているのかなどを、直接話してもらう、インタビューをするという方法もあります。観察したりインタビューしたりして実態に迫っていく方法は、社会学のなかでは質的調査と呼ばれています。

　また、ボランティアという言葉がいつごろから使われるようになってきたのか、どのように使われているのかを知りたいのであれば、たとえば新聞記事などの資料を用いて、ボランティアという言葉が使用されるようになった時期やその量、文脈などを特定していくことになるでしょう。

　このように、ボランティアについて知りたいといっても、どのような面について知りたいのかによって異なる問いが立ち、それを明らかにす

るのにもさまざまな方法があります。そして社会学では、実際に調査を行い、データを集めて分析することが重視されます。このように社会の現実に迫り、調査によってそれを把握しようとするのは、社会学が得意なことです。社会学では、こうした調査を行うための方法論を学ぶことも大事にされています。

現実を把握する②──理論を用いてとらえなおす

社会学ではまた、調査を行いデータを集めて現実を把握するだけではなく、理論も重視されます。集めたデータを解釈し説明するとき、理論によって提示されるものの見方が重要になってくるのです。社会学における理論とは、現実を把握する際に役に立つものの見方を示す説明の仕方であり、現実をうまく一般化していいあらわしたものといえるかもしれません。

たとえば、ラベリング理論という社会学の理論があります。これは、研究のかたわらジャズ・ミュージシャンをしていたハワード・ベッカーという社会学者によって提唱された理論です。ミュージシャンたちは、その服装やふるまいや生活スタイルで、周囲から逸脱者だと判断されてしまうのですが、彼らには仲間内で「かっこいい」と考えられている独自のルールがあります。ただそれが、世間一般とは異なっているというだけです。それにもかかわらず、世間のルールが彼らに勝手にあてはめられて、逸脱者だとされてしまう、ベッカーはこう考えました。つまり、逸脱的な行為をしたから逸脱者だとされるのではなく、規則が勝手にもうけられ、それが特定の人々に適用された結果として、逸脱行動と呼ばれるものが生み出されてしまうというのです。しかしどのようなきっかけであれ、いったん逸脱者だというラベルがはられると（日常では「レッテルをはる」などと言われたりもします）、はられた側はそのようなイメージを自分自身でももち、ますます逸脱者的なふるまいをするようになっていく、これはよくあることではないでしょうか。

　素朴に発想すると、逸脱的なふるまいがあるから、逸脱者だというラベルがはられるはずだと考えられるでしょう。しかしラベリング理論は、逸脱的なふるまいが何もなかったとしても、たまたま逸脱者だというラベルがはられた結果として、逸脱者になっていくのだと主張します。このように社会学の理論には、常識的なものの見方を反転させる面があります。

　周囲からはられたラベルが現実をつくり出していくというラベリング理論の見方は、逸脱行為以外のことにも適用できます。たとえば勉強ができる人だと周囲から思われ、そのようなラベルがはられたら、その生徒は勉強を頑張らざるをえなくなり、結果的に成績があがるというのは、実際にありそうなことではないでしょうか。

　このように社会学で理論といわれているものは、経済学などと比べて非常に「ゆるい」ものです。しかしこうした理論があることによって、現実の見方、切り取り方をわかりやすく伝えたり、異なる事象を同一の視点から見ることができるようになります。社会学ではこのように、調査やデータにもとづいて実態を把握したり、把握された実態の理解を助ける理論を用いたりしながら、現実に迫っていくのです。

現実を把握する③——理念や規範よりも実態を見る

　さらに社会学では、現実を把握することを重視しますから、「こうであらねばならない」という理念よりも、「実際にどのような状態か」という実態により着目する傾向があります。たとえば経済学では、人は「与えられた条件のもとで自分にとって最も望ましい行動をする」ということを前提にして、経済全体では何が起こるかを推測します (☞ Part I _1. 経済学)。しかし現実には、人は必ずしもつねに「自分にとって最も望ましい行動をする」わけではありません。他人のために、自分のお金や時間を費やして利他的な行動を行うことも、しばしば見られるのではないでしょうか。ボランティアはまさにその例で、災害支援や貧困対策

の現場などボランティアが活躍する場面が少なくないことを考えると、それは特殊な人々による例外的な行動とはいえないでしょう。人がどのような動機でボランティアをするのか、社会学のインタビュー調査では、そのようなことも明らかにしています。

　他にも、母親が自分の食べる分を子どもに分け与えたり、自分の美容院代や友達とお茶をする小遣いを節約して子どもの教育費を貯めようとするような、母親の自己犠牲的なふるまいは、普遍的に見られるのではないでしょうか。これらは母親がとりがちな行動であり、母親に期待されている「母親役割」や「母性愛」という概念を取り入れるとよく理解できることです。社会学ではこうした実態や、期待される役割や規範がどのようなもので、それが女性たちにどのような影響をもたらしてきたのかに関する議論が活発に行われています。このように社会学は、「人は自分にとって最も望ましい行動をしている」という理念よりも、ボランティアを実際にしている人の動機や、実際に母親たちが行っている行動に焦点をあてるなど、現実に起こっていることを理解しようとするのが得意です。

　また法学は、どうあることが望ましいかという規範的な議論をする学問であるのに対し、社会学は、人は必ずしも望ましい状態になれるわけではないという現実の方にこそ焦点をあてる傾向があります。たとえば生活保護制度は、日本国憲法 25 条にもとづいて、国民が「健康で文化的な最低限度の生活を営む」ことができるようにするための制度です。実際にどのような状態が「健康で文化的な最低限度の生活」に相当するのか、国の責任をどのようなものと考えるかについては、法学研究や生存権をめぐる裁判において、長いあいだ議論が行われてきました。これは国民全体にとっての「最低限の生活」を定める非常に大事な議論です。その一方で、実際には生活保護水準以下の生活をしているにもかかわらず、この制度を利用できていない人がいます。生活保護を受給することに後ろめたいイメージがあるため、あえて利用しないという人もいます。

また現在の多くの行政的手続きは申請主義と呼ばれ、自分で情報を得て自分で申請をしなければ利用できないため、たとえばホームレスの人のなかにちらほら見られる字が読めない人などにとっては、申請まで到達するのは非常に困難です。社会学が重視する実態調査では、このような人々の現実を把握することの方にこそ、むしろ焦点があてられる傾向がありました。

とはいえ、社会学は現実をただ把握するだけで終わるというわけではありません。現実を把握し、それを広く周知した結果として、社会を変えることにつながることもありますし、把握された実態にもとづいて、社会運動や政策提言など、実際に社会を変えるための働きかけにかかわることもあります。しかし社会学の隣接分野であり、重なる部分も多い社会福祉学や社会政策学と比べて、社会学では実態を把握することにより軸足が置かれ、どのようでなければならないかを提示する規範的な視点は比較的弱いといえると思います。

現実を把握する④──例外と相対化

さらに、現実に焦点をあて、実態を把握しようとする社会学では、社会の平均だったり、その社会でモデルになっていることとは異なることや、そこからこぼれ落ちるものに焦点をあてることがよくあります。例外的な状況をとらえたり、マイノリティの人々の生活実態や思いを把握することは、それ自体で価値があると考えられているだけではなく、その例外的な状態から見えてきたことが、より大きな社会を問い直すことにつながることがしばしばあるからです。

たとえば性別は、以前は男性と女性の2つしかないと考えられていました。しかし男女を区別するのに一般的に用いられている性器の形や染色体が、生まれつき典型的ではない形をとっていて、男女の2つの極に簡単にはわけられない状態の人がいることが、知られるようになってきました。こうした状態を性分化疾患（DSD）といいます。この性分

化疾患を抱える人々が、性別に対してどんなことを感じ、日常生活を送るうえでどんな困難を抱えているのかなどを見ていくことは、自分とは異なる他者の理解につながるという点で意味があるというだけではありません。そこからは、性別を男性と女性とにわけるという、社会のなかであたりまえになっていることに、どんな根拠があり、それがどのようにしてあたりまえになっていったのかが、逆に問われることになっていきます。このように、ミクロな現実に焦点をあてるところからマクロな社会をとらえ返すという指向性は、社会学の専売特許ではありませんが、現実を把握するところから社会を理解しようとする社会学の得意とするところです。

　また、社会を相対化してとらえようとするということも、社会学の得意とするところです。たとえば、私たちは、戦後に女性の社会進出が進んでいき、女性は外で働くようになっていったと、なんとなく考えがちです。しかし、より長い歴史的スパンで考えるなら、戦前、そして戦後すぐも、女性の多くは働いていました。高度経済成長期に入って、夫の収入が高くなり、その収入で家族を養えるようになって、女性は家庭に入るようになったのです。専業主婦がもっとも多かったのは 1980 年代のことです。その後、女性はまた外で働くようになり、1990 年代に入って共働き世帯が専業主婦世帯をうわまわるのですが、このように考えると、専業主婦というのは、歴史的にほんの一時期だけ登場した存在であることがわかります。さらに、専業主婦というのはどこの国でも見られるわけではなく、たとえば中国などの社会主義体制の国では、男女ともに働くことが前提で、専業主婦はほとんどいませんでした。それが、社会が豊かになってきた最近になって、専業主婦が少しずつ増えてきています。今後中国の女性たちの間で、過去の日本と同様のことが起こるのか否かが注目されますが、このように、専業主婦という存在を、歴史的存在としてとらえたり、空間的に他の社会と比べてみることで、私たちの専業主婦に対するイメージがあたりまえのものではなく、異なる社

会やものの見方がありうることを認識できます。このように、時間的空間的な広がりのなかでものごとを相対化してとらえようとすることも、社会学の得意なことだといえるでしょう。

社会学の魅力

　社会学の魅力の1つは、私たちの常識的なものの見方を疑い、それとは異なるものの見方を得られるようになることでしょう。それによって、ものごとをそれまで思ってもみなかった角度からもとらえられるようになります。たとえば先にあげたラベリング理論は、逸脱的なふるまいをするから逸脱者というラベルがはられるという常識的な見方に対して、ラベルがはられるから逸脱行為が生まれるという、因果関係を逆転させた新たなものの見方を提示していました。これには、それまで当たり前のように感じていたことがひっくり返されるようなおもしろさがあります。こうしたおもしろさを感じられるのが、社会学の大きな魅力でしょう。

　また、社会学の別の魅力として、自分自身の経験やもやもやした感情、違和感、疑問など、自分の身近な関心がそのまま学問につながるということがあります。たとえば社会学においては、特にマイノリティや何らかの困難を抱えている人に関する研究は、その当事者がしていることが少なくありません。セクシュアルマイノリティや障害、「ハーフ」に関する研究などは、自分自身の立場から生じる経験を手がかりとして、その当事者が中心になって発展させてきた歴史があります。もちろん自分にとって抜き差しならない問題に向き合い、研究として取り組むのは、楽しいことばかりではないでしょう。しかし自分のもやもやや生きづらさは何からきているのか、それについて考え、言葉を与えられるようになったり、ものごとの別の見方や別の社会の可能性を知ることで、問題の解決に直接つながることはなかったとしても、自分が置かれている立場を相対的にとらえることになり、それによって少しは楽に生きられるようになるかもしれません。同時に、こうした多様な経験を持つ人々に

よって切り拓かれてきた社会学の知は、自分とは異なる他者や文化が社会には存在し、それぞれ独自の論理でそれぞれの生を生きているという、ごくあたりまえの、しかし大切な事実を理解するためにも、多くの人にとって有用なものとなるでしょう。

また、社会学では社会で起きているあらゆることが研究対象になるという幅の広さも、魅力の1つでしょう。環境問題や貧困、ヘイトスピーチ、ストリートダンス、アイドルのファン活動や漫画など、大学で社会学を専攻している人が書く卒業論文には、本当に多様な研究テーマや研究対象があります。日本社会学会のウェブサイトには、社会学で扱っている代表的な研究テーマが、下記のように紹介されています。

相互行為や自我・アイデンティティ、家族・親族のありかた、ジェンダーとセクシュアリティ、労働・消費などの活動と企業・産業など、環境問題や災害研究・科学技術の影響について、医療・福祉・教育について、逸脱行動・社会病理、階層・階級と不平等について、都市・農村などの地域社会とコミュニティについて、グローバル化とエスニシティについて、文化・表象・宗教について、メディア・情報・コミュニケーションについて、社会運動・市民活動やNPO/NGOなどの役割、国家・政治・権力と政治参加について

これらのなかには、みなさんも興味があるものが、なにかしらあるのではないでしょうか。これらの多様な研究対象やテーマから自由に研究できるというのは、社会学ならではといえるでしょう。これらの研究対象やテーマへの洞察は、社会のなかで生きる一般の人のなかにももちろん見られるものですが、それをデータや理論を用いて、より複雑に精緻に理解し説明できるようになることが、「社会学をする」ということかもしれません。

　なお、社会学を学ぶと、大学によっては社会調査士という資格を取ることができます。これは国家資格ではありませんが、インタビュー調査やアンケート調査の手法など、社会調査を専門的に学ぶ課程で、指定の6科目の単位を取り、大学卒業時に申請をすれば取得できます。ここで得られた量的調査の知識は、世論調査や統計データを見るときに役に立ちますし、マスコミなどで働きたい人にとっては、質的調査は取材活動と共通性が多いため、仕事でも使える知識を学ぶことができるでしょう。社会調査士資格を取らなかった場合でも、社会学の標準的なカリキュラムには、以上のような社会調査の方法を学ぶ授業が必ずありますので、それらを履修することによって、社会調査に関する知識を習得することができます。社会調査士の資格取得にチャレンジすることはもちろん、大学で社会学を学ぶことで得られる知識や考え方は、世の中を理解し、社会生活を送るうえできっと役に立つことでしょう。

著者紹介　　**丸山里美**（まるやま・さとみ）
京都大学大学院文学研究科准教授（貧困研究、ジェンダー論、福祉社会学）

〈主要著作〉『女性ホームレスとして生きる──貧困と排除の社会学〔増補新装版〕』（世界思想社・2021年）、『質的社会調査の方法──他者の合理性の理解社会学』（岸政彦・石岡丈昇と共著。有斐閣・2016年）
〈なぜこの学問・この専門分野を志したか〉高校生当時、関心のあった音楽や、文化現象についても、自由に扱えそうな幅の広さにひかれて、社会学を志しました。大学在学中は報道の世界で働きたいと思っていましたが、卒業論文を書いて、研究の方が自分に向いていると気づきました。

Q & A

Q. 社会学はどんな学部・学科で学べますか？

A. 社会学は、人文・社会科学系の学部や学科がある大学であれば、ほとんどの大学で学ぶことができます。ただ、具体的にどのような学部・学科で学ぶことができるかについては、大学によってかなりバリエーションがあります。社会学部がある大学もありますし、文学部や国際関係学部のなかに社会学科がある大学があったり、場合によっては同じ大学の異なる学部のどちらでも社会学が学べることもあったりしますので、事前に関心がある大学のどこで社会学を学べるか、調べる必要があるでしょう。ただし社会福祉学部・学科などは、社会福祉学や社会政策学を扱うことが多く、社会学と重なる部分も多い一方、実態把握よりも問題解決により軸足が置かれています。これらの学部・学科でも、部分的に社会学の授業が取り入れられていますが、社会学を専門的に学びたいなら、異なるものと認識した方がよいでしょう。

Q. 社会学を学ぶとどういう職業につくことが多いのでしょうか？

A. 社会学は特定の職業と結びついている学問ではないので、社会学を学んだ人が特に向いている職業というのはないと思います。卒業生は一般企業に就職したり、公務員、教員になるなど、多様な分野で活躍しています。傾向としてはテレビ局や新聞社など、社会学と同じく社会に関心を持つマスコミに就職する人の割合は、他の分野に比べてやや高いといえるかもしれません。むしろ社会学は、さまざまなことを扱える間口の広い学問ですので、まだどんなことを学びたいかが明確ではない、将来どんな仕事をしたいかまだよくわからないという人にも、おすすめといえるでしょう。

● Part Ⅰ　まとめ

　Part Ⅰでは、経済学・政治学・法学・社会学という社会科学の４つの分野が、何を対象としているのか、どういう観点から対象の理解に取り組んでいるのかについて説明してきました。それぞれに特徴があって違いは大きいですが、社会科学として共通しているところも少なくありません。

　もっとも重要な共通点は、人間がどういう理由で行動しているのか、何に価値を置いているのか、どういう考え方や意識を持っているのか、という人間そのものへの関心です。そして、人間が他の人間、さらには人間が集まった社会とどのような関係を取り結んでいるのか、という相互作用への関心も共有しています。そういった関心から導き出される知識は、まずは同じように社会に生きる他者を知る助けになるものですし、私たちがそれを踏まえてどのような行動をすればよいかを考え、望ましくないところは変えていくための指針となるのです。さらに、場合によっては大規模に人々を動かす政策のような意思決定を行う根拠になるとも考えられます。

　そのような知識を導き出す社会科学では、多かれ少なかれそれぞれの分野で確立されてきた、知識を生み出すための方法論があります。方法論とは、分析するための情報をどのように収集すればよいのか、そして既存の知識に基づいて、収集した情報をどのように扱えばよいのかなど、方法に関する知識です。Column 1で取り上げた因果推論は、原因と結果の関係を明らかにする方法として、社会科学の分野を横断して重視され、発展を続ける方法論だといえます。社会科学の中では特に経済学が、このような方法に関する知識を洗練させる傾向があります。しかし、その他の分野でも、十分に意識されていないものも含めて知識を生み出す方法はある程度共有されています。これは言い換えると、そういった方

法論の蓄積を無視して新たな知識を生み出そうとしても、それが妥当なものとして認められにくい、ということでもあります。

とはいえ、得られる知識は、必ずしも世界の「真理」、すなわち、いつでもどこでも通用する正しいものとは限りません。自然科学の場合、科学的な方法で得られた知識は、同じような環境さえ用意すれば、世界のどこでも再現可能なものだと考えられます。しかし、人間そのもの、あるいは人間同士の関係を扱う社会科学では、同じような方法を用いても、対象となる人間を取り巻く文脈によって妥当とされる知識が異なることも生じます（ただし、自然科学の中でも、医学のように人間を扱う分野ではそれに近いことがありえます）。そのために、社会科学では、文脈を作り出す社会についての十分な理解をもとにしながら、知識を生み出し、利用していくことが重要になります。

Part I では、4つの分野のそれぞれにおいて、ある程度代表的だとみなされている考え方について説明してきました。しかし、Part I で十分に説明できていないような考え方もたくさんあり、それが社会科学の多様性を作り出しています。Part II 以降では、環境・貧困・テクノロジー・ジェンダーという多くの関心を集める世の中の具体的な問題を対象として取り上げて、4つの分野がそれぞれにどのような見方で対象に接近するのか、これまでにどのような知識を生み出してきたのかについて説明していきます。それぞれの説明は、読者のみなさんが社会科学のレンズを通じて世の中を知り、自分自身で考えて、時には行動を変えていくような助けとなるはずです。

〔砂原庸介〕

「経済学」を知りたい

01 市村英彦・岡崎哲二・佐藤泰裕・松井彰彦編
『経済学を味わう──東大1、2年生に大人気の授業』
日本評論社、2020年

02 伊藤秀史『ひたすら読むエコノミクス』
有斐閣、2012年

03 齊藤誠『教養としてのグローバル経済
──新しい時代を生き抜く力を培うために』
有斐閣、2021年

04 伊藤元重『入門経済学〔第4版〕』
日本評論社、2015年

05 N・グレゴリー・マンキュー『マンキュー入門経済学〔第3版〕』
（足立英之ほか訳）東洋経済新報社、2019年

06 神取道宏『ミクロ経済学の力』
日本評論社、2014年

07 ティモシー・テイラー
『スタンフォード大学で一番人気の経済学入門　ミクロ編』
（池上彰監訳、高橋璃子訳）かんき出版、2013年

08 スティーヴン・D・レヴィット／スティーヴン・J・ダブナー
『ヤバい経済学──悪ガキ教授が世の裏側を探検する〔増補改訂版〕』
（望月衛訳）東洋経済新報社、2007年

「政治学」を知りたい

01 宇野重規『民主主義とは何か』
講談社現代新書、2020 年

02 田村哲樹・松元雅和・乙部延剛・山崎望
『ここから始める政治理論』
有斐閣、2017 年

03 前田健太郎『女性のいない民主主義』
岩波新書、2019 年

04 松林哲也
『政治学と因果推論──比較から見える政治と社会』
岩波書店、2021 年

05 草野大希・小川裕子・藤田泰昌編著『国際関係論入門』
ミネルヴァ書房、2023 年

06 多湖淳『戦争とは何か──国際政治学の挑戦』
中公新書、2020 年

「法学」を知りたい

01 内田貴『高校生のための法学入門──法学とはどんな学問なのか』
信山社、2022 年

02 江藤祥平・大塚智見・遠藤聡太・粟谷しのぶ・辰野嘉則・田原一樹
『大学生活と法学』
有斐閣、2022 年

03 木庭顕『誰のために法は生まれた』
朝日出版社、2018 年

04 道垣内正人『自分で考えるちょっと違った法学入門〔第 4 版〕』
有斐閣、2019 年

05 南野森編『ブリッジブック法学入門〔第 3 版〕』
信山社、2022 年

06 森田果『法学を学ぶのはなぜ？
──気づいたら法学部、にならないための法学入門』
有斐閣、2020 年

07 吉永一行編『法学部入門
──はじめて法律を学ぶ人のための道案内〔第 4 版〕』
法律文化社、2022 年

「社会学」を知りたい

01 筒井淳也『社会を知るためには』
ちくまプリマー新書、2020 年

02 本田由紀
『「日本」ってどんな国？──国際比較データで社会が見えてくる』
ちくまプリマー新書、2021 年

03 若林幹夫『社会学入門一歩前』
河出書房新社、2023 年

04 ケイン樹里安・上原健太郎編著『ふれる社会学』
北樹出版、2019 年

05 落合恵美子
『21 世紀家族へ──家族の戦後体制の見かた・超えかた〔第 4 版〕』
有斐閣、2019 年

06 Ｅ・Ｈ・カー『歴史とは何か〔新版〕』
（近藤和彦訳）岩波書店、2022 年

Part II
環境

●イントロダクション

　地球からみれば、人間は新参者中の新参者です。地球の歴史を1日に
置き換えると、人間（ホモ・サピエンス）が登場したのは早くても23時
59分56秒くらいです。59秒を過ぎた後、人間は地球の生態系や気候
に影響を及ぼすようになりました。人間や他の生物が住める範囲は地球
上の表面にすぎませんから、地球環境はもともと稀少です。その稀少な
環境が、人間活動によって短い時間のうちに変容してきているのです。
環境を改善・保全するために人間活動の規制などの対策を講じる必要が
あるわけですが、環境問題に取り組もうとする際、考慮しなければなら
ない視点が2つあります。

　1つは、環境を守るための行動をいかにして促すか、という視点です。
環境を保護する方針について合意が得られたとしても、それが人々の行
動に結びつかなければ意味がありません。したがって、環境の改善や保
全のための行動を促す何らかの仕組みを作る必要があります。

　「1. 法学」では、法律（をはじめとするルール）によって人々の行動を
変える、という方法について検討します。法律の機能は、罰金などの制
裁を通じて規制することだけではありません。情報を提供したり各種の
支援をしたりすることにより、環境を改善・保全する行動を促進する面
もあります。環境法はルールが活発に創造されている分野であり、そし
てこうしたルールは立法のみならず裁判によっても作られています。こ
こでは気候変動問題を題材として、環境法がどのような役割を果たして
いるかについて考えてみましょう。

　法律以外にも、人々の行動を変える仕組みはあります。「2. 経済学」
では、市場の力を利用した方法をみていきます。市場は、人々にインセ
ンティブを与える重要な制度です。ここでは、経済学の基本的な考え方

を紹介しながら、市場がどのように作用するか、そして温暖化ガスに関して排出権取引（排出量取引）を設定することがいかなる効果をもつのかについて考察します。

　もう1つは、人々の合意形成をどのように図るか、という視点です。環境が人間の生命や生活にとって大事なものであること自体は、おそらく誰もが認めるところだと思います。抽象的な意味での「環境」は人々の共通利益です。しかし、具体的な意味での「環境」となると、人々は認識や利害を共有しているとは限りません。異なる立場の人たちや国家の間で、「環境」に対する認識や利害は違う可能性があります。

　「3. 政治学」では、国際的な合意形成を扱います。環境規制についての国家間の合意は、実際にどういうプロセスで形成されているのでしょうか。そして、どのような点に困難があり、国際協調を促すためにどんな工夫がされているのでしょうか。気候変動問題に関する「パリ協定」と水銀問題に関する「水俣条約」を例として、政治学の観点からこの問いを考えます。単に厳しい規制を追求するだけが解決策ではないということが理解されるでしょう。

　最後の「4. 社会学」では、着眼点が国家から個人へと変わります。そこでは、社会の異なる立場の人たちがそれぞれどのように環境問題にかかわっていて、互いにどんなやりとりが展開されているかを社会学の立場からみていくことになります。三重県芦浜地区で起きた原子力発電所設置をめぐる社会運動を具体例として、多様な利害関係者が存在して意見の分かれやすい原発問題を「人々の関係性の生成や変化」という点からとらえます。当事者の目線に近いところから、社会と環境を変えていくためのヒントを得たいと思います。　　　　　　　　〔飯田　高〕

1. 法学

環境問題と法は
どのようにかかわっているか？

島村 健

環境問題と法のかかわり──原点としての公害問題

みなさんは、日本の現代史や公民の授業で日本の公害問題を勉強した
と思います。環境問題と法のかかわりについて考える際に、公害問題を
避けて通ることはできません。戦後の高度経済成長期に、日本は、四大
公害（熊本県と新潟県の水俣病、富山県・神通川流域のイタイイタイ病、
三重県・四日市ぜんそく）などに代表される深刻な公害を経験しました。
当時は、健康被害をもたらす水質汚濁物質や大気汚染物質が工場から排
出されないよう、あらかじめ企業の活動を規制する実効的なルール（法
律）がありませんでした。

工場からの排気ガスや排水には、健康被害をもたらす化学物質が含ま
れており、それを摂取して健康被害を受けた人々は、各地で、企業など
を相手に、損害賠償を求める裁判を起こしました。「民法」という法律
の 709 条には、「故意又は過失によって他人の権利又は法律上保護され
る利益を侵害した者は、これによって生じた損害を賠償する責任を負う」
という規定があります。工場排水や排気ガスにより、人々の健康を害し
た企業は、この条文により、損害賠償責任を負うとされるのです。ただ
し、企業に「故意又は過失」がある場合に限られます。

さて、Part I の「3. 法学」では、大学の「法学」の授業において学
ぶことの1つとして「法の解釈」が挙げられていました。上記の条文で
いえば、「故意」や「過失」という言葉の意味が問題になります。「故意」
とは、被害が発生することを知りながら、あえて加害行為（汚染物質の

排出行為）を行うことをいうとされています。判断が難しいのは、わざと加害行為を行ったのではない（「故意」があったとはいえない）ときに、「過失」があったといえるかどうかです。有毒な化学物質が、工場の製造工程で（意図せずに）副生されてしまっていたような場合、ある化学物質が発がん性物質であるかどうか排出の時点で知られていなかったような場合、あるいは、有害な物質であることはわかっていたけれども最高レベルの排出防止設備を設置してその物質の排出量を可能な限り削減していた（それでも被害は出てしまった）という場合に、「過失」があったといえるかどうか、人によって判断は分かれるかもしれません。それでも、事件を担当する裁判官は「過失」があったかなかったか、「法の解釈」をしなければなりません。法学の授業では、どのような方法で「法の解釈」をすべきか、ということも勉強します。

　四大公害訴訟の判決を皮切りに、多くの公害訴訟で企業の加害責任が認められ、裁判所は、企業に対し、被害者の損害を賠償することを命じました。しかし、事後的に損害の賠償（賠償金の支払い）がなされても、ひとたび失われた生命や健康は戻ってきません。そこで、1970 年代以降、公害による深刻な健康被害を防止するために、大気汚染物質や水質汚濁物質の排出を制限する法律が制定・強化されていくことになります。これらの法律に基づく省令（☞ Part Ⅰ_3. 法学 Q&A）によって、汚染物質の排出基準が具体的に定められ、定められた排出基準を超えて汚染物質を排出すると、刑罰が科されます。新たに制定・強化された法律によって、公害が起こらないように、環境汚染を事前に防止する仕組みが設けられたのです。環境法は、Part Ⅰの「3. 法学」で説明された「法の創造」活動が、きわめて活発な分野です。

気候変動問題とは？

　次に、テレビやインターネットなどでみなさんがよく目にする気候変動問題について取り上げます。気候変動問題は、現在、世界が直面して

いる環境問題のうち、最も重大な問題の1つといえるでしょう。世界の平均気温は、産業革命が始まってから現在までの間に約1℃も上昇しました。グリーンランドや南極の氷床、北極海の海氷の質量は減少しており、世界中の氷河も縮小し続けています。IPCC（気候変動に関する政府間パネル）の第6次評価報告書第1作業部会報告書（2021年8月）は、このような気候変動の原因が、人間の活動によって排出される温室効果ガスの増加であることに疑う余地がない、と指摘しています。

温室効果ガスのうち最も影響が大きいのは、化石燃料の燃焼などによって大量に排出されている二酸化炭素（CO_2）です。CO_2の大気中濃度は、産業革命前には約280ppm（ppmというのは、100万分の1を表します）でしたが、現在、すでに410ppmを超えてしまいました。このままの速度で温暖化が進むと、最悪のシナリオでは、2100年の時点で、地球の平均気温は産業革命前に比べて3.3〜5.7℃も上昇すると予測されているのです。科学者たちは、地球規模での気温上昇は、海面上昇、台風などの風水害の頻発・激甚化、熱中症等による死亡リスクの拡大、マラリア等の感染症地域の拡大、農業や水産業への悪影響とそれに起因する食糧難、野生生物の絶滅リスクの拡大などの深刻な事態をもたらす、と警告しています。IPCCの第6次評価報告書第3作業部会報告書（2022年4月）は、気候変動による致命的な影響を防ぐためには気温上昇を1.5℃以下に抑える必要があり、そのためには、2050年代の早期にCO_2の排出量を世界全体で正味ゼロ（排出量と森林などによる吸収量が等しい状態）にする必要があると指摘しています。

気候変動の防止という課題に、法はどのようにかかわっているでしょうか。大気汚染や水質汚濁、騒音などの公害問題と異なり、裁判を通じて、気候変動問題の解決を図ることは難しそうです（もっとも、気候変動防止を目指す裁判がないわけではありません。この章の最後に紹介します）。気候変動問題は、大気汚染などの従来の公害とは、さまざまな点で異なる特徴をもっています。次の段落を読む前に、問題の性質、被

害の構造、対策の仕方など、どのような点が異なるか、いったん本を閉じて考えてみてください。

気候変動を防ぐための法とは？

　有機水銀による水質汚濁が原因で生じた公害である水俣病 (☞ Part II_3. 政治学) と、気候変動問題を比較してみましょう。水俣病の原因物質である有機水銀は、化学工場の製造工程で発生し、海に排出されました。このような場合、被害者は、健康被害などの損害の賠償を求めたり、あるいは、有機水銀の排出の停止を求める裁判 (差止訴訟) を起こしたりすることができます。しかし、健康被害が出てから損害の賠償を求めても、失われた生命や健康は戻ってきません。汚染や環境破壊が生じてから (あるいはそれが目前に差し迫ってから) 裁判で差止めを求めるのでは遅すぎる場合が多いでしょう。このように、問題が起きてから裁判で争うという方法 (「事後救済」) だけでは、環境汚染やそれによって生じる健康被害を防ぐことはできません。そこで、水俣病のような深刻な健康被害が生じることを未然に防ぐため、あらかじめ、法律により、健康に有害な化学物質を排出することを禁じたり、一定量以下に制限する基準を設定したりすることが考えられます (「事前規制」)。

　気候変動問題の場合はどうでしょうか。原因物質である CO_2 の大半は、化石燃料の燃焼にともなって排出されます。日本では、目下、電気の 7 ～ 8 割は、化石燃料を燃焼させる火力発電によってまかなっています。また、企業だけではなく、家庭でも給湯や暖房などの用途で天然ガスや石油を利用しています。このような状況では、CO_2 の排出行為の差止めを求める裁判を起こすことで問題を解決するのは難しそうです。法律によって、CO_2 などの排出行為を禁じたり、大幅に制限したりすることも現実的ではありません。CO_2 の排出源は数え切れないほどあり (私たちの家庭も排出源です)、化石燃料の利用をただちにやめることも現実的には不可能だからです。

そして、気候変動の場合、従来の公害と異なり、空間的、時間的な拡がりが大きい問題であるという特徴があります。CO$_2$など温室効果ガスの排出源は世界中にあります。1つの国や地域で温室効果ガスの排出を削減しても、他の国や地域で増えてしまっては解決になりません。また、気候変動が進むと、温室効果ガスを多く排出する国や地域ではなく、農業など第一次産業への依存度が高い後発開発途上国や、島嶼国などで、より深刻な被害が生ずることも指摘されています。気候変動問題は、国際的な枠組みで取り組むことが必要な問題なのです。そこで、世界の国々の間で、温室効果ガスの排出削減を目指すための交渉がなされ、世界全体で温室効果ガスの排出削減を進めるためのルールが、条約というかたちで締結されています（気候変動枠組条約）（☞ Part II _3. 政治学）。

　気候変動問題は、時間的な拡がりが大きいことも、従来の公害とは異なる点です。産業革命以降、特にたくさんの化石燃料を消費し、温室効果ガスを排出してきた私たちまでの世代の人々が、気候変動問題の原因者、つまり加害者です。しかし、気候変動により、より多くの被害を受けるのは若い人たち、さらには、まだ生まれてきていない将来世代の人たちです。将来世代の人たちは、自分たちの権利が侵害されている（温暖化により被害を受けている）ことを理由に、私たちの世代を訴え、損害賠償を求めたり、温室効果ガスの排出の差止めを求めたりすることはできません。

　このような特徴をもつ気候変動問題には、従来の公害問題のように、裁判を突破口として対策の強化を図ることは難しい面があります。裁判は、基本的に、問題が出てきた後に、原因となる行為をしている人や企業を特定して救済を求めるという紛争解決手段（事後救済）だからです。また、気候変動問題は、公害対策で力を発揮した事前規制、すなわち、法律により汚染物質の厳しい排出規制を導入するという方法だけでは、対処が困難です。このため、従来の公害・環境問題に対処してきた裁判や法律とは異なる、新たな「法の創造」が求められているのです。

人々の行動の変化を促すためのルール

　企業や人々の行動を、化石燃料の消費がより少ない生産・生活様式に変化させるための方法は、いくつも考えられます。企業や人々の行動の変化を促すためのルールを設定するとしたら、どのようなものが考えられるでしょうか。

　公害を克服するために用いられてきた規制を、気候変動対策の分野でも用いることは考えられないでしょうか。規制とは、法律に基づき、企業などが守るべき基準（例えば、有害物質やCO_2の排出量の上限）を設定したうえで、基準が守られていない場合には、行政機関が改善命令を出し、さらに、命令に従わない企業に対しては罰則を適用するというものです。しかし、規制という手段を気候変動対策の分野で広く用いることは、先に述べたように難しそうです。

　ただし、気候変動対策の分野においても、規制が有効な場面があります。例えば、2015年に制定された建築物省エネ法は、建築物を新築する際、省エネ基準を守ることを義務付けており、基準に従わない場合には、建築工事をするのに必要な許可（「建築確認」と呼ばれています）を受けることができません。建物の構造は空調機器の効率などに大きく影響を与えるので、エネルギー消費量を抑えるためには、省エネ型の建築物を造ってもらうことが必要です。そして、建築物はいったん建ててしまうと、長い年月使い続けるものであり、簡単に造り替えることもできません。そのため、省エネ型の建物を建てることを求める規制が効果的なのです。

金銭的な動機づけ

　環境保護のための規制は、刑罰などのいわば「威嚇（いかく）」によって、企業や人々の行動を環境にやさしいものへと変化させようとするものです。これに対し、「経済的手法」と呼ばれるものは、お金の力によって、企業や人々の行動変化を促そうとする仕組みです。

典型例は、環境税です。環境税とは、環境に悪影響を及ぼす行為に課される税金のことであり、課税により、環境負荷を伴う活動を、企業や人々が避けるように促すことをねらいとしています。気候変動対策のための環境税としては、化石燃料の消費に課税することでその消費を抑制し、CO_2 の排出を削減するという方法があり、欧州諸国などで導入されています。日本でも低額ながら、地球温暖化対策税が導入されています。

　他の「経済的手法」の例として、「排出権取引」という仕組みもあります。この仕組みのもとでは、まず、企業に対し、一定の期間における温室効果ガス排出量の許容限度を「排出権」として設定することから始めます。これに対して、企業 A は、省エネなどを行って、自社の工場や事業所から排出される温室効果ガスを減らして、許容限度を守る努力をすることが考えられます。一方で、自社の工場からの温室効果ガスの排出を減らすのが困難であったり、とても高い費用がかかったりする場合には、企業 B（安い費用で温室効果ガスを減らすことができる企業など）から、排出権を購入することも認められます。企業 A は、当初配分された排出権の分に加えて、企業 B から購入した排出権の分だけ多く、温室効果ガスの排出が認められるという仕組みです。

　この仕組みにより、温室効果ガスの排出削減が、経済的な価値として評価されることになります。温室効果ガスを削減すればするほど、余った排出権を他の企業に売ることができるため、上記の企業 B にとってみれば、排出削減が「お金になる」のです。つまり、排出削減の経済的な動機づけ（☞ Part I_1. 経済学）が与えられているといえます。この「排出権取引」制度を使えば、社会全体としても、より安いコストで温室効果ガスの排出削減ができます。その説明については、Part II の「2. 経済学」を参照してください。

情報を利用した気候変動対策のきっかけづくり

ここまで、「刑罰」や「お金」の力によって、企業や人々の行動の変化を促そうとする仕組みについてみてきました。このほか、「情報」をうまく使うことによって、企業や人々を環境にやさしい行動へと導こうとする制度があります。

地球温暖化対策推進法は、日本の地球温暖化対策の基本的枠組みを定める法律です。この法律は、温室効

図1　統一省エネラベルの例

（出所）資源エネルギー庁ウェブサイト（https://www.enecho.meti.go.jp/category/saving_and_new/saving/enterprise/retail/touitsu_shoenelabel/）の図を加工。

果ガスを多く排出する事業者に温室効果ガスの排出量を算定し、国に報告することを義務付けています。事業所・工場ごとの温室効果ガス排出量は、（企業秘密に関係する情報を除いて）公表されることになっています（温室効果ガス排出量算定・報告・公表制度）。この仕組みは、第1に、企業に自らの温室効果ガス排出量を把握してもらい（CO_2 の「見える化」）、温室効果ガスの排出の自主的な削減に取り組むきっかけをつくることを目的としています。

さらに、企業の温室効果ガスの排出量が行政機関によって公表されることが重要な意味をもちます。前述したように、気候変動の悪影響を緩和するためには、日本のみならず世界全体で、温室効果ガスの排出量を可能な限り早い段階で正味ゼロにする必要があります。化石燃料への依存度が高い企業は、取引先や消費者から避けられ、あるいは、環境税などの負担が重くなり競争上不利になります。企業が温室効果ガスをどれくらい排出しているかは、企業の取引先や投資家にとって重要な情報なのです。上記の温室効果ガス排出量算定・報告・公表制度により企業の排出量情報が公表されると、企業の温室効果ガス排出削減の取り組みが、

図2 カーボンフットプリント

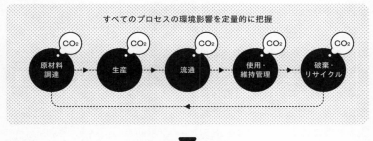

すべてのプロセスの環境影響を定量的に把握

(出所) 一般社団法人サステナブル経営推進機構「CFP プログラム (https://www.cfp-japan.jp)」の図を加工。

取引先・投資家・消費者などから評価されることになります。こうして、企業は、温室効果ガスの排出削減の動機づけを与えられるのです。

　情報提供という手段を用いた温室効果ガス削減のための仕組みはほかにもあります。例えば、家電製品等に付けられる省エネラベル (**図1**) などは、購入者に対し、(仮に、製品の価格が少々高くても) エネルギー消費が少ない省エネ機器を買うよう促すものといえます。また、カーボンフットプリントという仕組みもあります。これは、**図2**のように、商品やサービスのライフサイクルの各過程で排出された温室効果ガスの総量をCO_2量に換算して表示するものです。商品やサービスの購入者は、ライフサイクル全体でのCO_2排出量の削減量を把握し、排出量の少ない商品やサービスを選ぶことができます。このようにCO_2排出量が「見える化」されることにより、CO_2排出量の少ない商品やサービスの開発へと市場を導いていくことができるのです。

法の創造と解釈

　環境問題と法のかかわりをまとめてみましょう。公害防止の分野では、企業や市民が従うべきルールの整備が不十分であり、公害の被害者が、健康被害についての損害賠償を求める裁判を起こしました。公害を起こした企業に損害賠償を命じる判決などが社会を動かし、公害の発生を未然に防止し、環境を保護するためのさまざまな法律（「環境法」）が、1970 年代以降、次第に整備されてきました（「法の創造」）。環境法の特徴は、刑罰による威嚇、金銭的な動機づけ、情報提供を通じた企業や市民への働きかけなどといったさまざまな手段を用いて、社会全体を、環境にやさしい行動へと誘導していく点にあるといってよいでしょう。

　公害の発生を未然に防止するためのルールが法律のかたちで定められると、行政機関がそれを運用し、企業などに対し法律を守るよう働きかけます。法律違反がある場合には、刑罰が科せられることもあります。環境保護のための法律を解釈し、適用するのは、まずは行政機関の仕事ですが、行政機関と企業などとの間に、法律の文言の意味について見解の不一致があり、訴訟が提起された場合には、最終的には裁判所が法律の解釈を行うことになります。また、公害などにより被害を受けた場合の損害賠償に関するルールの適用についても、「法の解釈」が必要になる場合がある、ということは先に述べました。

　このように、企業や市民が従うべきルールを創造し、それを解釈し、運用することを通じて、環境法は、公害の防止や環境の保全に貢献しているのです。

環境法を学び、使い、世の中を変えていく

　法は、人々の行為を方向づける機能をもっています。世界が直面している最も重大な環境問題である気候変動問題に関していうと、現在の日本の法律は、脱炭素社会に向けた移行を可能にするような水準にまだ達していません。さらなる「法の創造」が必要であり、実際に、毎年のよ

うに、気候変動対策に関する法令が改正されたり、新たに制定されたりしています。

　行政機関で公務員として気候変動など環境保護の分野を担当する人たちは、すでにある国の法律や地方公共団体の条例といったルールを運用するだけでなく、それを強化、改善していく仕事にも携わっています。

　企業の法務部門や、環境関係の部署で働く人たちは、環境法令を自社がきちんと守っているか、点検しておかなければなりません（コンプライアンス）。それだけではなく、環境規制の強化を先取りして、より積極的に環境にやさしい製品やサービスを開発することによって、企業の競争力向上にもつなげることができます。例えば、EU は、気候変動対策の分野や、化学物質管理、循環型社会の形成といった分野で、先駆的なルールを打ち出すことが多いので、日々アンテナを張り、海外のルールの動向を注視しておくことも、企業にとっては重要なことです。

　それから、環境保護を進めるために最も力になるのは市民や市民団体の活動です（☞ Part II_4. 社会学）。法を創るのは、政治家や行政官だけの仕事ではありません。日本の公害対策に関する法令の整備を促したのは、公害の被害者の方々の公害反対運動や、企業を相手に起こした裁判でした。気候変動対策の分野でも、世界中の国々で、環境保護団体（環境NGO）などが、環境法令の強化を求めて政治家などへの働きかけ（ロビイング）や、政策の提言などを行っています。そして、気候危機への対処を大人たちに求めるために、毎週金曜日に学校の授業を欠席する「学校ストライキ」を 16 歳のときに、たった 1 人で始めたスウェーデンのグレタ・トゥンベリさんの活動や、それに続く Fridays For Future（未来のための金曜日）などの若い世代の市民の運動は、気候変動対策の強化、新たなルールの制定に向かう力になっています。

気候変動対策を求める訴訟

　さて、この章の前半で、公害対策と異なり、気候変動問題については、

裁判による解決は難しいということを書きました。温室効果ガスを排出している企業は、大規模な企業だけでも数え切れないほどあり、1つまたは少数の工場が有害物質を排出している場合とは異なって、原因となる企業すべてを相手に裁判を起こすことは現実的ではありません。個々の企業の温室効果ガスの排出行為によって、具体的な被害（例えば、気候変動によってもたらされた、異常な風水害による被害）が生じた、あるいは、生じる可能性が高い、ということを原告が証明することも難しそうです。このような事情から、日本では、気候変動対策の強化を裁判を通じて訴えようという事例は少なく、原告が勝訴した例は、まだありません。

　しかし、他の国々に目を転じると、裁判が気候変動対策の強化を促した事例もあるのです。例えば、2013年にオランダの環境保護団体が自国の政府を相手に気候変動対策の強化を求めて起こした訴訟で、オランダの最高裁判所は、2020年末までに温室効果ガスの排出を1990年と比べて25%削減することを目標とするべきであるなどとして、政府に対し、国の削減目標の強化を命じました。同様の訴訟は、ドイツなど、欧州諸国を中心に、世界各地で起こされています。

　また、大量の温室効果ガスを排出する企業に対して、裁判を起こす例も増えてきました。有名な例として、2019年に、オランダの環境保護団体が、世界有数の石油メジャーである、ロイヤル・ダッチ・シェルに対して、グループ企業全体から排出される温室効果ガスを、2030年までに45%削減することを求めて訴えた事件があります。オランダのハーグ地方裁判所はこの訴えを認めたので、世界中で大きく報道されました。日本ではあまり注目されていませんが、世界では、市民や市民団体が、裁判という手段も駆使して、国や大企業に対し、危険な気候危機に対する有効な対策を求めているのです。

著者紹介　　　　**島村　健**（しまむら・たけし）
神戸大学大学院法学研究科教授（環境法学）

　　　　〈主要著作〉『環境問題と法──身近な問題から地球規模の課題まで』（鶴田順・久保はるか・清家裕と共編著。法律文化社・2022年）
　　　　〈なぜこの学問・この専門分野を志したか〉小学生の頃に読んだ田中正造の伝記で、公害・環境問題に関心をもちました。大学で、環境法のゼミに参加したことが環境法研究者を志した直接のきっかけでした。

2. 経済学

排出権取引で温暖化は
食い止められるのか？

猪野弘明

　東京都環境局のウェブサイトを覗いてみると、次のような説明文があります。

> 総量削減義務と排出量取引制度における、指定（特定）地球温暖化
> 対策事業所及び口座開設者の情報を公開するページです。
> （https://www9.kankyo.metro.tokyo.lg.jp/koukai/koukai.html）

「え。口座！　東京都が銀行を始めたの？」
いえいえ、これはお金を管理する銀行口座ではありません。各事業所（工場や店舗など）が自らの温暖化ガスの排出量を管理する口座なのです。実は、都内の事業所（ある規模以上の事業所に参加義務がある）はこの口座を使って、排出量を取引できるのです。
「排出量を取引できるなんて、知らなかった。」
知らなくても無理はありません。取引が東京都で始まったのは 2010 年。その前には、このような取引市場はなかったのですから。もちろん取引されれば、取引される「排出」に価格がつきます。
「今まで価格のなかったものに、価格がつくなんて！」
何のために、このようなことが行われているのでしょうか。

経済学からみる「環境問題」とは？

　そもそも「環境問題」はなぜ起こるのでしょうか。環境問題といって

も、さまざまな種類のものがあります。温暖化問題のような地球規模のものから、騒音問題のような身近なものまで、その規模は大小さまざまです。また、水質汚濁や大気汚染のように現れ方が似通っているように思えるものもあれば、大量廃棄社会の問題のようにその構造がまったく別物にみえる問題もあります。自然科学的な発生メカニズムで答えれば、温暖化問題は CO_2 などの排出による温室効果で説明されますし、騒音問題は家のそばに開通した幹線道路を通る車が原因かもしれません。つまり、問題の程度も現れ方も自然科学的なメカニズムもさまざまなのですが、実は、経済学では問題の裏に共通する社会的なメカニズムに注目し、これらの問題に共通した解答を与えます。それは「環境問題は外部性によって引き起こされる」という解答です。

　問題となる「外部性」とは経済学の用語で、①市場取引を経由せず、②他者に利益や不利益を与えてしまうことを指します。特に、他者への影響がプラス（利益）の場合を「正の外部性」、マイナス（不利益）の場合を「負の外部性」と呼びます。例えば、真剣に勉強している人の隣りでのおしゃべりは、その人に不利益を与える負の外部性です。この定義で重要なのは、①と②の２つの条件からなることです。単に他者に影響を与えるという②の意味では、パンを作って人に売るというような通常の経済活動でも②の条件を満たしますが、これは市場を通して対価を受け取っているので①の条件を満たさないため、外部性の問題があるとはいえません。市場を経由しないことによりはじめて「市場の失敗」という問題が起こることになります。経済学的には、環境問題はこの外部性によって生じる市場の失敗の典型例です。

　以下では、温暖化問題の文脈で、これがどういうことなのかを説明して問題の原因を探ります。次いで、その解決策の１つとして経済理論から発見された「排出権取引」というアイデアを紹介していくことにしましょう。実は、冒頭に例で挙げた東京都の取引市場は、市場がない（価格がない）ものに、市場を作る（価格をつける）ことで、環境問題を解決

しようとする経済学のアイデア「排出権取引」を実践したものなのです。

需要曲線の 2 つの読み方（準備）

　市場の失敗を理解するには、市場の働きを理解するための分析ツールが必要です。Part Ⅰ_1. 経済学でも述べられているように、市場の働きを理解するには、需要曲線や供給曲線を用いるのが基本です。まずこの章を読む準備として、パンのような通常の財の市場を例にして、需要曲線の読み方を説明しておきましょう。経済学は、理系（自然科学）と同様の手法で、人間社会を分析することを目指しています。このため、その理論は基本的に数学によって裏づけられています（☞ Part Ⅰ_1. 経済学）。その考え方をわかりやすく伝えるために、図やグラフが考案されていて、経済学部の多くの講義で用いられています。この章でその醍醐味を少し体験してみましょう。

　いま、図1 にある右下がりのグラフが、パンの需要を表しているとしましょう。この「需要曲線」（簡単化のため直線で表しています）は、高校の政治・経済の教科書にも載っているおなじみのものです。縦軸にパンの価格を、横軸に数量をとって、価格と消費（需要）される数量（需要量）の関係を表しています。価格が安いほど普通は需要量が増えるでしょうから、価格が下に行くほど需要量は右に行く、つまりグラフは右下がりになるというわけです。このとき、需要曲線は「縦軸から横軸」の視点（図1 の a の右目線）で読んでいることになります。例えば、価格がパン1個当たり p 円のとき、需要量は x 個ということが「縦軸の p 円のところから、右に進んでいき、グラフにぶつかるところの横軸の長さ」で読み取れます。「p 円という価格なら、市場では x 個のパンが売れているはずだ」という解釈です。

　需要曲線は視点を変えてもう1つ別の読み方もできます。先ほどとは逆に、「横軸から縦軸」に（図1 の b の上目線で）読む方法です。例えば、いま市場で x 個のパンが需要されて売れているとします。需要曲線によ

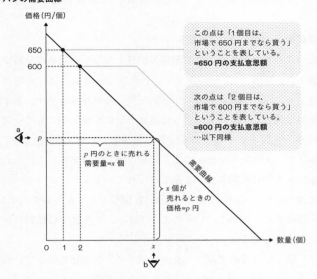

図1 パンの需要曲線

価格（円/個）

この点は「1個目は、
市場で 650 円までなら買う」
ということを表している。
=650 円の支払意思額

次の点は「2 個目は、
市場で 600 円までなら買う」
ということを表している。
=600 円の支払意思額
…以下同様

650
600

a ◁→ *p*

p 円のときに売れる
需要量=*x* 個

需要曲線

x 個が
売れるときの
価格=*p* 円

0 1 2   *x*   数量（個）

b ▽

ると、このときの価格は、1個当たり p 円（以下、「円/個」という単位
で表します）という「横軸の x 個のところから、上に進んでグラフにぶ
つかるところの縦軸の高さ」で読み取れることになります。「x 個のパン
が売れているなら、市場価格は p 円になるはずだ」という解釈です。
これは先ほどと同じ需要曲線なので同じ市場状況を表していますが、価
格から読むのか、数量から読むのか、によって異なる視点から解釈がで
きるのです。

　実は、b の視点は、需要曲線の裏にある重要な意味を教えてくれます。
いま、**図 1** で数量が 1 個のところでは、需要曲線が与える価格は 650
円/個です。したがって、市場で仮にパンが 1 個だけなら 1 個で 650 円
という高額がつくはずです。このことは、1 個目のパンは市場の誰かに
とって 650 円までなら買うだけの価値があるということを意味します。
これを、この市場における 1 個目のパンへの「支払意思額」といい、1

個目のパンに（市場にいる誰かしらの）消費者が感じる価値を金銭的に測ることができます。次に数量が2個のところでは、価格は600円/個になりますので、この市場にパンをもう1個追加したのなら、2個目のパンは市場の誰か（先ほどとは別の誰かでも、同じでもよい）にとって600円までなら買うだけの価値があるはずです。これが、この市場における2個目のパンへの支払意思額です。以下同様に、3個目、4個目、……x個目とみていけば、3個目、4個目、……x個目それぞれへの支払意思額が、需要曲線の高さから読み取れます。つまり需要曲線の高さは、市場に1個ずつパンを追加するときの買い手にとっての価値（追加的に1単位買うには消費者がいくら払う用意があるかを表す支払意思額）を表しているのです。

こう考えると、「パンがp円のとき、x個需要される」という需要曲線の定義どおりの読み方（aの視点）の裏には、「グラフでx個目よりも左側、p円よりも支払意思額の高い人たちは、パンを買い、右側のp円よりも支払意思額の低い人たちはパンを買わないので、結果的にx個需要される」という裏づけがあることに気がつきます。これは、もちろん、自分の感じる価値（支払意思額）が価格より高ければ買うと得する（逆に、低ければ損する）からです。このように、経済学は、人々は「自らの得になるように行動する」という「インセンティブ」（動機・誘因）を大前提として、世の中を分析しています（☞ Part Ⅰ_1. 経済学）。

CO_2排出の需要とは？

温暖化ガスであるCO_2の排出にも経済的な価値、すなわち支払意思額があります。CO_2は人間がさまざまな経済活動をするのにともなって排出されるものだからです。CO_2の排出を減らすには、生産や消費を抑制したり、何らかの排出削減活動をしたり、費用がかかります。逆にいえば、CO_2の排出を増やせばこうした費用は抑えることができるので、その分の経済価値を生むのです。

排出を減らす1つの方法は、生産や消費を減らすことです。例えば、ある工場で100万円の利益が生じるある生産活動を行っていて、その生産にともなってどうしてもCO_2が排出されてしまうとします。もしCO_2を排出できなくなったら、工場はこの生産活動を止めなければなりません。しかし、生産しなければ100万円の利益を得ることができません。もし、お金を支払えばCO_2を排出できるとしたら、この工場はいくらまでなら支払ってもよいと考えるでしょうか。それがCO_2排出の支払意思額（経済的な価値）となります。この場合、工場はCO_2の排出に100万円までなら支払ってもよいと考えるはずです。なぜなら、生産できれば100万円の利益を得られるからです。

　また、何らかの削減活動で排出を減らすこともできます。先ほどとは逆に、どうしても生産を減らすことができないとしましょう。工場はCO_2を削減するために、50万円の費用を負担して新しい機械を購入しようとしています。この場合も、工場はCO_2を排出できるのであれば50万円までなら支払ってもよいと考えるはずです。なぜなら、CO_2を排出できるのであれば、50万円の機械を購入せずに済むからです。

　これら排出への支払意思額は、排出にかかわる経済活動（生産活動や削減活動など）が誰のどのようなものであるかによってさまざまな値をとります。例えば、排出削減技術が限られており生産にともなう排出がどうしても必要な鉄鋼業などでは、さほどでもない他の産業より排出の価値が高いかもしれません。

　そこで、排出量を横軸に、排出単位当たりの価値（支払意思額）を縦軸にとって、社会全体で高い順に並べると、**図2**のように右下がりのグラフになります。グラフは、「x_1トン目（x_2トン目）のCO_2を追加排出するとき、その単位価値は1トン当たりy_1円（y_2円）になる」というように読みます。すでに述べたように、CO_2排出への支払意思額は、それにかかわる経済活動によって高いものから低いものまでさまざまです。x_1トンのようにまだあまり排出していない状態からの追加排出では、世の

図2　CO₂排出の経済価値

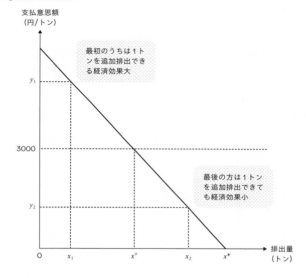

中に高い価値を生み出すことのできる経済活動がたくさん残っているで
しょうから、その経済活動を行うためであれば CO_2 の排出に対して y_1
円/トンのように高い金額を支払ってもよいと考えるはずです。さらに
排出量を追加していくごとに、高い価値を生み出せる経済活動は徐々に
なくなっていくため、グラフの高さは低くなっていき右下がりになりま
す。そして、x_2 トンのようにすでにかなり排出している状態からの追加
排出では、もう価値の低い経済活動しか残っておらず、y_2 円/トンのよ
うな低い支払意思額となります。

　さて、先にパンの市場でみたように、需要曲線は支払意思額を表した
グラフでした。したがって、**図2** でも、描かれた支払意思額のグラフは、
CO_2 排出への需要曲線ということになります。通常の財ならば市場で価
格がついているところから議論が始められますが、地球という環境のな
かで自由に CO_2 を排出できる世界では、その排出行為に価格がついて

排出権取引で温暖化は食い止められるのか？

いるわけではありません。それでも、排出に経済価値がある限り、需要はあるはずです。もしも排出行為に価格がついているとしたら、パンの需要曲線と同様の議論で、支払意思額が排出の価格を上回っている限り、各排出者は排出をするインセンティブをもつはずです。グラフの高さは排出への支払意思額なのですから、例えば価格が y_1 円/トンなら需要量は x_1 トン、y_2 円/トンなら需要量は x_2 トンというように、グラフ上で需要量が決まることはすぐに見て取れるでしょう。実際には価格はなくても、排出するのにいくらまでなら支払うかという支払意思額の観点から、潜在的に需要曲線は存在するのです。

社会的最適と「環境問題」の原因

　一方で、CO_2 の排出は温暖化をもたらし、それによって引き起こされる異常気象や気候変動などによって、人々の生活に被害を与えます。例えば、2018 年ノーベル経済学賞の受賞者であるノードハウスの研究 (Nordhaus 2017) によると、CO_2 排出の被害額は、CO_2 1 トン当たり 31 ドルと推定されています。この値には諸説ありますが、ここではその問題には立ち入らずに約 3000 円だということにして、先ほどの**図 2** に、排出の単位当たり被害額 3000 円/トンを書き入れてみましょう（3000 の高さの横点線）。

　実は、排出への支払意思額のグラフと、この排出の被害の値を見比べることで、理論上、その交点の排出量 x° が社会的に最適な排出量であることがわかります。なぜなら、x_1 トンのように x° より少ない（**図 2** で左側の）排出量のときは、支払意思額 y_1 は 3000 よりも高いため、そこから排出を 1 トン増やすことで得られる追加的な価値が被害額よりも大きいことがわかります。したがって、排出を追加する（**図 2** の右に移動する）方が社会的に得です。すなわち、社会の誰かにとっての支払意思額は被害額より大きいので、その人が排出を増やしつつ経済活動を行うことは社会全体ではプラスなのです。逆に、x_2 トンのように x° より多

い（**図2**で右側の）排出量のときは、y_2 は 3000 よりも低いため、1トン当たりの追加価値よりも被害額が大きく、排出を増やすと社会的に損をします。つまり、最適な排出量はもうこれ以上に排出を追加しても得にならない x° ということになります。経済学では、CO_2 の排出のような環境問題といえども、このように人間にとっての価値と被害を数学的にみつめ、社会的な最適値にある状態を望ましい状態だと考えます。

しかし、ここで問題となるのは、排出によって生じる温暖化の被害は社会の皆が負うものであり、排出をする個々の者が直接被るわけではないという点です。つまり、排出は他の皆に不利益を与えるものですが、自由に CO_2 を排出できる世界ではその対価を支払う市場があるわけでもないので、先に述べた「負の外部性」が発生することになります。例えば、x_2 トン目の排出をするのは、その排出をともなう生産によって y_2 円/トンの利益を得る工場（つまり、**図2**のように支払意思額が y_2 円/トン）だとします。すると、排出の被害はこの工場が直接負うものではないので、工場自身には y_2 円/トンの利益を求めて排出をするインセンティブがあります。このように考えると、被害額の 3000 円/トンを下回っていても、グラフの値がゼロより高くプラスの支払意思額、すなわち排出への需要がある限り、どこかで誰かが排出することになるのです。結果的に、実現する排出量は x^* ということになります。つまり、CO_2 は望ましい排出量 x° よりも多く排出されて、過剰に温暖化が進んでしまうことになるのです。これが外部性のもたらす失敗であり、経済学のとらえる「環境問題」です。

では、どのようにこの「環境問題」を解決すればよいのでしょうか。問題の原因を探ったのは、その原因を突き止めれば解決策がみえてくるからです。根本的な原因は外部性でした。ということは、CO_2 の排出が外部性の条件①と②を備えないようにできればよいのです。CO_2 排出におけるそもそもの外部性の発端は、その対価を支払う市場がなくて自由に CO_2 を排出できた「市場の失敗」です。排出が「②他者に不利益を

与えてしまうこと」は変更しがたい事実かもしれません。ですが、「①市場取引を経由せず」は、「市場取引を経由して」排出が行われるように工夫できそうです。これが「排出権取引」のアイデアの源泉です。

政府による排出割り当て（比較）

　本題の排出権取引の話に入る前に、比較対象としてもっと単純な解決策を1つ検討してみましょう。いま目標の排出量を x° トンとします。それが決まっているのなら、政府が社会にこの目標排出量 x°（もしくは、現状の排出量 x^* トンを目標の x° トンに減らす、つまり $x^* - x^\circ$ だけの排出削減）を単純に強制し、排出量を規制すればよいのではないでしょうか。この方法は特定の汚染者が引き起こす公害問題などでは有効な手立てです。その汚染者の排出量が x° トンになるように指導・監督すればよいからです。実際に、日本でも規制によって多くの公害問題が解決されてきました（詳しくは☞ Part II_1. 法学）。

　しかし、温暖化問題のような環境問題の場合はそう単純にはいきません。先にも述べたように CO_2 の排出にかかわる経済活動は多種多様で、その発生源もさまざまな工場や産業などだからです。このように複数の排出源があると、全体の排出枠が決まっていても、それを各排出者にどう割り当てるのかという利害調整が必要になります。

　先の**図2**でみてみましょう。社会の排出量を x° トンにするのなら、グラフで x° より左側にある価値の高い排出から行うのが社会的に最適です。しかし問題なのは、排出への支払意思額はその排出をする者の経済活動にともなって決まるものなので、各当事者にはわかっていても、第三者である政府にはわからないことです。もちろん、現実の企業やその経済活動は、それにともなう排出への支払意思額の順番に、図のようにきれいに整列しているわけではありません。例えば、x_1 トン目の排出に該当する経済活動をするのは企業1、x_2 トン目の排出に該当する経済活動をするのは企業2だとしましょう。社会的に最適な割り当ての観

点からは、価値の高い前者の排出は認め、価値の低い後者の排出は認めるべきではありません。しかし、価値がある以上、どちらの企業も排出を認めてほしいと主張するでしょう。そうしたなかでどちらの排出が優先されるべきかを最適に調整するには、各々の排出への支払意思額の大きさを政府が個別に調べ上げて比べなければなりません。

このような利害調整を、多岐にわたる関係者について完璧にするのは、非常に困難なことだといわざるをえません。場合によっては、企業は自らの排出を「必要不可欠だ」などといいつつその価値を誇張し合い、政府はいつまでも「難しい問題だ」などといいつつ割り当ての調整がつけられず、CO_2 の排出は一向に削減されない、というような事態にもなりかねません。

排出権取引──政策と市場のコラボ

では、どうすればよいのでしょうか。そこで出てくる経済学のアイデアの1つが「排出権取引」です。政府は(i)全体の排出枠は設けるが、(ii)個々の排出者への割り当ては市場の取引に任せる、という方法です。このために、排出権（1トンの排出権をもっていれば、1トンの排出ができる権利）を発行し、この権利がなければ排出はできないことにします。そして、その権利を市場で取引させます。この方法によって、(i)政策的に目標の総排出量を達成しつつ、(ii)市場の力によってその割り当ても最適に調整される、という著しい成果が得られます。つまり、この排出権取引の方法は、政策と市場の理想的なコラボレーションなのです。この方法は、排出の(i)政策的な上限枠（キャップ）と、その権利の(ii)市場取引（トレード）の組み合わせなので、「キャップ＆トレード方式」とも呼ばれています。以下では、どのようにこの成果が得られるのか、排出権取引で起こることを説明しましょう。

排出権取引「市場」の働きは、一般の市場と同じように、需要曲線と供給曲線を用いて理解できます。排出権取引市場を表した**図3**には、排

図3 排出権取引市場

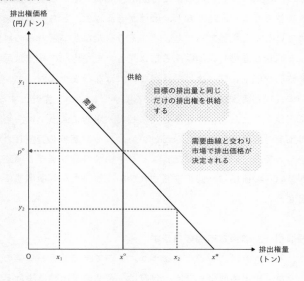

出への支払意思額を表した**図2**の右下がりのグラフが書き写されています。先に説明したとおり、このグラフは排出への需要曲線でしたので、排出権がなければ排出できない状況下では、これがそのまま排出権への需要曲線になります。排出権取引では、まず政府が(i)全体の排出枠を設けて、その枠と同量の排出権を市場に供給します。このやり方だと排出権の供給曲線はどのようになるでしょうか。実は、排出権を $x°$ トン分だけ供給すれば、**図3**のように $x°$ で垂直な供給曲線となります。高校の教科書で習った通常の財の供給曲線は右上がりでしたよね。これは、企業が供給していて、価格が上がればそれに反応して供給量を増やすためです。今回は、政府が目標の量で排出権の供給量を決めているので、排出権の価格に関係なく、市場に出回る排出権の合計量は常に $x°$ トンで固定されています。このため、どの価格（縦軸の値）のときにも数量（横軸の値）は $x°$ となるため、垂直なグラフとなります。

　これで排出権取引市場の需要曲線と供給曲線が描かれました。あとは個々の排出者がどれだけの排出権を売り買いするかを(ii)市場の取引に任せれば、この市場で最終的に起こることは、高校で習った市場均衡と同じです。最終的には、需要曲線と供給曲線の交点で市場の需給は均衡し、図の価格 p° 円/トンで x° トンの排出権が需要されることとなります。

　排出権取引では、これまでに述べてきた問題が見事に解決されています。第1に、排出権の供給量を目標値 x° に政策的に定めさえすれば、社会全体ではその権利枠だけの排出が許容されるため、(i)目標の総排出量を達成でき、外部性によって過剰になっていた排出量を是正して、望みの排出量削減が実現できます。第2に、排出権の均衡価格が1トン当たり p° 円になるため、それよりも支払意思額の高い（**図3**で x° トン目より左側の）排出に関しては、排出権が買われて、排出が行われます。一方で、均衡価格より支払意思額の低い（**図3**で x° トン目より右側の）排出に関しては、排出権は買われずに排出は行われません。つまり、市場を通して価値の高い排出から x° トン目までに、自動的に排出枠が割り当てられることになり、個々の排出者への(ii)割り当ても最適に調整されることになります。

　このように市場取引を通して排出権の割り当てが最適になるのに、政府が個別の排出者の支払意思額を知る必要はありません。この点は、政府が直接に排出を割り当てて規制するときとはまったく異なるので、強調しておきます。例えば、**図3**の排出権取引市場で、x_1 トン目の排出に対する企業1の行動を考えましょう。この企業は、市場価格 p° 円/トンと自分の支払意思額 y_1 円/トンを比べて、$y_1 > p^\circ$ なので、排出権を買ってこの1トンの排出をする方が得なのでそうします。逆に、x_2 トン目の排出をする企業2は、自分の支払意思額（すなわち、当該の排出ができることによって回避できる生産抑制や削減活動の費用）が市場価格よりも低い状況です（$y_2 < p^\circ$）。なので、この1トンの排出に関しては排出権を買わずに、自らの生産抑制や削減活動などによって排出を控える方

が得なわけです。ちなみに、企業2が何らかの理由（例えば、最初に政府から与えられたなど）で排出権を保有していたら、自らの削減活動の方を選んでこの排出権を売るかたちになりますが、最終的に最適な排出権の割り当てが達成されるのは同じです。このように、排出権取引を用いると、個別の支払意思額を知る本人が自ら判断して、それぞれのインセンティブに基づいて行動しているだけですが、結果、排出枠の最終的な割り当ては上で述べた市場均衡のようになり、社会的に最適になるのです。これが市場の力です。

おわりに

　以上で排出権取引が賢い仕組みなのはおわかりいただけたと思います。そもそもの環境問題、すなわち CO_2 の過剰排出が解消できたのはなぜでしょうか。この問題の原因は、排出は皆に環境被害をもたらすのに、各々の排出者がその被害分の対価を支払うことのない外部性だったからでした。一般的に、本来かかっている費用を度外視して何かが行われれば、過剰になってしまいますよね。排出権取引では、全体の排出枠（キャップ）により供給曲線を立てることで、排出需要のある者同士で取引（トレード）をさせて市場価格をつけ、各々の排出者がきちんとあるべき費用（環境被害）の代価を直接支払う仕組みをつくっているのです。つまり、人々が自分の及ぼす負の外部性をきちんと考慮に入れるように仕向けているのです。これにより、過剰排出が抑えられると同時に、市場でのインセンティブを利用することで、個々への排出枠の割り当ても自動的に最適に調整されます。

　このように、経済学では、あえてインセンティブを前提にして社会を分析することで、むしろインセンティブをうまく使って、社会の問題を解決する仕組みを検討しています。つまり、人々が自ら望む行動をすることで、問題解決に向かうよう仕向けようとしているのです。利害関係者が多岐にわたる温暖化問題では非常に有効な手立てでしょう。実際、

排出権取引は、EU や中国、オーストラリアなど世界の各国で導入されています。日本では国レベルのキャップ＆トレード方式による本格的な導入はまだですが（2022 年執筆現在）、東京都と埼玉県が共同で実行するなど、地方自治体からのアプローチがすでに見られ始めています。

　ただ、排出権取引の導入には課題もあります。特に、環境被害額については不確実なところが多いので、社会的に最適な排出量（**図 2** の x^o）の合意を得るのは簡単ではありません。このため、排出枠は「現状の排出量から何パーセントの削減」というようなかたちで、政治的な議論や交渉で決められることが実際には多くなっています。厳しい排出枠の設定は（**図 3** で供給曲線がより左に移動するため）高い排出価格につながることがわかっています。このため、特に買い手となる支払意思額の高い産業はその導入に反対するでしょう。事実、日本では、キャップを設けずに「自主参加型」というトレードの仕組みだけをまねた排出権取引が、実験的に行われてきました。さらに、国際的な温暖化ガス削減の枠組みでは、強制や罰則を課すことのできない各国に排出枠を設定することは困難を極めます。その内容については、「国際環境協調をどのように促すか？」（Part II_3. 政治学）をご覧ください。

参考文献

・Nordhaus, W. D., 2017, "Revisiting the Social Cost of Carbon," *Proceedings of the National Academy of Sciences (PNAS)* 114 (7), pp. 1518–1523.

著者紹介　　**猪野弘明**（いの・ひろあき）
関西学院大学経済学部教授（環境経済学、産業組織論）

　〈主要著作〉"Optimal environmental policy for waste disposal and recycling when firms are not compliant." *Journal of Environmental Economics and Management* 62 (2), pp. 290–308, 2011.
　〈なぜこの学問・この専門分野を志したか〉環境問題の議論では精神論のようなものも多く、言葉の技巧やその場の雰囲気で決着がつく場に馴染めなかった私に、数学を言葉の代わりに用いて明快な議論をする経済学はとても魅力的でした。その結果が今です。

排出権取引で温暖化は食い止められるのか？

3. 政治学

国際環境協調をどのように促すか？

宇治梓紗

政治学の視点

　政治学は、私たちの環境問題への理解をどのように深めてくれるでしょうか？　政治学者のデイヴィッド・イーストンによれば、政治は「社会に対する希少価値の権威的配分」と定義されます（イーストン 1976）。よりわかりやすい表現を用いるならば、政治学という学問分野は、財、権利、名声、安全といった価値のあるものの権威的配分を分析対象とし、集団として意思決定し、負担や便益を配分し、人々の間に秩序を形成する、といった統治のあり方を問題にする学問といえます（砂原ほか 2020。☞ Part Ⅰ_2. 政治学）。ここで、政治学において統治にかかわる重要な概念が制度です。国際政治学者であるスティーブン・クラズナーは、制度を「国際関係の特定の分野における明示的、あるいは暗黙の、原理、規範、ルール、そして意思決定の手続きのセットであり、それを中心として行為者の期待が収斂していくもの」として定義しています（Krasner 1982）。この定義から、制度とは法律と似た概念であるものの、それよりも広いルールを含む概念であることがわかるでしょう。

　政治学における合理的選択論の立場は、異なる利益をもつさまざまな主体（アクター）が、自己の利益を最大化するために、合理的に行動する結果として社会が動いているとみなします。ここで制度とは、一定の行動をとることが合理的な選択になるような誘因をアクターに与えることによって、利益をめぐって争いの絶えない社会に秩序を与えるものと理解されます。この点について、制度は社会の交通ルールに似ています。何もルールがなければ、どの車も最速のスピードで目的地にたどり着こ

うとするでしょう。しかし、これでは行き交う車の通行を妨げることとなり、事故が起こるなどして交通秩序が成り立ちません。交通ルールは、さまざまな大きさの車同士が衝突することなく目的地にたどり着けるように、信号機や速度制限を設けるなど、明示的なルールをしいています。また、狭い山道では互いに譲り合うなど、運転者同士の暗黙のルールも存在します。これら一連の制度が、社会の交通秩序を作っているわけです。

　この章では、この合理的選択論の立場に立ち、国際環境協調を促すための国際制度について、紹介したいと思います。

制度からみた環境問題

　国内河川の汚染といった、国内レベルで引き起こされる環境問題であれば、一国内におけるアクター間の利益対立がどのような国内政策に結びつくかが分析対象となります (☞ Part II_1. 法学)。しかし、水や大気を通じて国境を横断する環境問題は国際環境問題ととらえることができ、複数の国が問題の解決に向けて協調しなくてはなりません。国際環境問題の中には、2国にまたがる森林や河川の保護のように、2国間での協調を必要とするものや、特定海域の汚染のようにヨーロッパ、アジアといった地域内の国々が協調すればよいものもあります。他方で、気候変動問題に代表されるように、世界中の国々の協調なくしては、根本的な解決にならない地球規模の環境問題(以下、地球環境問題)も存在します。こうした地球環境問題をめぐる協調のための手段が、多国間制度としての国際環境条約(以下、環境条約)です。

　環境条約は、複数の国によって交渉、形成されるものであって、各国の環境政策の策定を促すような制度的誘因を条約として盛り込むことが目指されます。そして、各国による環境政策の策定が、環境への負荷を生む経済活動を行っている企業や国民といった国内アクターの行動転換を促し、環境問題が改善される、という仕組みが想定されています。

　ただし、地球環境問題に対処するための国際制度は、環境条約が唯一

のものではありません。例えば、みなさんもご存知の持続可能な開発目標（SDGs）は、環境、経済、社会の3つの柱をもとに、国を飛び越え、地方自治体や企業、個人といった多様なローカル・アクターに直接に働きかけることで持続可能な社会の構築を目指すものです。しかし、環境条約のように守るべき規則を制定するわけではなく、緩やかな目標の設定にとどまるものとなっています。この点において、SDGsは国際社会に環境規範を醸成することで環境条約を補完する役割を担っているといえます。

　この章は、国際環境協調を促すための国際制度として、環境条約に焦点を当てます。地球環境問題をめぐる協調はなぜ難しいのか。その困難を乗り越えるために、国々は環境条約においてどのような制度的工夫を行っているのか。この章では、こうした疑問を、政治学の視点から、国の利益に着目しながら紐解いていきたいと思います。環境条約で厳しい規制を設定すれば、環境問題の解決が実現するのでしょうか。厳しい規制を設けても、それが国々の利益に反する結果、国々が規制を守ろうとしなければ意味がありません。利益に着目する政治学の視点は、環境条約を実効性のあるものにするためのヒントを与えてくれるのです。

国々の利益と国際環境協調の難しさ

　地球環境問題をめぐる国家間協調の難しさはどこにあるのでしょうか。環境条約のような制度が存在しない場合、主に地球環境問題に根ざす2つの性質が、協調を難しくするといえるでしょう。

　1つ目は、環境問題への対処が、本質的に国々の経済利益に反するという点です。今日の世界では、経済利益の追求が重視され、経済成長を通じて一国の富を拡大することが国家の目的であるといっても過言ではありません。富の拡大は国力の増大と等しく、ひいては安全保障上の利益と深く結びつくため、経済成長は国の存立さえも左右する重要な問題です。その一方で環境問題とは、特に産業革命以降、環境資源が経済活

動によって無制限に利用され、また汚染されてきた結果、経済成長の代償として顕在化した問題といえます。これは、環境資源に対してその価値を反映する適切な市場価格がつけられてこなかったことが背景にあります（☞ Part II_2. 経済学）。このように経済利益の追求が環境問題を生み出してきたという事実をふまえれば、環境問題への対処が経済利益を損なうものであることは容易に想像がつくでしょう。

　例えば、経済成長の大きな原動力である企業に対して、環境資源に追加的な価格を払うよう求めることや、環境汚染の抑制を求めることは、企業に追加的なコストを負担させることになります。その結果として、国全体の経済成長にも負の影響が及びます。もちろん、環境問題の種類によって、対処にかかるコストの程度は異なります。しかし、環境問題への対処は多かれ少なかれ経済利益に反するのであって、それゆえに国々は環境協調に積極的になりにくいのです。

　2つ目に、他国による協調に対するフリーライド（ただ乗り）への懸念が挙げられます。きれいな空気や水といった有限の環境資源は、誰もが自由にそれを利用し、その恩恵を受けられるという非排除性の性質をもちます。したがって、例えば地球規模の大気や海洋の汚染が問題となっている場合、一部の国々が協調することによって得られるきれいな空気や水は、協調に参加した国だけではなく協調に参加しなかった国も同様に使うことができます。つまり、協調に参加しない国は、環境問題の対処にかかるコストを払わずしてきれいな空気や水を利用し、他国の協調にフリーライドできるのです。

　環境条約が存在しない場合には、こうしたフリーライドを阻止する術がありません。したがってどのような国でもフリーライドする誘引をもつのです。そして、環境への対処にかかるコストが大きければ大きいほどフリーライドの誘因は高まり、この問題はより深刻となります。そして、他国にただ乗りをされることへの懸念は国々の協調の意欲を削ぎ、その結果、協調は実現しません。

以上をまとめると、国際制度が存在しない場合に、各国が目の前の自国の経済利益を優先的に追求する結果、相手が協調することもまた信頼できず、非協調に陥ってしまうであろうことがみてとれます。

国際環境条約の主要な制度的工夫

　国々がこれまで形成してきた環境条約は、前節でみた非協調の問題を乗り越えることを目的としています。例えば、気候変動問題のほか、生物多様性問題、オゾン層の破壊問題、有害な化学物質および駆除剤の貿易をめぐる問題などを対象としてきました。その条約の多くが、環境分野に特化した国連の補助機関である国連環境計画 (UNEP) が主導する形で、交渉されてきたものです。

　それでは、一般的にどのような制度的工夫が環境条約に備わっているのでしょうか。環境条約において共通して備わっている重要な制度的工夫として、2 つ挙げられます。

　第 1 の制度的工夫は、汚染物質の排出削減などにかかわる目標や規制です。これは、国家間協調の中核である相互の約束に当たります。国際環境協調は、地球環境問題を解決するために、環境への負荷を生む経済活動の禁止、抑制、転換を目指すものです。そのために、環境条約では、国々は互いにどの活動をどの程度、どのように禁止、抑制、転換するかについて目標や規制を定め、それを達成することを約束し合うのです。目標や規制内容は、国を問わず一律である場合も、国の発展度合いによって異なる場合もあります。こうした相互の約束を通じて他国が協調行動をとることを相互に信頼できる環境が作られます。これにより、フリーライドの懸念を払拭し、各国を協調へと導くことができるのです。

　交渉では、厳格な規制を求める国と緩やかな規制を求める国の間で対立が生まれます。一般に、先進国のほうが途上国よりも厳しい規制を求める傾向がみられますが、後で紹介する具体例でも示されるように、この構図がすべての環境条約でみられるわけではありません。先進国の中

でも環境保護と経済政策のいずれを優先するかをめぐって、立場にばらつきがあります。また、途上国の間でも経済発展の度合いや環境被害の程度によって、互いに異なる立場をとる場合もみられます。

第2の制度的工夫は、約束を守るための能力が不足している途上国への資金・技術支援です。特に途上国は、政策能力や資金・技術が不足しており、そもそも能力的に合意された約束を守ることができない状況にあるためです。とはいえ、途上国も経済活動を通じて環境問題に寄与していることから、途上国を協調に参加させることは不可欠です。そこで、環境問題への対処にかかるコストが潜在的に大きい途上国をフリーライドさせることなく協調に組み込むための制度的工夫が、途上国への資金・技術支援であるといえます。

同時に、途上国支援の必要性は、「共通だが差異ある責任原則」という、国際環境協調をめぐって国々で共有された考え方によっても支えられています。これは、今日の環境問題は主に先進国がこれまで享受してきた経済発展の代償として生じたものであり、先進国がより大きな責任を負うべきだというものです。交渉では、途上国は潤沢な資金・技術援助を先進国に求めるのに対し、先進国は援助を出し惜しむという傾向がみられます。というのは、先進国は自国の環境政策に優先的に限られた資源を回したいうえ、途上国で援助が問題解決に有効に使われないのではないかと懸念を覚えるからです。

具体例——パリ協定と水銀に関する水俣条約

では、国際環境協調を促すための制度的工夫は、より具体的には、環境条約によってどのように異なるのでしょうか。ここでは、環境条約の歴史の中では比較的最近に締結された、気候変動問題をめぐる「パリ協定」と、水銀問題をめぐる「水銀に関する水俣条約」（以下、水俣条約）を取り上げたいと思います。

今日、環境問題と聞くと、気候変動問題を第一に思い浮かべる人も少

なくないでしょう。しかし、世の中には実にさまざまな環境問題が存在します。今日ますます着目されているのが、化学物質汚染の問題です。

その1つが、ここで取り上げる水銀問題です。気候変動問題と比べると耳にする機会が少ないかもしれませんが、日本は、世界で最初に深刻な水銀問題を水俣病として経験した国です。水銀は化学物質の1つであり、常温で液体である唯一の金属という珍しい性質をもつことから、とりわけ産業革命以降、さまざまな用途に使用されてきました。水銀は、排出されると、大気、水、貿易を通じて一国にとどまることなく広がっていくことから、一部の国でも対処を怠れば解決が困難になる地球環境問題とみなされています。また現在、水俣条約の次となる新たな環境条約として、同じく化学物質問題であるプラスチック問題に取り組むための環境条約の交渉が進められており、その中で水俣条約の制度的工夫がおおいに参考にされています。

ここで重要なのは、気候変動問題と水銀問題では環境問題の性質が大きく異なるという点です。したがって、国家間の利益対立のあり方もおのずと異なるために、制度のあり方にも大きな違いがみられます。以下では、問題の性質の違いがどのように制度の違いをもたらしたのか、第1の制度的工夫である規制のあり方に焦点を当ててみてみましょう。

パリ協定

●**気候変動問題の性質**　　気候変動問題とは、温室効果ガスの排出量の増加により、地球の平均気温が上昇する結果として気候変動が引き起こされる問題です（☞ Part II_1. 法学）。その結果、自然の生態系等にも大きな悪影響を及ぼすとされます。気候変動問題の性質について、問題にかかわるアクターの規模、問題の可視性、技術の利用可能性の観点から考えてみましょう。温室効果ガスは、石炭火力発電、製造業、運輸業、小売業といった、ほぼすべての産業活動から排出されます。さらに、エアコンや自動車の利用といった個人の生活にかかわる広範な活動も、温室

効果ガス排出の大きな原因となっています。したがって、温室効果ガスの排出を抑制するためには、社会で活動するあらゆる産業と個人の活動のあり方を転換する必要があります。このことは、気候変動問題は、究極的には経済システムの変革を必要とする、きわめて解決の難しい問題であることを示しています。

また、気候変動問題の被害が一部の国に集中しているという構図も、問題の解決を難しくさせています。例えば、深刻な海面上昇の被害を受けているのは、フィジーやツバルなどをはじめとする島嶼国や海抜が低い一部の地域であり、主に途上国です。先進国の一部、例えばアメリカ・フロリダ州などでも海面上昇がみられますが、コスト・技術面で対策を十分に講じられない途上国が、より大きな異常気象の被害を受ける事態となっています。

このように気候変動問題は、依然として多くの国にとって、人命にかかわるほどの深刻性を実感しにくく、ゆえに国家として気候変動問題に取り組むことの便益を見出しにくい問題なのです。将来的に気候変動問題がもたらす経済的かつ人的なコストが、気候変動問題に今日取り組むのにかかるコストを大幅に上回ることは、科学的に予測されています。しかし、自国の経済的繁栄を優先的に追求したい国々にとって、温室効果ガスを排出するあらゆる経済活動を犠牲にしてまで気候変動問題に取り組むのは、そう簡単なことではありません。

また、代替技術の開発も道半ばです。電気自動車や風力発電といった温室効果ガスを排出しない、もしくは排出を抑える代替技術の開発は近年めざましく進んできました。その一方で、こうした代替技術がすべての経済活動において利用可能なわけではないうえ、電気自動車の値段がガソリン車よりも高いことにみられるように、代替技術の費用も高くとどまっています。その結果、先進国と途上国の双方にとって、気候変動問題への取り組みは依然として高いコストを強いるものとなっています。

以上のように考えると、気候変動問題は、深刻なフリーライド問題を

抱える協調がきわめて困難な問題であるといえます。それでは、気候変動問題をめぐって、国々を非協調に陥らせることなく協調を促すための手段として、環境条約はどのような制度的工夫を取り入れてきたのでしょうか。

● **パリ協定の規制のあり方**　　パリ協定は、気候変動枠組条約下の京都議定書の後に続くものとして位置づけられます。気候変動問題に対処するための環境条約として、1992 年に気候変動枠組条約が採択され、気候変動問題をめぐる認識の共有と協調にかかわる大まかな指針が合意されました。より具体的に協調を進めるために、気候変動枠組条約の締約国会議 (COP) が毎年開催され、協調のあり方が議論されてきました。1997 年に京都で開催された COP3 では、詳細な削減目標などを規定した京都議定書が合意されました。

　同議定書のもとでは、締約国は先進国を中心とする附属書 I 国と開発途上国を中心とする非附属書 I 国に分けられ、前者に温室効果ガスの削減を義務づける一方、後者の途上国には削減義務を課しませんでした。これは、先に述べた「共通だが差異ある責任原則」に則って、途上国に配慮したためです。具体的には、第一約束期間 (2008〜12 年) の 5 年間に、1990 年比で日本は 6%、アメリカは 7%、EU は 8% の削減義務を負いました。

　ところが、途上国の急速な経済成長にともない、これらの国からの温室効果ガスの排出量が増加する中で、先進国だけが削減義務を負うことへの不満が高まってきました。こうした不満が、2001 年のアメリカの京都議定書からの離脱や、日本の第二約束期間 (2013〜20 年) への不参加につながっていきました。

　つまるところ、京都議定書は、先進国に対してのみ削減目標を定めて厳格な規制をしくものであったがゆえに、途上国によるフリーライドが懸念され、先進国の協調意欲を削ぐ結果となったのです。これは、先進国が率先して行動をとるべきだと主張する途上国と、途上国の行動を求

める先進国の対立構造を乗り越えるための仕組みが不十分であった、京都議定書の制度的欠陥でもあります。

2020年以降の協調枠組みとして、2015年に開催されたCOP21において、パリ協定が合意されました。パリ協定は、世界の平均気温上昇を産業革命以前から2℃を十分に下回るように低く保ち、1.5℃に抑える努力をすることを国際的な目標として掲げています。パリ協定の交渉にあたっては、先に述べたような先進国と途上国の対立ゆえに、一時は合意すらできないことが危惧されました。しかし、京都議定書の経験からの反省を踏まえた制度的工夫によって、国々は協調することができました。

とりわけパリ協定では、京都議定書でみられたフリーライド問題に対処することを最優先とし、先進国・途上国の区別を設けずに、すべての国を同等のルールのもとに置くよう工夫がなされました。もちろん途上国は、厳しい規制を受け入れることには反対でした。そこで、途上国の参加を確保するために、規制を緩やかなものにするという形で妥協がなされました。

具体的には、国々は各国の事情を織り込んで自主的に策定した削減・抑制目標（自国が決定する貢献）を5年ごとに提出することが義務づけられているものの、目標の達成義務はなく、あくまで努力目標にとどまります。パリ協定の4条2項では「各締約国は、自国が達成する意図を有する累次の国が決定する貢献を作成し、通報し、及び維持する。締約国は、当該国が決定する貢献の目的を達成するため、緩和に関する国内措置を遂行する」と規定されています。ここから、パリ協定は、温室効果ガスを削減するための行動を義務化するというよりも、削減行動をあくまで促す形の緩やかな規定となっていることがみてとれます。

水俣条約

● **水銀問題の性質**　　次に、水銀問題の性質について、アクターの規模、問題の可視性、技術の利用可能性の観点から再び考えてみましょう。ま

ず、温室効果ガスの排出と異なり、水銀を使用または排出するのは、一部の産業に限られます。排出源は多い順に小規模金採掘、発電・熱供給を目的とした化石燃料の燃焼、金やその他の金属の製造、セメント製造となっています。具体的には、排出量が最も多くなっている小規模金採掘では、金鉱石に水銀を加えて金を精錬する過程で大量の水銀が排出されます。これは、途上国のみが抱える問題で、水俣条約では、この問題への対処に特に力点が置かれています。また、産業の中ではアセトアルデヒドの製造やクロル・アルカリの製造過程で水銀が利用されます。化石燃料の燃焼については、主に大気汚染物質の排出を抑制する装置が十分に備わっていない石炭火力発電から、水銀が排出されます。このようにみてみると、水銀は、温室効果ガスのように、あらゆる経済活動から広範に排出されるものではないことがわかります。

また水銀問題は、人的な健康被害を引き起こすことから、その問題の深刻性がみえやすいといえます。健康被害は、主に中毒性の神経系疾患で、感覚障害、運動失調、求心性視野 狭 窄、聴力障害などが、その主な症候として挙げられます。魚類の体内に蓄積されたメチル水銀を妊婦が摂取した場合に、成長中の胎児に神経発達障害をもたらすことは、よく知られています。日本の水俣病をはじめとして、これまでにアメリカ、イギリス、カナダ、ブラジル、中国など世界各地で水銀による健康被害が報告され、水俣条約の形成よりも前に、先進国における水銀政策の発展が後押しされてきました。

また、利用可能な技術については、先進国における水銀政策の推進もあって、上記の排出源となる多くの項目について、利用可能な水銀代替・抑制技術が存在します。今日の日本では、水俣病のような水銀被害にさらされる危険性はほとんどありません。それは、水俣病の発生以後、水銀の代替・抑制技術の開発、適用によって、水銀問題への対処がなされてきたからです。他方で、小規模金採掘を含めて、途上国の水銀汚染はこれらの技術が利用できないことに原因があり、途上国への技術支援が

問題解決の鍵となります。

　以上から、国々が今日、水銀問題に取り組むのにかかるコストは、気候変動問題と比べて、先進国と途上国の双方にとって限定的であることがみてとれます。

● **水俣条約の規制のあり方**　　途上国では依然として水銀が利用され続けていることから、国際的に水銀を規制・管理する国際条約の必要性が認識されました。そして 2013 年に、水銀の供給、使用、排出および廃棄を国際レベルで規制する環境条約として、水俣条約が採択されました。

　この条約は、一有害化学物質である水銀や水銀化合物の排出から人の健康および環境を保護することを目的として掲げ、水銀の産出から使用、廃棄に至るまでの水銀のライフサイクル全体に包括的な規制をかけるものです。3 条では、供給（産出）と貿易について、4〜7 条では水銀の利用について、8、9 条ではそれぞれ大気への排出、水・土壌への放出について、11 条では水銀の廃棄について規定がなされています。規定の仕方としては、パリ協定のものとは異なり、「〜を許可しない」という禁止の形がとられています。例えば、「……当該水銀添加製品の製造、輸入又は輸出を許可しないものとする」（4 条 1 項）と規定されています。パリ協定と同様、これらの規制に先進国と途上国の区別は設けられていません。しかし、上記の規制内容は国々が守るべき義務とされており、削減目標の設定およびその達成が自主的なものにとどまるパリ協定とは大きく異なります。

　水俣条約下で規制内容が義務化された背景には、先進国と途上国の対立構造がパリ協定時とは異なっていたことがあります。まず、途上国が水銀問題への対処に積極的であったことが違いの 1 つです。これまで途上国は、人体への危険性を知らずに水銀を利用していました。しかし、条約形成の機運の高まりを受けて、途上国はその危険性を学び、水銀問題に対処する必要性を強く認識するようになりました。ここで、利用可能な技術が存在しないとなると、対策コストが高すぎて途上国は規制に

反対を示していたでしょう。しかし、先進国がすでに水銀政策を進めてきたことが功を奏しました。すなわち、すでに先進国は水銀問題に対処するための代替技術をもっていたことから、先進国によるさらなる政策が必要となる気候変動問題よりも、資源の面で余裕が大きかったといえます。したがって、先進国は途上国の能力構築のための資金援助や技術支援に対して積極的な姿勢を示しました。これにより、途上国は水銀問題への対策コストを低く見積もることが可能になり、水俣条約では比較的に厳格な一連の規制を受け入れることができたのです（水俣条約をめぐる交渉過程の詳細については、宇治 (2019) を参照）。

おわりに

　環境条約を作ると聞くと、自然科学の知見からみて環境汚染に対処可能な制度を作ればよいと考える人もいるかもしれません。しかし、この章で明らかになったように、制度は、国々の行動転換をうまく誘導するものでなくてはなりません。

　このように、政治学は、地球環境はつながっている一方で国際社会には国境があるという、主権国家体系が課す国際協調への制約を思い出させてくれます。問題解決に有効であると期待される厳しい規制を設けたとしても、国々によって守られなければ意味がありません。それゆえ、あえて規制を緩くし、漸進的にでも行動転換を促すことも時には逆説的ながら必要です。こうした工夫が、環境条約の多様性の源泉となっているのです。

　このように、環境条約は、地球環境問題をめぐる解決の要請と国家利益との狭間における制度的工夫の産物であり、よりよい制度設計を行うための試行錯誤は、今後も続いていくでしょう。

参考文献
・イーストン、デヴィッド、1976、山川雄巳訳『政治体系──政治学の状態への探求』ぺりか

　ん社
・宇治梓紗、2019、『環境条約交渉の政治学——なぜ水俣条約は合意に至ったのか』有斐閣
・砂原庸介・稗田健志・多湖淳、2020、『政治学の第一歩〔新版〕』有斐閣
・Krasner, S. D., 1982, "Structural Causes and Regime Consequences: Regimes as Intervening Variables,"*International Organization*, 36 (2), pp. 185-205.

著者紹介　**宇治梓紗**（うじ・あずさ）
京都大学大学院法学研究科准教授（国際政治経済学）

　〈主要著作〉『環境条約交渉の政治学——なぜ水俣条約は合意に至ったのか』
（有斐閣・2019 年）、"Institutional Diffusion for the Minamata Convention on Mercury," *International Environmental Agreements: Politics, Law and Economics* 19 (2), pp.169-185, 2019.
　〈なぜこの学問・この専門分野を志したか〉地球環境問題は、国家だけでなく企業や個人の政治・経済的な利害が衝突して引き起こされます。複雑に絡み合った因果の糸を解きほぐして問題の本質を突き止め、その統治のあり方について考察することに、面白さを見出しました。

国際環境協調をどのように促すか？　　　　　　

経済学 政治学 法学 社会学

4. 社会学

環境をめぐる人々の取り組みは
世の中をいかに変えるのか？

青木聡子

「守るべき環境」って何ですか？

　皆さんは動物のなかで何がいちばん好きですか。イヌ、ネコ、うさぎ、ハムスター、カワウソ……これらは私が好きな動物たちですが、ダントツ1番はリスです。なかでも、ニホンリスがとびきりかわいいと思っています。もちろんこれは私の主観です。ただ、ニホンリスが好きという人は私に限らずそこそこいるようで、日本固有種であり地域によっては絶滅のおそれのあるニホンリスを保護する活動も、各地で広がっています。保護活動とは、具体的にいえば、ニホンリスの生息環境を改善するために、餌となるオニグルミの木を植えたり、競合や交雑しかねない外来種のタイワンリスを駆除したりする活動です。

　こうした活動は、ニホンリスの個体数を維持し生物多様性を守るという点で、自然環境を守る重要な活動です。しかしその一方で、ニホンリスのためにオニグルミを植えることは、ともすると森林の植生を変化させうる行為でもあります。タイワンリスの駆除で殺処分を行うとなると、生き物の命を奪うことに抵抗を覚える人もいるかもしれません。このように、ニホンリスを保護するという立場からすれば"望ましい"行為も、森林の植生の維持を第一に考える立場や、生き物の命全般を守ろうとする立場からすると、"望ましくない"または"避けるべき"行為へと、その意味が変わるのです。このことは、ある人々にとっての「守るべき環境」と、また別の人々にとっての「守るべき環境」とが必ずしも一致するとは限らず、しかも、「どうやって守るのか」についても人々のあい

だで考えが異なりうることを示しています。

　自然環境には価値があることや、それを保全することの重要性は、私たちのあいだで広く共有され、当たり前のこととされています。しかし、そもそも「守るべき自然とは何か」や、「どうやって守るのか」をめぐっては、実はさまざまな考え方が存在し、望ましいと思う自然環境や、守るべき自然環境の優先順位が、人それぞれ異なっています。こうしてさまざまな考え方や優先順位をもつ人々が、いかに折り合いをつけながら自然環境と付き合っていくのかを検討するのが、環境（の）社会学という専門分野です。

「環境」への社会学的アプローチ

　「環境」を社会学的に考えるとはどういうことなのか、すなわち環境社会学（＝環境の社会学）とはどのような学問なのか、もう少し詳しくみていきましょう。

　この本の Part I で説明されているとおり、社会学とは、人々から成る集団や、そのなかやあいだの関係性について考える学問です。ですから、「環境」を社会学的に考える際にも、人々やその関係性に着目することになります。先ほどのリスの例を用いれば、それまでは赤の他人だった人々のあいだには、ニホンリスの保護活動を通じて新たな関係性が生まれます。共通の目標に向かってともに協力するという関係です。リスの保護活動をきっかけに知り合いになった人同士は、他の場面でも協力し合うことになるかもしれません。または、タイワンリスの殺処分の是非をめぐって意見が分かれた場合、それまで協力関係にあった人々が対立関係に転じるかもしれません。

　ほかにも、例えば公害問題では、被害者と加害者という関係や、被害者と支援者という関係が生成されるだけでなく、地域社会のなかで被害を受けた人々と受けなかった人々とのあいだの関係も変化します。被害者同士でもさまざまな関係の形成や変容が起こりますし、同じ支援者の

あいだにもさまざまに関係が生成され、変化します。このように、自然環境を媒介にした、人と人、集団と集団のあり方や関係性の変化に着目して、人間社会の自然環境との向き合い方を考えるのが、環境社会学という学問分野です。

より専門的な言い方として、日本の環境社会学の先駆的存在である飯島伸子さんの、次の定義を紹介しておきます。環境社会学とは、「対象領域としては、人間社会が物理的生物的化学的環境（以下、自然的環境と略）に与える諸作用と、その結果としてそれらの環境が人間社会に対して放つ反作用が人間社会に及ぼす諸影響などの、自然的環境と人間社会の相互作用を、その社会的側面に注目して、実証的かつ理論的に研究する社会学分野」（飯島1998：1〜2。傍点は筆者による）である。この定義ではサラリと書かれていますが、「その社会的側面に注目して」の部分が、人々の関係性の生成や変化に着目することに相当する、重要な部分です。

環境を守る／改善するためのさまざまな手段

ところで、私たちが自然環境を守ったり改善しようとしたりする場合、その手段はさまざまです。たとえは、請願や陳情や署名の提出によって国や自治体に対応を求めたり、原因企業を相手どって訴訟を起こしたり、住民投票条例を制定して開発の是非を問うたりと、制度的な手段が複数用意されています。場合によっては、自分たちの主張の代弁者を政治の舞台に送り込んで、政策として実現させるというやり方もあります。

しかし、これらの手段をとることが困難だったり、思うような成果が得られなかったりすることも多く、その場合、人々は、NPOやボランティアや社会運動などの手段で、行政や原因企業に異議申し立てや現状の変革を要求したり、自分たちで身の回りの自然環境を改善することになります。ここでは、制度的な手段を用いる場合も含め、NPO、ボランティア、社会運動などによって環境問題や環境保全に取り組む集合的な行為のことを、環境運動と呼んでおきましょう。

　環境運動はさまざまな対象をめぐって展開されますが、その影響や効果もさまざまです。環境運動の直接的な目的は、環境問題の解決や環境保全の推進ですが、ある環境運動が展開された結果として社会にもたらされる影響は、それら直接的な目的の達成にとどまらないのです。副次的影響も含めれば、ある環境運動の効果は多方面に及び、それゆえそれらを包括的にとらえる視点が必要です。次節以降では、実際に行われた環境運動の例をもとに、さまざまある環境運動の影響について考えてみましょう。そのときに用いるのは社会学の観点ですので、人々の関係性の生成や変化に着目することになります。それによって、環境をめぐる人々の取り組みのおもしろさや難しさ、そして"世の中の変え方"の新たな一面がみえてくるはずです。

環境運動をとらえる視点

　これ以降で取り上げるのは、1963年から2000年という、実に37年間の長きにわたって展開され、原発を拒むことに成功した、三重県・芦浜の反対運動と、それを支援した市民運動の事例です。

　私がなぜこの事例について研究をしているのか、はじめに個人的な話をしておくと、私自身、原発のある県に生まれ、そのせいもあって子どもの頃から原発問題に多少の関心がありました。大学生の頃には、ちょうどドイツで緑の党が連立政権に入り（1998年）、その連立政権のもとで脱原発を決定づける動きがありました（2000年）。そしてそれらの背景にはローカルレベルでの反原発運動の積み重ねがあったことを知り、原発に対する住民運動に興味を持ち始めたのです。そうしてさまざまな運動の文献を読み、写真や映像をみるうちに、すっかり住民の闘いっぷりに魅了された私でしたが、同時に、そうした闘争が常にうまくいくわけではないことを知りました。しかもそれが、計画推進側との攻防に負ける場合だけでなく、運動団体内や団体間の関係のこじれによって運動が失速して起こる場合もあることも知りました。ニホンリスの保護活動

のときにタイワンリスを殺処分するかどうかで意見が分かれうるのと同様に、ひとことで"原発に反対する人々"といっても、そのなかにはさまざまな立場があり、皆一緒の考えというわけでは必ずしもないのです。

　具体的には、暴力をどこまで許容するのかをめぐって運動団体内で意見は分かれますし、誰の助けを借りるのかをめぐっても考えはさまざまです。特に、立地点周辺の住民運動が、都市部の市民運動といかに連携するのかは、多くの反対運動において運動の行方を左右する重要な、しかしそれにもかかわらず住民運動団体内で意見が分かれるテーマでした。そのような状況のなか、それでも住民運動と市民運動が連携し、ローカルな原発反対運動を成功させるために、どうすれば住民たちはうまく都市の市民運動の支援を取り入れることができるのか。これが、私が大学院生の頃から追求してきた問いでした。それは、地元住民の視点に立って反対運動をとらえるという作業でした。

　ですが、よくよく考えてみれば、私自身は原発が計画された地域の住民ではありません。引っ越してきた程度ではもともと住んでいる地元住民と見なされることはまずなく、「よそ者」です。どうがんばっても、住民運動の"中の人"にはなれないのです。すなわち、ある原発の立地に疑問をもったときに私自身やその他大勢の人々ができるのは、市民運動として住民運動を支援することであり、そうなると、「どうすれば住民はうまく市民運動の支援を取り入れられるのか」ではなく、「市民運動はどうすれば住民運動をうまく支援できるのか」「望ましい支援とはどのようなものか」について検討することが重要であるように思われました。前置きが長くなりましたが、このような経緯で、今回取り上げるのは、芦浜原発反対運動というローカルな住民運動を支援した、名古屋市の市民運動団体のお話です。

　なお、「住民運動」も「市民運動」も似たような言葉で混乱しやすいかもしれませんが、それぞれ立場が異なる人々による運動であり、日本の社会運動研究の文脈ではこれら2つは区別して用いられることが多

いため、ここではあえて区別して使っています。「立場が異なる」というのは、「住民」が、自らが住む地域に問題が浮上し、それによって自分たちの生命や健康や生活が直接的に脅かされかねない、いわゆる当事者であるのに対し、「市民」は自らが直接脅かされるわけではないものの、自らの価値観や信念に反する事柄に異議を唱える人々であるということです。

芦浜原発反対運動の概要

　芦浜原発反対運動は、三重県・紀勢町（現在は大紀町）と南島町（現在は南伊勢町）にまたがる芦浜地区を舞台に、37年間にわたって展開され、最終的には原発建設計画を白紙撤回させるに至った運動です。ことの発端は、中部電力が当地に110万kW出力の原子炉2基の建設を計画したことです。1963年11月、芦浜を含む3地点を候補地とした原発建設計画があることが新聞報道で明らかになったのち、1964年7月に県知事と中部電力が芦浜への立地計画を共同発表しました。

　芦浜地区がまたがる2町のうち、紀勢町は南北に長い町で、内陸山間部の柏崎集落と海沿いの錦集落から成っていました（図1）。このうち海沿いの錦集落には錦漁協があり、主に沖合漁業が行われてきました。他方、南島町は東西に長い、養殖漁業中心の町で、古和浦、方座浦、神前浦、奈屋浦、贄浦、慥柄浦、阿曽浦の7つの浦がそれぞれ漁協を組織してきました。これら、両町の8漁協のうち、芦浜地区沿岸の漁業権を有するのが、紀勢町の錦漁協と南島町の古和浦漁協でした。そして、この2町および2漁協は、芦浜原発計画をめぐって、まったく対照的な対応をみせることになります。

　紀勢町では、1964年7月の段階で町議会が原発誘致の決議をし、これを受けて前述のとおり県知事と中部電力による立地計画の共同発表がなされました。錦漁協も原発受け入れの判断をし、反対運動には加わりませんでした。これに対して南島町では、紀勢町議会の原発誘致の議決

図1　芦浜の地理的な位置

（出所）1994年10月4日付『朝日新聞』朝刊（東海総合面）。

に先立つ1964年6月に原発反対の決議を行っていました。漁業者たちも、古和浦を先頭に反対の意思表示をし、町内7漁協からなる協議会を組織し反対運動を開始していました（1964年3月）。建設計画発表の時点で用地の大部分を中部電力が買収済みであったことから、この反対運動は、地先海域での漁業権を拠りどころに闘われることとなりました。すなわち、事故など万が一の場合にはきわめて広範な悪影響をもたらしかねない原発の立地の可否が、漁業権を有する錦漁協と古和浦漁協の判断に委ねられ、反対したのは古和浦漁協でした。しかも、漁協での議決は多数決によるため、わずか200名足らずの古和浦漁協組合員たちの意向が最後の砦になったのです。

　ここで注意しておきたいのは、原発に対する人々の意味づけが異なっているという点です。紀勢町の人々、とりわけ錦の多くの人々にとって、このとき浮上した芦浜原発建設計画は、沖合漁業が衰退し生活が立ちゆかなくなりつつあるところにもたらされた地域振興策であり、地域再生の起爆剤ともいえるものでした。それに対して、養殖漁業が中心であったために漁業がいまだ活況を呈していた南島町の漁業者にとって、芦浜原発建設計画とは、施設からの温排水や放射性物質の放出によって自分たちの生業を脅かし漁村を衰退させかねない危険な計画でした。そして、こうしてみると、原発を誘致しようとした側と反対した側のいずれの

人々も、「故郷を守りたい」という点では共通していたといえます。繰り返しになりますが、「守るべき故郷」像や「どうやって守るのか」という点で考え方が異なっていたのです。誘致に賛成の人々は、漁業にこだわらず雇用が確保でき、住民がそこに住み続けることのできる故郷を「守るべき故郷」として描き、反対の人々は漁業という生業を継続し、海と関わり続けることができる故郷を「守るべき故郷」として展望していたのです。

拒まれた支援

こうして南島町側の漁業者を中心に展開された芦浜原発反対運動の何より大きな特徴は、最後の5年間を除いて、一貫して地元住民による運動として、すなわち「よそ者」の参入を拒んで展開されたことです。例えば、1983年から芦浜原発反対運動にかかわり「脱原発みえネットワーク」の事務局長を務めた柴原洋一さんは、「南島町の反対闘争は、……発端より30年間、町外からの支援を拒み続け」、「外部の支援を断って孤高の闘いを続けてきた」と指摘しています (柴原 2020：113〜149)。では、なぜ地元住民は外部からの支援を拒んだのでしょうか。地元外からも支援してもらった方が、反対運動は有利に進められるように思われます。実際、三重県津市、鳥羽市、愛知県名古屋市など近隣の都市では、芦浜の反対運動を支援しようと市民運動団体が活動していました。しかし、南島町の住民運動は、それら都市の市民運動団体が現場にやってくることを嫌がり、市民運動側もその意を汲んで無理に近づこうとはしませんでした。

住民たちが外部の支援を拒んできた理由としては、私が行った聞き取り調査や文書資料の分析から、次の3点が挙げられます。まず、都市部の市民運動が入ってくることによって、反対運動に色がつきかねない、と地元住民は心配したのでした。反対運動が特定の政党や労働組合の仲間であるかのようにみえると、そうした政党や労働組合とは距離を置き

たい人々が運動から離れてしまうためです。

　次に、「自前主義」という考え方が持たれていたことです。それは、中部電力の巨大な資本力と、国策として原発建設を進める日本政府の圧倒的な権力という、途方もなく強大な後ろ盾を従えた推進派に対して、反対派はあえて誰の手も借りず「自前の闘い」を展開することで自らの正当性を担保しようという、抵抗の論理でした。

　最後に、次の住民の語りに代表されるような、外部の人々に対するネガティブな評価です。

　　　とにかく〔私たちは、〕自分のところに原発が出来るということですでね。生活してかんならんのでしょう。
　　　他所からやってくる人は、日曜日だけ、休みの日だけやって来て、見るだけですね。私たちは、毎朝、2時、3時からの仕事をして、それとともに反対運動をしてかんならんのです。1日くらい仕事をほらくっといても〔しないでおいても〕、行かんならんときもありましたしね。仕事で体がくたくたになっても、夜遅うまで集まって話し合うことなんか、しょっちゅうでした〔〔　〕および傍点は筆者による〕（南島町芦浜原発阻止闘争本部・海の博物館編 2002：40）。

　このように、仕事や生活を犠牲にし、身を削って反対運動を続けることを余儀なくされる地元住民からみれば、外部からの参加者の運動へのかかわり方は、「日曜だけ、休みの日だけ」の、どこか"気楽なもの"と映り、どこまで"我がこと"として取り組んでくれるのかも疑問に思われたのです。日常生活の場がそのまま闘争の場と化した自分たちに対して、反対運動を非日常として経験しているにすぎないかにみえる都市の人々は、地元住民にとってあくまでも「よそ者」であり、頼ることには躊躇があったのでした。

　では、このように当事者から「来ないで！」といわれてしまい、そし

てそれでも彼らを助けたいと思った場合、「よそ者」はいかにかかわることができるのでしょうか。望ましい支援のあり方とはいかなるものなのでしょうか。実際の取り組みを例にみていきましょう。

浜を買い支える人々——「熊野灘ぐるめの会」の試み

　ここで取り上げるのは、芦浜から100 kmあまり離れた愛知県名古屋市で活動していた「熊野灘ぐるめの会」（以下、「ぐるめの会」）という市民グループです。「ぐるめの会」は、名古屋大学の若手研究者と学生を中心に結成された「反原発きのこの会」（以下、「きのこの会」）から派生したグループです。「きのこの会」自体は、1978年に発足し、当初は原発全般や核兵器に対して反対運動を行ってきましたが、1984年夏頃から芦浜原発問題に取り組み始めました。具体的には、芦浜原発の危険性を訴えるパンフレットを作成し配布した（1985年6月）ほか、建設予定地の浜と沖合から風船を飛ばして放射性物質の拡散を可視化するイベントを実施する（1984年8月）など、ユニークな活動を展開しました。その過程で何度か錦に足を運んだメンバーたちは、当地の漁業の衰退を目の当たりにします。そして、この漁業の衰退こそ原発問題の根本であると考えたメンバーたちは、漁業を支える活動に取り組むことにし、芦浜で獲れた魚を買って漁師や漁村を経済的に支援する「ぐるめの会」を立ち上げたのでした（1986年2月）。

　「錦の魚を刺身で」を謳い文句にした「ぐるめの会」は、主に週末に、朝に獲れた魚を生でその日のうちに都市部で販売しました。名古屋市内の消費者運動とも提携してチラシや口コミで販路を広げ、毎回100件あまりの注文を受けるまでになりました。「ぐるめの会」は、約5年間の活動ののち、さらなる販路拡大のために、干物を現地で加工し関西圏・関東圏で販売するために立ち上げられていた「芦浜産直出荷組合」に活動を引き継ぎます。

　こうして「ぐるめの会」は、都市部の市民たちが魚を買うことで芦浜

の漁業者たちを経済的に支援するという仕組みを作りました。この仕組みのおもしろい点としては、まず、経済的な支援が一時的な寄付やカンパではなく継続的な買い支えであることです。それは、先に挙げた、地元住民から「よそ者」に対して投げかけられた「生活してかんならん」という声に応えるものでした。さらに画期的なのは、「ぐるめの会」の活動が、都市と地方のあいだの非対称な関係性を乗り越える手がかりを示してくれる点です。どういうことなのか、もう少し詳しくみていきましょう。

不便さを引き受ける購入者

「ぐるめの会」で魚を買うと、3、4種類の魚が4〜5kg入ったセット（3000円）が届きます。これが基本の買い方です。このほかに、2000円コースと4000円コースがありますが、2000円だとイワシが4kg、4000円だと高級魚を中心に4〜5kg届くという仕組みです。つまり、2000円コースならばイワシが来ることがわかっていますが、その代わりイワシばかり4kgもドーンと届きます。他方でそのほかの2コースだと魚種を選ぶことができず、いざ配達があるまで、どんな魚が入っているのかわかりません。しかも、やはり4〜5kgと相当な量が届くのです。配達はたいてい夕方になるため、届いたばかりの魚を目の前にして、即座に、臨機応変にその日の夕食を作らなければいけなくなります。生魚なので日持ちもせず、翌日くらいまでには食べ切らなければいけません。スーパーで食べたい種類の魚を食べたい分だけ切り身で買ってくるのとは異なり、届く魚に、すなわち漁の都合に合わせて消費しなければならないのです。

では、購入者たちは、大量に届く生魚をどうやって食べ切っていたのでしょうか。

まず挙げられるのは、「ぐるめの会」が共同購入を推奨していた点です。一世帯ではなく、複数の世帯が共同で1セットを購入することで、購入

図 2　ニューズレター『魚信』に掲載された魚料理のレシピ

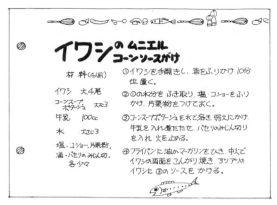

イワシの ムニエル コーンソースがけ

材料（4人前）

イワシ　大4尾
コーンスープ
ポタージュ　大さじ3
牛乳　100cc
水　大さじ3

塩・コショー、片栗粉、
酒・パセリのみじん切、
各少々

①イワシを手開きし、酒をふりひけ 10分
位置く。

②①の水分を ふき取り、塩・コショーをふり
かけ、片栗粉をつけておく。

③コーンスープポタージュを水で溶き、弱火にかけ、
牛乳を入れ煮たたせ、パセリのみじん切り
を入れ 火を止める。

④フライパンに油かマーガリンをひき、中火で
イワシの両面をこんがり焼き、ツァアに
イワシと ③のソースを かける。

(出所)『魚信』第 15 号。

者はそれぞれ無駄なく魚を食べ切ることができるというものです。しか
しそれができない世帯もありましたし、共同購入したとしても生魚を鮮
度のよいうちに食べ切るのは大変だったようです。「ぐるめの会」の
ニューズレター『魚信』（月 1 回の発行）をみると、毎号といってよいほど
魚料理のレシピが掲載されています（図2）。最も頻度が高いのはイワシで、
次にサバやアジとレシピが続き、さらには保存のきく干物の作り方まで
紹介されました。レシピの掲載だけでなく、料理教室もたびたび開催さ
れました（図3）。

　こうしたレシピや機会を活用するなどして、購入者は、届いた生魚を
食べ切るためにそれなりの労力を割き、ただしその代わりに鮮度抜群
のおいしい魚を食べ、芦浜の漁業者たちを買い支えたのです。

　このことが意味するのは、都市の市民たちがある程度の不便さを引き
受けながら芦浜の反原発運動を支援していたことです。それは、気軽な
寄付でもなければ、自分たちの都合で行う支援でもなく、一定の不自由
さが日常に入り込んでくることを甘受したうえでの支援でした。日常の

図3　ニューズレター『魚信』に掲載された料理講習会のアナウンス

(出所)『魚信』第1号（一部加工）。

生活の場がそのまま闘争の場と化した漁業者たちと比べればその負担は
わずかであるものの、自分たちの日常をわずかながらでも削ることで漁
業者に寄り添うことを身をもって示すものでもありました。

　では、こうして展開された「ぐるめの会」の活動は世の中にどのよう
な影響をもたらしたのでしょうか。

「ぐるめの会」の取り組みは何をもたらしたのか

　「ぐるめの会」の活動がもたらしたものとしてまずもって挙げられる
のは、芦浜の漁業者たちへの支援です。ただし、芦浜の漁業の衰退を食
い止め漁村全体を経済的に支えるというところまでは、さすがに及びま
せんでした。その意味で、経済的な効果は限定的だったかもしれません。
しかしだからといって「ぐるめの会」の活動に意味がなかったというわ
けではありません。それは、「ぐるめの会」の活動が漁師たちにとって
の精神的な支えとなったからです。

　こうした言い方をすると、「そんな曖昧な……」と思われるかもしれ
ません。ですが、「ぐるめの会」やその母体の「きのこの会」には、実
際に漁業者たちから、次のような声が寄せられています。

　　ぐるめの〔会の〕皆様に励まされながら、どうにか喜ばれる物を送れるようになったのではと内心思っています。〔……〕こんなに多くの皆様が錦の魚を待っていてくれるのだと思うと、いつまでも原発の来ない平和な海の魚を送り続ける事が出来るよう頑張り続けなければと思います。

　　私達の夢と漁師の期待が箱一杯につまっているのです。どうかこれからもよろしくお願い致します。

（『魚信』9 号〔1986 年 11 月発行〕より）

　　「海へ乗り出す漁民」が「その気」になれば、いまの「店頭からの魚」が……「海からの魚」となって、すばらしいまでの新鮮な「海の幸」が、直接、都市家庭までも「うるほす」に違いない。（信頼関係の増幅で）。〔原文ママ〕

　　しかもこのことは、消費者大衆の「よろこび」であるばかりでなく、その「よろこびの声」そのものが私たち漁民の「生き抜く力となって」、……救われていくと思われてならないのである。……市民と漁民の「ささやかな工夫」と「信頼」があれば、互の「日常生活の中」で容易に可能なことなのである。……消費者・市民の皆様に訴えたい。"イワシ"と「魚の真価」を知っていただいて、その「よろこび」で私たち地元漁民に「生きる力」と「明るい希望」を与えて下さることを……。

（『胞子』67 号〔1985 年 7 月 25 日発行〕より）

　獲った魚を定期的かつ継続的に安定して購入してくれ、しかもそれを「おいしい」といって喜んで食べてくれる人々は、漁業者にとって、やりがいや希望をもたらす存在でした。この先も漁業で生計を立てていこうと思わせてくれる貴重な存在であり、精神的な支えとなったのです。

　　次に、「ぐるめの会」の支援は、都市の市民運動に対する地元住民の

警戒心や拒絶感を解きほぐす役割を果たしました。上で述べたように、不便さを引き受けながら芦浜を買い支えるという都市の購入者の姿勢は、「休みの日だけやってきて、見ているだけ」の都合のよいかかわり方とは異なっていました。「現場に入ってきてデモや集会をするのはやめて」という地元住民の意向を汲み、距離を置きつつ、「故郷」の持続可能性を考えた支援をしてくれる、しかもその際に漁の都合に合わせた購入をしてくれる「ぐるめの会」やその母体の「きのこの会」は、地元住民にとって信頼に値する「よそ者」となっていったのでした。

そしてここで得られた信頼によって、その後の芦浜原発反対運動は大きな転機を迎えます。1980年代後半になると南島町の養殖漁業も斜陽化し、経済的基盤の揺らぎを背景に古和浦漁協内で原発賛成派が優勢になっていきました。こうして地元住民のみの抵抗に限界が見えた1990年代半ば、地元住民ははじめて、外部に支援を求めたのです。「ぐるめの会」などの活動を通じて「よそ者」に理解を示し始めていたことで、地元住民にとって都市の一部の市民運動は、「よそ者」は「よそ者」でも信頼できる「よそ者」であり、外部に支援を求めることのハードルが下がっていたのです。こうして外部の支援をあおぎながら展開された三重県下での署名活動は功を奏し、最終的に81万筆を超える署名を県知事に提出するに至ります（1996年5月）。

これを受けて、まず三重県議会が、南島町から出されていた「冷却期間設定」の請願を全会一致で採択し（1997年3月）、続いて県知事が1999年末までの立地活動休止を中部電力に要請、中部電力は要請に従い現地交渉員を引き上げました（1997年7月）。さらには、県知事自ら現地入りしての、賛成派・反対派双方からの意見聴取（1999年11月）を経て、県知事が芦浜原発の白紙化を宣言、中部電力も計画の断念を発表しました（2000年2月）。

このように、「ぐるめの会」の活動は、住民運動と市民運動との関係性に変化をもたらすきっかけとなり、その後の運動の展開に影響を与え

ました。ただし影響はそれだけではなく、そのほかの思わぬところにも及んでいました。都市の人々のあいだの関係性にも変化をもたらしたのです。

先に述べたように、「ぐるめの会」では共同購入を推奨していました。そのため、「ぐるめの会」を利用しようとすると、複数世帯がまとまって利用することになります。こうして、隣近所の枠を越えて、「ぐるめの会」や芦浜原発問題に関心がある人たちが新たに出会うことになりました。都市の人々のあいだに新しい関係が形成されたのです。加えて、ニューズレター『魚信』にはたびたび「購入者の声」が掲載されていましたが、それは、都市のなかの姿の見えない仲間を可視化する役目を果たしました。自分自身は原発に疑問をもっていたり反対であるものの、日常の人間関係のなかではそうした考えを口にしづらい場合も多々あります。そうして互いの存在が見えないまま芦浜の反対運動に心を寄せてきた都市の人々にとって、ニューズレターに掲載される名も知らない仲間の声は、自分のほかにも自分と同じ考えの人々がいるということを目に見える形で示すものであり、目に見えない緩やかなネットワークがそこにあることを確信させるものであったのです。このように社会学の観点からとらえると、ある環境運動の影響は、主たる目的の達成だけでなく、さまざまに及んでいることがわかるのです。

おわりに

ここまで、芦浜原発建設計画という、自然環境の大改編をもたらしうるプロジェクトをきっかけとして、人々の関係性がさまざまに変化したさまをみてきました。まず、立地点およびその周辺住民は、受け入れ賛成と反対とに分かれて対立することになりました。そして双方を取り巻く賛同者や支援者とのあいだにも、新たな関係が取り結ばれたり、もともとの関係が変化したりしました。パーソナルレベルの関係性に加えて、「ぐるめの会」の事例からみえてきたのは、「都市―地方」の不均衡な関

係とその解消の糸口です。

　これまで、日本においてもそれ以外の国やエリアにおいても、主に地方には資源の供給地としての役割を、都市には消費地としての役割を集中的に担わせてきました。こうして地域ごとに役割分担させることが、国全体としては効率的かつ合理的なやり方でしたし、各地域も与えられた役割に適応することで発展してきました。ですが、こうした"合理的な機能分化"は、それ自体が地域に脆弱性をもたらすことにもなりました。特に、資源の供給地は、その盛衰を外部からの需要に依存することになりました。食料資源しかり、エネルギー資源しかり、です。いずれも、需要側（＝都市）の都合に合わせて供給することや、そのためのリスクやコストを負担することが、供給側（＝地方）に強いられてきました。

　エネルギーに関していえば、原発のような環境負荷の大きい施設が地方に建設され、需要に合わせて電力を供給するのです。そしてこの不均衡な関係性は、ともすると反対運動においても形成されえます。自らの健康や安全を求める都市の市民運動は、原発などの立地点周辺の住民に計画を拒絶するよう求め反対運動を支援します。ですが、その際に、立地地域が産業衰退などの問題に直面し、それゆえ計画が浮上しているという、事態の根本にまで意識が及ばないことも多いのです。そもそも、原発立地が不均衡な「都市―地方」関係を反映したものである以上、反対運動はこの不均衡な関係を解消するものでなければならず、市民運動と住民運動の連携も対等なことが望ましいあり方です。そしてそのときにカギとなるのが、都市部の市民が、地元住民の生活をいかに配慮できるかであり、産業を含めた立地地域の持続性をともに模索できるかなのです。

　さらに、今日では、こうした地域間の不均衡をはじめとする同世代内の不公正（＝世代内不公正）に加えて、世代間の不公正の問題が検討されています。自らの利便性の追求が、ここではないどこかにいる同世代の誰かを不幸にするかもしれない。このことに加えて、まだ生まれてき

てすらおらず、それゆえ意思決定に加わることもできない将来世代の誰かを不幸にしかねないことにも、私たちは配慮しなければいけないのです。このことは、言葉を換えれば、社会学が同時代に生きる人々のあいだの人間関係に加えて、まだ見ぬ将来に生きる人々とのあいだの関係も考える必要があるということです。私たちには、よりいっそうの、他者への想像力が求められているといえるでしょう。

参考文献

・飯島伸子、1998、「総論 環境問題の歴史と環境社会学」舩橋晴俊・飯島伸子編『講座社会学 12 環境』東京大学出版会
・柴原洋一、2020、『原発の断りかた――ぼくの芦浜闘争記』月兎舎
・南島町芦浜原発阻止闘争本部・海の博物館編、2002、『芦浜原発反対闘争の記録――南島町住民の 37 年』南島町

著者紹介　　青木聡子 (あおき・そうこ)
　　　　　　東北大学大学院文学研究科准教授 (社会運動論、環境社会学)

　　　　　　〈主要著作〉『ドイツにおける原子力施設反対運動の展開――環境志向型社会へのイニシアティヴ』(ミネルヴァ書房・2013 年)、『問いからはじめる社会運動論』(濱西栄司・鈴木彩加・中根多惠・小杉亮子と共著。有斐閣・2020 年)
　　　　　　〈なぜこの学問・この専門分野を志したか〉小学校時代にチェルノブイリ原発事故が発生し、子ども心に原発を怖いと思ったのが、現在の研究の原点です。その後、生命や健康や生活環境を脅かしかねない政策や事業に異議申し立てをする人々の研究をしたいと思うようになり、社会学の観点から社会運動研究をしています。

環境をめぐる人々の取り組みは世の中をいかに変えるのか？

01 有村俊秀・日引聡
『入門環境経済学──脱炭素時代の課題と最適解〔新版〕』
中公新書、2023 年

02 宇沢弘文『自動車の社会的費用』
岩波新書、1974 年

03 志葉玲『13 歳からの環境問題
──「気候正義」の声を上げ始めた若者たち』
かもがわ出版、2020 年

04 茅野恒秀・青木聡子編
『地域社会はエネルギーとどう向き合ってきたのか』
新泉社、2023 年

05 鳥越皓之『環境社会学──生活者の立場から考える』
東京大学出版会、2004 年

06 三上直之『気候民主主義──次世代の政治の動かし方』
岩波書店、2022 年

07 宮内泰介『歩く、見る、聞く 人びとの自然再生』
岩波新書、2017 年

Part Ⅲ
貧困

●イントロダクション

　「貧困」というと、何がイメージされるでしょうか。飢餓に苦しむ途上国の子どもたちでしょうか。もしくはもっと身近にいる、家計を考えて進学を迷うシングルマザーの子どもたちでしょうか。前者は「絶対的貧困」といい、人が生きていくのに必要な最低限の衣食住にも事欠く状態を指します。後者は「相対的貧困」といい、必ずしも衣食住は欠いていなくても、その社会のなかで多くの人たちが送っているような生活を、お金がないために実現できない状態を指します。日本のような先進国に多い後者のような貧困は、一見しただけではわかりにくいかもしれません。しかし命に別条がなくても、貧困のなかにいる本人たちが、周囲の人たちと自身を比べて強い恥の感覚をおぼえざるをえないという意味で、相対的貧困の状態にある人も相当に苦しい思いをしているかもしれないのです。

　貧困のなかで生きている人たち自身は、貧困をどのように感じ、どのように経験しているのでしょうか。本人たちの話を聞き、生活の様子を見ながら、人の行動を、その人たちが置かれた状況に即して理解しようとするのは、社会学が得意な領域です。たとえば生活保護制度があるのに、それを利用せずにホームレスをしている人の、その人なりの理由を、社会学では制度や規範とのかかわりのなかでとらえます。そしてこの制度や規範は、地域や時代によっても異なるため、人が置かれている状況を理解するのに、社会学では社会を相対化してとらえることも、よく行います。「1. 社会学」では、貧困とはどのような状態を指すかということとともに、貧困をとらえる社会学の視点を紹介します。

　「2. 法学」では、貧困を扱う際に、どのような状態でどのような条件が整えば援助するに値するのか、その仕組みや基準を論じています。長い人生のなかでは、誰もが予期せぬかたちで病気をしたり障害を負った

り失業したりする可能性がありますし、みな等しく年をとっていきます。私たちの社会は、このような困難に直面したとしても貧困に陥らずにすむように、社会保障の仕組みを発展させてきました。それでもなお貧困に陥った場合でも、みなが最低限度の生活をすることは、日本では憲法25条（「健康で文化的な最低限度の生活を営む権利」、いわゆる生存権）で保障されているはずです。「2. 法学」では特に、この生存権を体現した生活保護制度を例にとって、法学が貧困にどのように取り組んでいるかを見ていきます。

　では、貧困を解決・改善するために、具体的にどのような政策があればいいのでしょうか。どのような政策であれば、限られた財源をもっとも有効に活用でき、必要な人に必要な援助が届くのでしょうか。生活保護、最低賃金を上げる、全員に一律に一定額を配るベーシック・インカムなど、さまざまな方策が考えられます。でも、働かなくてもお金をもらえるとすれば、人は働かなくなるのではないかという疑念も生まれます。「3. 経済学」では、こうした具体的な政策と、それにはどんな効果や副作用があるのか、それを検証することに取り組んでいる経済学の視点を紹介します。

　しかし、そもそも私たちは、貧困状態にある人を助けなければならないのでしょうか。貧困に陥ったのが自己責任であるとすれば、そうした人たちを助けなければならない理由があるのでしょうか。自分の身近な人ならともかく、自分とまったくかかわりのない人まで助ける必要があるのでしょうか。人を助けるということは、「助けてあげる」自分を上に置き、「助けてもらう」相手を見下すことにはならないのでしょうか。「4. 政治学」では、貧困を扱う際に生じる、こうしたより根源的で大きな問いに対峙する、政治学の視点を紹介します。　　　　〔丸山里美〕

1. 社会学

現代社会における貧困とは？

知念 渉

中学生時代の経験

　みなさんは「貧困」と聞いてどのような状況にいる人をイメージするでしょうか。私は大学で「子どもの貧困」をテーマにした授業を行っています。以下の文章は、授業後に学生からもらった感想です。

　　　私が中学校の時に仲の良かった子は、中学1年生の時に親が離婚してしまい、途中から貧困になるところをそばで見てきました。生活できないほどではないけれど、人間らしい生活はあまりできていなかったと思います。例えば、私たちが中学生のころ、学校帰りにプリクラを撮るのにハマっていて、ジャンケンで負けた4人が100円ずつ払うというルーティーンができていました。ある日ちょうどその子が負けてしまって、お財布を開けたら5円しか入っていなくて、空気がピリッとしたことを今でも覚えています。

　この体験をもとにした文章から、私たちは日本社会の貧困について考える手がかりを数多く得ることができます。まず、親が離婚をして子どもが貧困に陥るのはなぜでしょうか。そして、「人間らしい生活」とはなんでしょうか。「生活できないほどではないけれど」とあるので、「生活」と「人間らしい生活」は区別ができるようです。なぜこの中学生は、お金がないのに放課後に友だちとプリクラを撮りに行ったのでしょうか。お金がなかったら放課後に友だちと遊ばなければいいのではないでしょうか。なぜ財布に5円しか入っていないことを友だちに言えなかった

のでしょうか。事前にお金がないことを友だちに伝えていれば、こんなことにはならなかったはずです。さらに、それがあらわになったとき、なぜ「空気がピリッとした」のでしょうか。周りの友だちがフォローを入れることもできたはずです。

貧困のなかで生きるということを理解する

　さて、ここまで読んでみなさんは何を考えましたか。私が書いていることに対して、次のように反論したくなった人も多いはずです。「放課後に友だちと遊ばなければいいはず」といっても、友だちに誘われたら断りにくいでしょう。そもそもお金がなくても友だちと「普通」に放課後を過ごしたいはずです。「お金がないことを事前に伝えていれば」といっても、お金がないことはとても恥ずかしいことだから難しいし、ジャンケンに勝つシナリオだってありえたはずだから、「事前に伝えていれば」なんて結果論でしかないでしょう。さらに「フォローを入れることもできたはず」なんていうけれど、そんなことが起きるなんて思うわけないじゃん！　などなどです。

　そのとおりです。私たちは、このエピソードに登場する中学生がなぜそのような行動をとったのかを、痛いほど理解することができます。言い換えれば、私がこのような状況に置かれてもこの中学生と同じような行動をとったかもしれませんし、それを見る周りの人だったとしても、フォローがよりひどい結果を生み出すこともあるので、即座にフォローすることはできなかったでしょう。つまり、その場にいた中学生全員が「合理的に」行動したからこそ、このような出来事が起きるわけです。にもかかわらず、周りの人（その場に居合わせなかった人）は先ほど私が書いたような「持論」でもって、先の中学生のような行動を非難します。「お金がないんだったら、放課後に友だちと遊ばなければいいだろう、ましてプリクラなんて」と。インターネットで調べてみてください。「貧困」に関するニュースに対して、「お金がないんだったら、我慢すれば

いいじゃん」、「お金がないのになんでこんなモノもっているの？」といった書き込みがたくさん見つかるはずです。

　社会学の役割の１つは、ここにあります。すなわち、状況とセットで人々の行動を理解していくことです。この人の立場に置かれたら、こういう状況に置かれたら、というように人々の行為を理解していくということです。ここでいう「理解」は、人々の「気持ち」を理解するというだけにはとどまりません。なぜなら、ある人が置かれた立場や状況というものは、社会的に作り出されたものだからです。例えば、「離婚して子どもが貧困に陥る」という状況を私たちはすぐに理解できますが、それは日本社会における家族政策や労働政策、そして社会保障制度といった社会の仕組みがそうなっているからです。逆にいえば、社会の仕組みの設計次第では、ひとり親になっても貧困に陥らない社会をつくることができます。また、子どもたちが放課後に遊ぶ場所は時代や社会によって変わります。例えば、公園のような無料で遊べる場所がある場合よりも、都市化・市場化が進んだ場所で遊んでいる（＝プリクラを撮る）方が、貧困者にとっては過酷な状況になります。その人の置かれた状況を作り出している社会の制度や規範にも目を向けながら、人々の行為を理解していくこと、それが社会学の得意とするところです。この章では、「貧困」について社会学の視点から考えていきましょう。

貧困とは何か

　まず、貧困の定義について考えてみましょう。これまで、国内外で膨大な貧困研究が蓄積されてきました。それらの研究蓄積を踏まえたうえで松本伊智朗は、「貧困とは、人が生活していくための『必要』を充足する資源の不足・欠如」（松本 2019：33）であると定義しています。ここで気をつけるべきは、「人の生活」を単なる「生存」ではなく、「恥辱を感じずに社会に参加しうる生活」として考えるという観点です（松本 2019：33）。冒頭の学生の感想にある「人間らしい生活はあまりできて

いなかった」という文章は、このことを直観的に示したもので、「プリクラ」はその象徴と考えることができるでしょう。いうまでもなく、プリクラを友だちと撮ることができなくても、「生存」していくことはできます。しかし、人は単に「生存」するために生きているわけではありません。恥辱を感じずに学校に通うためには、学校で過ごすための道具や身なりを整える必要がありますし、友だちと放課後に楽しく過ごすためにはさらなる資源が必要になります。部活をするのだって、お金がかかります。先の貧困の定義にある「必要」は、それらをトータルに考えて導き出されるものでなければなりません。

　もう1つ気をつけるべきことは、お金がない状態と一口にいっても、お金がない理由や背景にまで目を向けなければならないということです。例えば、中学校時代に親からもらえるお小遣いが少なくて、十分に友だちと遊ぶことができなかったという経験をした人もいるかもしれません。しかし、親が教育という目的のためにお金を制限しているケースと、そもそも親が子のために使えるお金がないというケースは区別されるべきでしょう。前者の場合には、友人たちにお金がないことを説明しやすいですが、後者の場合には説明をしにくいでしょう。また、周りもその人をフォローしにくいでしょう。なぜなら、後者のケースは「あってはならないもの」であり、あらわになってはいけないものだからです。冒頭のエピソードで「空気がピリッ」となったのは、そのためです。言い換えれば、前者と後者では「恥辱」という観点から比較するとまったく異なる経験ということになります。

貧困率の測定

　では、日本社会で貧困に陥っている人は、どのくらいいるのでしょうか。社会科学者は、貧困を測定するための指標や方法を考案し、社会のなかの貧困率を測定してきました。その際によく用いられるのが、相対的貧困率という指標です。相対的貧困率は、次の手順で算出することが

できます。まず、ひとりひとりの 1 年間に使えるお金を算出します。これは世帯年収などから実際に使える金額を算出し（これを可処分所得といいます）、世帯人数で調整して割り出されます。その金額が高い順から低い順になるように人々を並べます。そうして真ん中にきた人（中央値）の 50％（調査によっては 60％）に当たる金額を貧困線と呼び、貧困線以下で生活している人々を相対的貧困の状態にあると見なします。このように計算をして、貧困線以下で生活している人が社会全体に占める割合が、相対的貧困率となります。言葉の説明では難しく感じるかもしれませんが、計算式自体はシンプルで、四則計算と平方根を使って算出できます。気になった人は、計算式を実際に調べてみてください。

　このように算出すると、現在の日本における貧困線は、1 人暮らしの場合には 127 万円、2 人暮らしの場合には 180 万円、3 人暮らしの場合には 220 万円、4 人暮らしの場合には 254 万円になります（厚生労働省 2019：14）。単純に計算すると、1 人暮らしだと月におよそ 10 万円、4 人暮らしだとおよそ 21 万円を下回る暮らしが相対的貧困ということになります。

　ちなみに、このような金額を聞くと、「意外と生活できそうだ」と思う人が少なくないかもしれません。しかし、自分の生活がどれほどの金額で成り立っているのかを実際に把握できている人はあまり多くありません。そのことを考えるためのワークとして、家計のシミュレーションをしてみることをおすすめします（幸重 2016：62〜65）。

相対的貧困率の国際比較

　各国の相対的貧困率を算出した結果を示したものが、**図 1** になります。この図をみてまず気づくことは、国によってその割合が大きく異なることです。例えば、全体の相対的貧困率が最も低いデンマークでは、それが 10％ 未満にとどまるのに対して、アメリカでは 20％ 近くになります。そのなかで日本は、おおよそ 15％ 程度であり、どちらかといえば高い

図1 相対的貧困率の国際比較

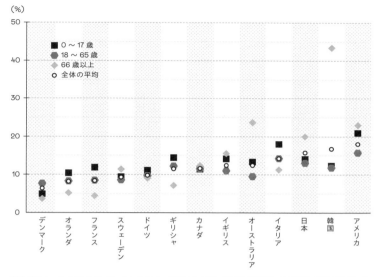

(%)

■ 0〜17歳
● 18〜65歳
◆ 66歳以上
○ 全体の平均

（注）デンマーク、オランダ、オーストラリア、イタリア、日本、韓国は2018年、その他は2019年のデータ。
（出所）OECDのデータベースから筆者作成。

方になります。次に、年齢別にみた割合に着目してみましょう。日本を
含め高齢者の相対的貧困率が高い国もあれば、逆にイタリアのように子
どもの相対的貧困率が高い国もあります。また、世代間の格差の大小に
も国によって違いがあります。例えば、デンマークやスウェーデンなど
では世代にかかわらず相対的貧困率が低いですが、韓国では、高齢の世
代だけ突出して相対的貧困率が高くなっています。このように国際比較
をすると、相対的貧困率や、どの年齢層が相対的に貧困に陥りやすいの
かが国によって異なっていることがわかります。それぞれの国の社会の
仕組みが異なっているために、このように現れ方が異なるのです。
　より具体的に考えるために、**図2**をみてみましょう。**図2**は**図1**と同
じ各国の、ひとり親世帯における相対的貧困率を比較した図です。ひと

図2　ひとり親世帯における相対的貧困率の国際比較

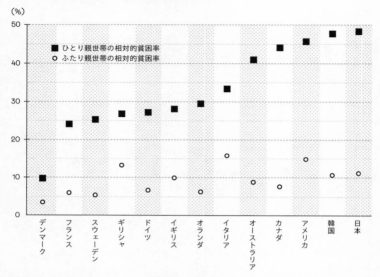

(%)

- ■ ひとり親世帯の相対的貧困率
- ○ ふたり親世帯の相対的貧困率

（デンマーク、フランス、スウェーデン、ギリシャ、ドイツ、イギリス、オランダ、イタリア、オーストラリア、カナダ、アメリカ、韓国、日本）

(注) オランダは 2016 年、デンマーク・アメリカは 2017 年、カナダ、スウェーデン、イギリスは 2016 年、その他は 2018 年のデータ。
(出所) OECD のデータベースから筆者作成。

り親世帯の相対的貧困率を■で表現し、ふたり親世帯の相対的貧困率を〇で示しています。これをみると、日本のひとり親世帯がいかに厳しい状態に置かれているかがわかります。日本のひとり親世帯の相対的貧困率は最も高く、もう少しで半数に達します。お隣の国、韓国も似た傾向にあるようです。さらに驚くべきことは、これほどまでにひとり親の貧困率が高いにもかかわらず、その親のほとんどは働いている親たちだということです。失業しているから貧困なのではなく、働いているのに貧困から抜け出せない、いわゆるワーキングプアの状態にあることが、日本の特徴です (末冨・桜井 2021)。

　ひとり親世帯の貧困率が高いのは、ひとり親の多くが女性 (シングルマザー) であることと深くかかわっています。戦後の日本では、性別役

割分業を前提にした社会保障制度を作ってきました。つまり、父親が働き、母親が家事・育児を担うように社会を設計してきたということです。そのなかで女性の労働は、あくまでも男性の労働のサポートとして位置づけられてきました。そのため、父親が正社員で働いていれば、健康保険や厚生年金などの社会保障制度の恩恵を受けることができますが、父親が正社員でなかったり、いなかったりすると、それだけで窮地に追い込まれてしまいます。冒頭で挙げた「離婚をきっかけに貧困に陥った」というエピソードも、このような性別役割分業に基づいた労働政策やそれを促した社会保障制度ともちろん無関係ではありません。その意味で、そうした社会の仕組みは、確実に私たちの生を規定しています。

貧困とお金の関係

　ここまで、貧困を主にお金の問題として論じてきました。しかし、先に示した定義にある「資源の不足・欠如」という際の「資源」には、お金以外のものも含まれます。お金の面から貧困をとらえることはわかりやすいのですが、お金の面からだけで貧困をとらえることには問題もあります。なぜなら、人々にとってお金は、生活を維持するための手段にすぎないからです。当然のことですが、私たちは食べるものなどを得るためにお金を必要としているのであって、お金それ自体を求めているわけではありません。その意味で、お金は、私たちにとって目的ではなく手段なのです。そのため、お金だけで貧困をとらえようとすると、重要なことを見逃してしまう可能性があります。

　具体的に考えてみましょう。今の日本社会では、健常者よりも障害者の方が生活を営むのにお金がかかってしまうことは想像に難くありません。例えば、足に障害のある人は、健常者よりも移動をするのにより多くのお金をかけなければならないかもしれません。健常者が自転車で移動できる場面で、タクシーを使わざるをえないこともあるでしょう。また、自分で移動しようとすると時間がかかるかもしれません。具体的に

考えればわかるように、同じ経済的な水準（例えば月に10万円）で過ごしていたとしても、健常者と障害者では同じ生活水準にはならない可能性が高いのです。このような観点から貧困をとらえようとした経済学者にアマルティア・センがいます。センは、資源によって何を達成できるのか、その達成できる可能性の大きさを「ケイパビリティ」（「潜在能力」と訳される場合もある）と呼び、人が保有する資源よりも「ケイパビリティ」に焦点を当てて貧困をとらえる必要があると提案しています（セン2018）。

したがって、「資源の不足・欠如」の基準をすべての人に対して一律に決めてしまうことには限界があります。一定の基準を設けて貧困率を測定する際には、このような限界を抱えていることを常に意識しておく必要があります。

貧困という経験の内実を理解する

相対的貧困率は、1つの社会に存在する貧困者のおおよその割合を示してくれると同時に、貧困を生み出す社会の仕組みをあらわにしてくれます。しかし、それだけでは、貧困者がどのように生きているのかを知ることはできません。この章の冒頭に述べたように、社会学の強みは、人々の行為の合理性を状況とセットで理解しようとするところにあります。そこで用いられるのが、インタビューやフィールドワークといった方法です。ここでは、ホームレス・野宿生活者を対象にした研究（妻木2003、丸山2021）、そして10代から夜の街で働く少女たちの研究（上間2017）を紹介したいと思います。

野宿し続ける理由

日本社会で貧困というと、野宿生活者を想起する人も少なくないでしょう。当然のことですが、「現代日本の野宿者は生まれながらの野宿者」ではありません。「野宿者になった」人々です（妻木2003：24）。では、

なぜ野宿生活者は野宿し続けるのでしょうか。

　一般に野宿者というと、市民生活を拒否した者としてとらえられます。働く意欲を失って野宿生活をしているのだろう、というわけです。しかし、妻木が行った野宿者への質問紙調査と生活史データによると、そうではありません。以下は、アルミ缶回収で月3200円の収入を得ている60代の男性の語りです（妻木 2003：33～34）。

　　こんな不景気になったら、下の方にしわ寄せがくる。でもしょうがない。……今のままでええから。本人のやり方が悪いからこんなふうになったんや。……兄弟に迷惑をかけるといけないから、電話番号は捨ててしまった。頼ってしまうから。……（生活保護は）知ってるけど国民の税金だからね。……性にあっていない。体が悪くて動けんやったらもらえるけど、働けるからねえ。……（施設は）仕事があれば入るけど、ただ黙ってはいれない。……今まで悪いことをせずにやってこれたからな。今だったらまだもうろくしてないから。

　この男性は、若い頃、建設現場の8階の足場から転落し、現在も両脚、両足首、腰に「障害」があり、運搬用の一輪車を動かすことも無理だと言います。そのような状態であるにもかかわらず「働けるからねえ」と言うのです。それはなぜか。彼が「働かざるものは食うべからず」という「労働による自立」という価値を捨てずに抱いているからにほかなりません。野宿者のなかには、もともとは雇用労働者として働いていた人が少なくありません。そうした人々が離転職を繰り返していくうちに不安定な生活（臨時や日雇い）になっていくわけですが、そのなかで「中流」「安定」「定住」「勤勉」「規律」といった価値を達成することは、自らの生活とかけ離れているがために諦められていきます。そのなかで最後に残るのが、「労働による自立」という価値なのです。

このように考えれば、彼らは決して市民生活を拒否した人々ではありません。現代日本の市民生活の核にある、あるいは市民生活で強いられることになる「労働による自立」という価値に同調し続けるがゆえに、彼らは野宿生活を続けるのです。

見えにくい女性のホームレス

野宿生活者というと、男性を思い浮かべる人が多いかもしれません。たしかに、厚生労働省の調査においても、野宿生活者に占める男性の割合はおよそ9割となっています(厚生労働省 2023)。しかし、それは男性よりも女性が貧困に陥るリスクが低いということを意味しません。先述したように、人々が貧困になる背景には、社会の仕組みがかかわっています。日本社会の仕組みのなかで、男性と女性では扱われ方が異なっているので、貧困になっていく経緯や貧困の現れ方が男女で大きく異なるのです。そのことを考えるために、女性ホームレスを対象にした丸山里美の研究を紹介します(丸山 2021)。

丸山は、女性ホームレスの存在を分析するために、ホームレスという言葉の意味から検討を始めます。ホームレス(＝家がない状態)といっても、それがすぐさま野宿者になるわけではありません。例えば、ネットカフェなどの商業施設や友人・知人の家などを転々としながら、不安定ながらも暮らしている人々もいます。また、婦人保護施設や児童福祉施設といった社会福祉施設で暮らす人々もいます。このような人々は、家がない状態(ホームレス)でありながらも、野宿者ではないわけです。ここで重要なのは、「女性は、広い意味でのホームレスのなかでは、野宿生活ではない形で存在しやすい」ということであり、それは言い換えれば、「野宿生活にとどまらない広い範囲の住居喪失者にまで視野を広げると、ホームレスは男性だけの問題ではなく、相当数の女性の問題でもあるということになる」ということです(丸山 2021：37)。

社会政策と貧困のつながり

　ではなぜ、男性に比べて女性は野宿生活ではないホームレスの状態になりやすいのでしょうか。丸山によれば、それは性別役割分業という特徴をもつ近代家族モデル、そしてその近代家族モデルを前提にした労働政策や社会保障政策が大きくかかわっているといいます。日本では、明治以降、長らくの間、夫が外で賃労働をして妻と子どもを扶養するという考え方のもとで労働政策や社会保障制度が組み立てられてきました。それを象徴するのが、「103 万の壁」「130 万の壁」という言葉です。それらの言葉は、それぞれ、所得が 103 万円以下であれば配偶者に所得控除が適用されること、そして、所得が 130 万円未満であれば配偶者の扶養に入って社会保険の恩恵を受けることができることを意味していました。「壁」と表現されるのは、結婚している人々が、妻の年収をその金額以内に抑えるように志向してきたからです。この「壁」が、結婚している女性が働きに出ることを抑制してきました。そのため、近年では、そうした制度は見直しが進められています。例えば、2018 年からは主たる働き手が高所得の場合には所得控除を受けることができなくなり、また、配偶者の年収の上限も 201 万円まで引き上げられました。そのように見直しが進められているとはいえ、このような制度が、女性の労働を抑制させてきましたし、現在でも抑制させているのです。

　他方で、このような労働政策や社会保障のあり方は、女性を労働政策から切り離し、社会福祉や公的扶助といった社会保障制度に結びつけてきました。男性の場合には、福祉や公的扶助を利用しようとしても、稼働能力が問われ、その利用を拒まれる傾向にあります。それに対して、女性の場合には男性ほど稼働能力が問われず、福祉や公的扶助を利用しやすいのです。女性が野宿者になりにくいこと、そして反対に男性が野宿者になりやすいことの背景には、このような社会保障制度のジェンダーバイアスが存在しています。妻木の研究において男性が「労働による自立」にこだわって野宿生活を続けることも、シングルマザーの女性が

正社員になりにくいことも、こうした社会の仕組みと決して無関係では
ないでしょう。

女性の貧困

　このように説明すると、女性が労働という責務から免除されていて、
男性よりも生きやすいように思えるかもしれません。しかしそれは違い
ます。このような社会の仕組みは、女性が男性に依存しなければ生計を
立てるのが難しいということを意味します。女性は、結婚生活のなかで
困難や苦悩を抱えたとしても、家族から逃れがたいということです。誰
かに依存しなければ生きられないというのは、非常にリスキーで苦しい
ものなのです。

　貧困のなかを女性として生きることの厳しさを描いた研究に上間陽子
の『裸足で逃げる』があります（上間 2017）。最後に、『裸足で逃げる』
のなかから翼さんという女性のケースを紹介しておきたいと思います。
翼さんは、5歳の頃に両親が離婚し母親と暮らすことになります。しか
し母親はスナックのオーナーをしており、ほとんど家に帰ってこないよ
うな生活でした。そんな生活のなかで翼さんはなんとか中学までは卒業
するものの、高校には進学をせず、同級生の誘いをきっかけにキャバク
ラで働きはじめます。その後、結婚して出産をしますが、結婚相手は生
活費を一切家にいれず、暴力をふるうようになります。翼さんは、結婚
相手、そして自分の状況について次のように語っています（上間 2017：
80）。

　　　もういっていることと、やっていることが合わなくて。いってい
　　ることと、全然ちがくて。……一応、子どもに、いま、悲しい思い
　　させてるっていう罪悪感あるけど、どうしようもない結果だったか
　　ら、相手が変わらないってなったから、もうこれは一生変わらない
　　んだ。一生、離婚しても。……だから自分のいっていることを正当

化する、自分のいっていることがすべて正しい。自分で世界がまわっているみたいな言い方しかしない。……殴ったことに関しては、「全部、おまえが悪いんだ、おまえが悪い」って。

　最終的に翼さんは離婚を決意しますが、もちろん、それで問題がすべて解決するわけではありません。翼さんは1人で子どもを育てていかなければならないのです。翼さんの人生は非常に個別具体的なものですが、そこには、中卒の女性が働ける場所が限られていること、女性が暴力の被害者になりやすいこと、離婚したら子どもを1人で育てなければならないこと、養育費などの離婚相手からのサポートが保証されていないこと等、日本社会の仕組みが克明に刻まれています。

　このように、少なくとも今の日本では、貧困の経験といっても男性と女性でまったく異なるものになります。そしてその背景には、先に述べたように、日本の労働政策や社会保障制度といった社会の仕組みがあります。だから社会学は、貧困状態にある人々の経験を理解するために、そうした人々の行為の背景にある社会の仕組みにも目を向けるのです。

おわりに

　この章では貧困という問題を社会学的な観点から考えてきました。ある人が貧困になっていくのは、たしかにその人のその時々の判断や行為があったからです。例えば、「離婚をしたら貧困になった」「仕事を辞めたから貧困になった」「家族との関係を断ち切ったために貧困になった」などなどです。しかし、その時々の判断や行為の背景には、社会政策や社会保障制度、さらには社会で広く共有されている規範があります。この章でみてきたように、日本のひとり親家庭の貧困率が高いのは日本の政策・制度における女性の位置を示していますし、男性野宿者が野宿生活を続けるのは「労働による自立」という規範が特に男性に強く働くからです。日本では労働政策や社会保障制度において受ける処遇が異なる

ので、男性と女性では貧困に陥る経緯や困難の現れ方が異なるのです。

　人々の判断や行為の理由を、その人の置かれた状況、そしてその状況を作り出している社会の制度や規範にも目を向けながら明らかにすることによって、個人的な問題と思われているものを社会的な問題へと変換していけること、それが社会学の魅力だといえるでしょう。

参考文献

・上間陽子、2017、『裸足で逃げる——沖縄の夜の街の少女たち』太田出版
・厚生労働省、2019、『2019 年 国民生活基礎調査の概況』(https://www.mhlw.go.jp/toukei/saikin/hw/k-tyosa/k-tyosa19/index.html。2023 年 4 月 10 日閲覧)
・厚生労働省、2023、『ホームレスの実態に関する全国調査 (概数調査) 結果について』(https://www.mhlw.go.jp/content/12003000/001089861.pdf。2023 年 6 月 22 日閲覧)
・末冨芳・桜井啓太、2021、『子育て罰——「親子に冷たい日本」を変えるには』光文社
・セン、アマルティア、2018、池本幸生・野上裕生・佐藤仁訳『不平等の再検討——潜在能力と自由』岩波書店
・妻木進吾、2003、「野宿生活——『社会生活の拒否』という選択」ソシオロジ 48 巻 1 号 21～37 頁
・松本伊智朗、2019、「なぜ、どのように、子どもの貧困を問題にするのか」『生まれ、育つ基盤——子どもの貧困と家族・社会』明石書店、19～62 頁
・丸山里美、2021、『女性ホームレスとして生きる——貧困と排除の社会学〔増補新装版〕』世界思想社
・幸重忠孝、2016、「家計で考えるワーク 子どもの貧困状態を模擬体験してみよう」「なくそう！ 子どもの貧困」全国ネットワーク編『子どもの貧困ハンドブック』かもがわ出版、62～65 頁
・OECD, "Poverty rate" (https://data.oecd.org/inequality/poverty-rate.htm。2023 年 4 月 10 日閲覧)

著者紹介

知念　渉(ちねん・あゆむ)
神田外語大学グローバル・リベラルアーツ学部准教授 (教育社会学)

〈主要著作〉『〈ヤンチャな子ら〉のエスノグラフィー——ヤンキーの生活世界を描き出す』(青弓社・2018 年)、『現場で使える教育社会学——教職のための「教育格差」入門』(中村高康・松岡亮二編、分担執筆。ミネルヴァ書房・2021 年)

〈なぜこの学問・この専門分野を志したか〉私の身の回りにはなぜトラックの運転手が多いのか。なぜアルコール依存症の男性が多いのか。なぜ友だちは安定した仕事に就けないのか。大学生の私にとって、こうした身近な問いに答えてくれることが社会学の魅力でした。本書を通じてその魅力が読者に伝わりますように。

2. 法学

貧困問題に法学は
どのように取り組むか？

笠木映里

多様なアプローチの可能性

　貧困問題への法的なアプローチには、さまざまなものがありえます。そもそも「貧困」という言葉自体が多義的であるうえ、貧困の原因や、貧困状態にある人が日々の生活の中で実際に直面する困難も多様なものであるためです (☞ Part Ⅲ_イントロダクション、Part Ⅲ_1. 社会学)。これらのさまざまな問題や生活上の困難の中で、例えば経済的・物質的困窮という比較的狭い意味での貧困状態にアプローチするのか、教育や医療へのアクセスのような、経済的・物質的困窮とは異なる問題に (も) 関心を寄せるのか、貧困状態を引き起こしうる家庭内の原因や健康面の問題、逆に貧困状態が原因となって生じる結果に (も) アプローチするのかによって、議論の対象や視点は大きく異なってくるでしょう。

　そして、この章で扱う法学という学問分野も、国と個人との間の関係に関心をもつのか (憲法や行政法)、個人間の取引に関心をもつのか (民法)、夫婦や親子の関係に関心を持つのか (家族法) によって、大きく考え方や視点が異なります。また、「法的」に問題を解決する方法にもさまざまなアプローチがありえます。大まかにいえば、現に存在する法律 (現行法) をどのように解釈し現実の状況に適用するのかを論じる方法 (いわゆる解釈論) と、現行法の解釈・適用では解決できない問題について現行法の改正や新たな立法の必要性・可能性を論じる方法 (いわゆる立法論) とに分けることができます (☞ Part Ⅰ_3. 法学)。

社会保障法による貧困問題への対応

　このような多様なアプローチの中でも、貧困状態そのものを直接に扱うといえる法分野として、「社会保障法」を挙げることができます。「社会保障法」は、日本国憲法 25 条が定める「健康で文化的な最低限度の生活を営む権利」（いわゆる生存権）の保障を実現するための金銭あるいはサービスによるさまざまな支援と、こうした各種の支援を支える財源調達・組織等にかかわる一連の法を全体として扱う法分野、と説明できます。このような法分野において、まさに憲法が保障する「最低限度の生活水準」を下回る状態ともいえそうな経済的・物質的困窮の状態が、重要な課題であることはいうまでもありません。特に、「生活に困窮するすべての国民」（1 条）を保護する生活保護法は、憲法 25 条を直接に具体化する法律として、貧困問題に正面から取り組んでいます（これに加えて、所得のある時に保険料を支払って将来に備える「防貧」の仕組み、と説明されることのある各種社会保険や、障害者・高齢者等を対象とする福祉など、他のさまざまな社会保障制度も、貧困問題と強い関連性をもちます）（☞ Part Ⅲ_3. 経済学）。なお、日本で、法律上の用語として「貧困」という言葉が正面から用いられることは稀です。法学の観点からは、さしあたり先に述べた生活保護法の「生活に困窮する」という言葉が、特に憲法 25 条の保障する生存権が脅かされる場面として、つまり社会保障による直接的な救済が必要な貧困の状態として想定されているといえます。

生活保護法は貧困問題を解決したか？

　憲法 25 条を含む日本国憲法は 1947 年、生活保護法は 1950 年に施行された古い法です。ただ、今日の日本で生活に困窮する人がいなくなった、とは到底いえない状況であることは読者の皆さんも実感していることと思います。

　半世紀をゆうにこえる長い間、憲法 25 条があり、生活保護法がある

のに、なぜ今日においても路上で生活する人がいるのでしょう？ また、現に生活保護を受けている人たちの生活について、皆さんはどんなイメージを持っているでしょうか？ 憲法 25 条が保障する「健康で文化的な生活」を送っているといえそうでしょうか。そもそも、「健康で文化的な生活」という抽象的な概念が意味するのは具体的には一体どのような内容なのでしょう。

　以下では、これらの疑問について、先に述べた法学的アプローチのうち、特に解釈論に重点をおいて、生活保護法の規定を出発点として少しずつ考えてみたいと思います。

生活保護法の趣旨・目的

　生活保護法 1 条は、この法律の目的を「日本国憲法第 25 条に規定する理念に基き、国が生活に困窮するすべての国民に対し……必要な保護を行い、その最低限度の生活を保障するとともに、その自立を助長すること」と定めています。また、2 条は、「すべて国民は、この法律の定める要件を満たす限り、この法律による保護……を、無差別平等に受けることができる」と定めています。これらの規定から、①生活保護法が憲法 25 条の理念を具体化する法であること、②この法律が生活に困窮するすべての国民の保護を目的とすること、③法律の定める要件を満たす者に平等に保護が行われること、がわかります。

　このうち、法律の定める要件（③）とは何を示すのでしょうか。そもそも、その人が現に生活に困窮していること（②）が大前提といえますが（どんな時に「困窮している」といえるかについてはこの後に検討します）、生活保護法は、これに加えて、保護を受けるためにいくつかの条件を設定しています。

　例えば、生活保護を受けるためには、本人あるいは親族が申請手続を行うことが必要です（いわゆる申請主義〔生活保護法 7 条〕。ただし、困窮状態が深刻で、生命にかかわるような緊迫した状況にあるときには、本

人や親族が申請しなくても保護が行われることもあります）。また、このほかに重要な条件として、「補足性の原則」と呼ばれるルールがあります（生活保護法4条）。補足性の原則は、生活保護が、本人が自らの財産や労働によっては生活を維持することができない場合にのみ行われる、というルールです。ここには、困窮状態にある人に親や兄弟姉妹などがいて、その支援が期待できる場合には、そちらを優先すべきというルールも含まれています。

こうしたルールの背景には、今日の日本の法体系が前提としている近代市民法の思想があります。これは、国家は個人の自由な活動にできる限り干渉しない（個人の自由の保障）、また、可能な限り、自由で平等な個人が経済活動により自立した生活を営むことが望ましい、という考え方であり、今日の私たちの社会の根幹をなす思想といえます。生活保護法とその基礎にある憲法25条は、こうした考え方を基礎としつつ、現実には個人の努力だけで生活を維持することが難しい場合もあるという考えから、一定の場面に限って近代市民法的な考え方を修正し、国家が積極的に介入するものです。結果として、個人の自由な経済活動による生活の維持を前提としつつ、そうした個人の努力では対処できない場面に限って、生活保護による保護を行う、という考え方を取っています。

生活に困窮していても生活保護を受けられない？

つまり、生活保護は、「生活に困窮するすべての国民に対し」最低限度の生活を保障することを目的とする、とはいうものの、実際には、現に生活に困窮している人が法律上の要件を満たさないために保護を受けられていない、というケースがありうることになります。日本には憲法25条があり、生活保護法があるのに、なぜ路上で生活する人がいるのか？ という疑問に対する1つの（唯一ではありませんが）答えがここにあるといえるでしょう。例えば、何らかの理由で本人が生活保護の申請をしていない場合には、現に生活が苦しくても保護は行われません。また、

補足性の原則を満たさないと判断されれば、同じく現在の生活状況が困窮しているとしても、生活保護が支給されないケースがありえます。

　生活保護を申請できるのに申請しない、働けるのに働かない、車や広すぎる家など、処分すれば生活費に回せるような資産があるのに処分しない、そのようなケースで生活保護が支給されなくても仕方ないよね、と考える読者も多いかもしれません。実際、生活保護を申請するよりも路上で生活したい、と考える人がいるのであれば、そのような考えも尊重するのが、生活保護（その基礎にある近代市民法）が前提としている自由な社会のあり方だと思われます。ただ、具体的なケースをみていくと、本当に生活保護が行われなくてよいのか、判断が難しい場合もたくさんあります。例えば、生活困窮状態にある多くの人が、生活保護に関する十分な知識や情報をもたず、そのために申請に至っていないと考えられます。そうした場合には、申請をしていないことは必ずしも本人が自分の意思で判断した結果ではなく、情報がないために本来受けられる給付を受給できていないだけともいえます。だとすれば、十分な情報提供や支援をして保護につなげていくことが必要ではないでしょうか。生活保護の申請の窓口となる地方自治体の機関（福祉事務所と呼ばれる機関です。**図1参照**）の職員が、相談にきた人に適切な助言をすることも重要と思われます。

　また、働けるのに働かない、というのは簡単ですが、実際には、働く能力があるのか、働く場所があるかについて、その人の置かれた具体的状況に応じて判断する必要があり、その判断は、保護の必要性を判断する福祉事務所にとっても、さらには本人にとってさえ、必ずしも容易でないことがあります。

　生活保護申請に際して家族にも支援を求めることが要求されるために、家族に迷惑をかけたり、家族関係が悪化したりするのを恐れて生活保護の申請を行わない生活困窮者もいます。これまで家族からの支援が行われていない人について、家族に連絡を取って支援を要求すべきなのでし

ょうか。そもそも、家族といってもそれぞれに独立した家庭をもって生活している場合に、どの程度支援を強く要求するべきなのでしょうか？

このように、補足性の原則をめぐっては、その解釈について多くの論点があります。これらの問題の背景には、自由で自立した個人を基礎とする社会という理念と、憲法25条が掲げる国家による生存権保障とをいかに調和的に理解していくかという問題も横たわっています。

なお、万が一、生活保護を受ける要件を満たしている人について福祉事務所が誤って保護を行わない決定をしたとき（例えば本当は働く場所のない人について、補足性の原則を理由に生活保護の不支給決定が行われたようなケース）は、行政不服審査や行政訴訟というかたちで決定を争うことが可能です。ただ、生活に困窮する状態で、不服申立てや訴訟を行って自らの権利を実現することのできる人は、現実にはきわめて少ないといえるでしょう。このように、行政の誤りによって本来受けられる生活保護を受けていない人がいる可能性も理論的には否定できません。

生活保護については、本当は保護を受けられるはずの人が、以上のようなさまざまな理由により保護を受けられていない、権利の不行使の問題が存在することが、しばしば指摘されます。ここでは、権利を行使するための法的要件（申請主義や補足性の原則）の問題と、現に保護を必要とする人の多様な状況とが絡み合って問題となっており、例えば社会学と法学との分野を超えた共同研究などが有益なアプローチとなりうる可能性があります。

生活困窮≒最低限度の生活

そもそも、生活保護法の世界では、どのような場合に、ある人が生活に困窮している、とされるのでしょうか？　法は、この問題を、最低限度の生活を実現するためにその人にはどのくらいの支援が必要か？　という問題として、いわば裏側から取り扱う、という仕組みを採用しています。生活保護法8条1項によれば、生活保護は、「厚生労働大臣の定

める基準により測定した要保護者〔筆者注：保護を必要とする人〕の需要を基とし、そのうち、その者の金銭又は物品で満たすことのできない不足分を補う程度において」行われます。つまり、厚生労働大臣が定める基準によって最低限の生活のニーズを算定したうえで、当事者の生活水準がこれに届かない場合に、その不足分について保護を行う、という趣旨の規定です。ここに登場する、最低限のニーズを算定するための基準が、同時に、生活困窮状態を示す基準でもあるわけです。生活保護制度の存在を知っている人でも、生活保護が対象とする生活困窮の状態がこのように複雑なかたちで定められていることは、知らなかった人も多いのではないでしょうか。

　同じ規定の2項は、厚生労働大臣の定める基準は「要保護者の年齢別、性別、世帯構成別、所在地域別その他保護の種類に応じて必要な事情を考慮した最低限度の生活の需要を満たすに十分なものであって、且つ、これをこえないものでなければならない」と定めています。年齢や性別、子どもがいるかどうか、都会に住んでいるか、などの属性により、最低限のニーズは変わりうるという考え方です。また、これらの規定からわかるのは、法が保護の対象とする生活困窮状態の具体的内容、および、最低限度の生活水準を実現するための給付の内容は、いずれも、厚生労働大臣の定める基準によって定められるということです。

　これを受けて、「生活保護法による保護の基準」（厚生省告示158号）が、保護を受ける人の属性と保護の類型ごとに基準を定めています（いわゆる生活保護基準。厚生労働省のウェブサイトで閲覧できます）。生活保護基準は、生活保護の内容について、使いみちの限定のない生活費を支給する生活扶助、家賃等の住居にかかる費用をカバーする住宅扶助、義務教育にかかる費用などをカバーする教育扶助、などの扶助の類型ごとに、具体的な金額等を定めています。そして、生活保護法3条は、「この法律により保障される最低限度の生活は、健康で文化的な生活水準を維持することができるものでなければならない」とも定めており、生活

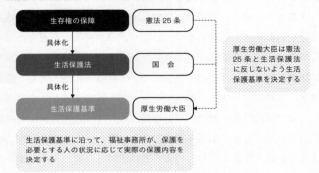

図1　生存権が生活保護基準により具体化されるしくみ

生存権の保障 — 憲法 25 条

↓ 具体化

生活保護法 — 国　会

↓ 具体化

生活保護基準 — 厚生労働大臣

厚生労働大臣は憲法25 条と生活保護法に反しないよう生活保護基準を決定する

生活保護基準に沿って、福祉事務所が、保護を必要とする人の状況に応じて実際の保護内容を決定する

保護基準が、憲法 25 条の定める生存権保障を直接に具体化するものとしての性格をもつことがあらためて確認できます。厚生労働大臣は、生活保護基準の決定について定める、先に述べた生活保護法 8 条 2 項、3 条、そして憲法 25 条に反しないよう、基準の設定を行うことになります（図1）。

最低限度の生活水準とは？　という困難な問い

　最低限度の生活、あるいは健康で文化的な生活水準を客観的に決定するのは簡単な作業ではありません。

　まず、出発点として、衣食住に困るような状態でなければ最低限度の生活を上回ると考えてよいのか、それとも、その人が住んでいる環境で多くの人が満たしている生活水準を満たさない場合には最低限度の生活を下回ると考えるべきかという問題があります。いわゆる「絶対的貧困」と「相対的貧困」の区別の問題です（☞ Part Ⅲ_イントロダクション）。生活保護基準の決定方法は時代により変遷してきました。制度導入当初は、最低限度の生活のために必要な日用品を購入するにはいくら必要か、というかたちで、いわば絶対的貧困の意味で最低限度の生活水準が検討された時期もありました（いわゆるマーケット・バスケット方式）。その後、さまざまな決定方式を経て、今日、生活保護基準は、原則として一般世

帯の消費水準や物価水準に連動させるかたちで決定されており、一般世帯と比較して生活水準が低い、相対的貧困の状態を、生活保護法にいうところの生活困窮、ないし最低限度の生活水準と捉える立場を取っているといえます。

　実際に生活保護基準が定める最低限度の生活水準が適切なものかどうかは、今日まで、活発な論争の対象となってきました。特に、生活保護給付は税財源により賄われるので、国の予算の制約等の財政的な考慮からその水準が不当に低く抑えられているのではないかという点が、しばしば議論になります。例えば、現在の生活保護基準に当てはめると、ごく大まかにいって、東京で親子 3 人暮らしをする世帯の最低生活費は 15 万円程度、1 人暮らしの高齢者であれば 7 万円程度となります（家賃について支給される住宅扶助を除く。また、子どもの義務教育にともなって生じる費用、医療や介護など特別なニーズがある場合には別の給付が支給されます）。この額が生活保護法のいうところの「最低限度の生活」を保障するのに十分といえるでしょうか。

最高裁判所はどう判断したか？

　この問題が、生活保護の給付水準の「引下げ」という場面において裁判で争われた例をここで紹介します。生活保護基準には、70 歳以上の高齢者について、保護の水準を増額する「老齢加算」という仕組みがありました。この老齢加算を廃止する内容を含む生活保護基準の改定が厚生労働大臣により行われ、生活保護の引下げの対象とされた原告らにより、この改定が憲法や生活保護法に反したものかどうかが争われたという事例です。

　すでに述べた通り、厚生労働大臣は、憲法 25 条および生活保護法 3 条・8 条、さらにはこれらの規定を含む生活保護法全体の趣旨目的に反しないように、生活保護基準を設定しなければなりません。もっとも、これらの法の規定は、最低限度の生活水準を直接的・具体的に示すよう

な性格のものではなく、法が要求する生活保護の水準には一定の幅があります。そして、その幅の範囲内でどのような基準を設定するかは、大臣の判断に委ねられていると考えられています。このように、法律による委任を受けた行政（ここでは厚生労働大臣）に一定の判断の幅を認める考え方を「裁量（権）」といいます。

　最高裁判所は、「最低限度の生活は、抽象的かつ相対的な概念であって、その具体的な内容は、その時々における経済的・社会的条件、一般的な国民生活の状況等との相関関係において判断決定されるべきものであり、これを保護基準において具体化するに当たっては、高度の専門技術的な考察とそれに基づいた政策的判断を必要とする」と述べ（最高裁平成24年2月28日判決、最高裁平成24年4月2日判決）、大臣に「専門技術的かつ政策的な見地からの裁量権」が認められるとしています。こうした判断からは、最低限度の生活水準の決定という難問への具体的な答えは、憲法や法律から直接・具体的に導かれるものではなく、また、裁判所が法解釈により決定するべきものでもなく、この問題について専門的な知見を有する行政（生活保護の実施を担当する厚生労働省）に一定の範囲で委ねられるべき、という考え方がうかがえます。

　しかし、大臣の裁量権を前提としても、生活保護基準が、法が与えていると考えられる裁量の範囲を超えている場合、あるいは、一見裁量権の範囲内にみえても、法の趣旨を考慮すれば著しく不当な裁量権の行使であると思われるような場合（裁量権の「逸脱・濫用」）には、大臣の生活保護基準設定は違法と判断され、生活保護減額処分は取り消されなければならないことになります。

　最高裁は、裁量権の逸脱・濫用が認められうる場面の例として、①生活保護基準によって最低限度の生活を具体化する判断の過程および手続に誤り、欠落がある場合、②保護を受けている人の期待や生活への影響等の観点からみて、急激な変化を回避するための措置（激変緩和措置）がとられていない場合、の2つを挙げています。①は、例えば厚生労

働大臣の基準設定の基礎とされた統計情報に誤りがあったような場合が想定できます。法が厚生労働大臣の専門性に着目をして基準設定を委ねていると考える以上、このような考え方は比較的理解しやすいものといえそうです。他方、②は、生活保護基準の変更内容がそれ自体は適切である場合も、その変更によって生活保護を受けている人の生活に多大な影響が及ぶことに十分に配慮するよう大臣に求める趣旨といえます。

法の動的なビジョン

　ここまでの議論を振り返ってみると、生活保護制度において、どのような水準を生活困窮状態、あるいは生活保護法が保障する最低限度の生活水準と考えるかという、制度の根幹にかかわる問題は、厚生労働大臣による基準決定に多くが委ねられていることがわかります。生活保護法が生活困窮に対して生活費等の支給という最も直接的な対応を可能にする法である一方で、生活困窮とはどういう状況か、最低限度の生活水準とは何か、という最も重要な問いへの答えが憲法によっても法律によってもハッキリと示されていないため、少々肩透かしのような印象を受けた読者もいるかもしれません。

　ただ、法律の中にすべてのルールを書き込むことが常に必要でも、可能でもなく、また問題解決のために十分というわけでもないことも事実です。現在の生活保護法では、最低限度の生活水準という憲法 25 条が示す抽象的な概念を、立法（国会）、行政（厚生労働大臣）、司法（裁判所）がそれぞれの役割を発揮しつつ具体化する動的なプロセスが観察できるといえます。すなわち、憲法 25 条を具体化するものとして生活保護法が制定され、その生活保護法に基づいて、厚生労働大臣は、その時々の経済的・社会的条件のもとで、生活保護基準というかたちで、生活保護法の内容をさらに具体化します。これによって、憲法 25 条にいう最低限度の生活水準の内容が特定されます。また、厚生労働大臣の決定がその裁量を超える場合には、裁判所が介入し、判断の修正を試みることに

なるでしょう。このような制度を前提として、さらに、前半で述べたように、現場でこの法を適用する福祉事務所や、生活困窮者自身の申請等の手続を通じて、現に困窮状態にある人が実際に保護を受け、生活費や家賃の給付を受けることができるようになるわけです。

今後に向けて

　この章を締めくくるに当たり、冒頭で述べた、多様なアプローチの可能性にあらためて触れたいと思います。

　貧困への法的アプローチは、社会保障法、ましてや生活保護法によるものに限定されるわけではありません。生活保護法は、最低限度の生活水準を保障する、という制度の趣旨から、困窮状態を厳密に定義し、その裏返しとして、この定義に当てはまらない人を保護の対象から排除する面があります。近年では、現に生活困窮状態には至っていないものの、近い将来生活困窮に陥るおそれがあるために早期の支援が必要かつ有効と考えられる人たちや、友人や家族のいない孤立状態のように、経済的困窮以外の多様な困難を抱える人たちについて、行政が助言を行ったり、就労に向けた支援を行ったりする、社会保障・福祉の制度の重要性が強く認識されるようになっています。また、社会保障法の範囲をこえて、生活困窮状態にある人が陥りやすい多重債務（複数の業者からお金を借りて、返済が困難になっている状態）の問題に対処するために貸金業者が設定できる利息に上限を定める法（利息制限法）や、破産にかかわるルールを定める法（破産法）なども、貧困問題に関する法として重要です。さらに、貧困状態が家庭内の問題、例えば夫婦間の DV（家庭内暴力）などと関連して生じている場合には、この問題にもあわせて対処する必要があります（配偶者からの暴力の防止及び被害者の保護等に関する法律、いわゆる DV 防止法）。このように、現実の貧困問題への対応に当たっては、貧困という状況の複雑さに十分に対応するために、さまざまな法分野を横断した解釈論・立法論を考えることが必要かつ有益であること

をここで強調しておきたいと思います。

　法的な問題解決のアプローチには、社会に存在する問題について、例えば生活保護法にみられるように、個人に何らかの権利を付与し、そのために必要な公的財源を調達する、あるいは、利息制限法のように、逆に個人や会社の権利や自由を制限する（貸金業者が、自由に利率を設定できないようにする）、といったかたちで直接に問題解決に向けた処方箋を提示できる（ようにみえる）強みがあるといえるでしょう。他方で、この章で生活保護法についてみてきたように、憲法や法律の規定が存在することで問題が解決されるわけではなく、法を解釈適用する行政機関、裁判所、さらには生活困窮者本人といった多様なアクターの行動によって、その法のもつ意義が大きく変わってきます。このように、法を動的なものとしてとらえる考え方は、もしかするとみなさんが法に対して抱いているイメージとは違うかもしれませんが、こうした視点をもつことで、法学研究の楽しさを感じていただけるのではないでしょうか。

著者紹介　　**笠木映里**（かさぎ・えり）
東京大学大学院法学政治学研究科教授・フランス CNRS リサーチフェロー（社会保障法学）

〈主要著作〉『社会保障法』（嵩さやか・中野妙子・渡邊絹子と共著。有斐閣・2018 年）
〈なぜこの学問・この専門分野を志したか〉私は、貧困を含むさまざまな社会問題にアプローチできる分野として社会保障法に関心をもちました。この章でも述べた通り、生活権が保障され、充実した社会保障制度が整備された現代の日本でも、生活に困窮する人、あるいは日常の中で困難に直面する人は多数存在し、解釈論・立法論上の重要な研究課題が多数存在します。

貧困問題に法学はどのように取り組むか？

3. 経済学

貧困を解決するための政策の効果と副作用とは？

森 悠子

貧困を解決するための政策とは？

　この章では、貧困を解決するための政策について、経済学の研究成果を引用しながら議論したいと思います。経済学はお金持ちになるための方法や国が豊かになるための方法を研究する学問だと思われがちですが、貧困や格差にかかわるテーマにも多くの研究の蓄積があります。

　貧困対策というと、みなさんにはあまり身近ではないかもしれませんが、例えばアルバイトをしたことがある人なら「賃金が低すぎる！」と感じた経験はありませんか？　筆者は大学生の時に時給 640 円ほどでアルバイトをしていたので、もっと時給が高ければいいのに、と思っていました。低すぎる賃金は、働いても十分な所得が得られないワーキングプアの問題につながり、「最低賃金を上げよう」という貧困対策への要望が高まります。しかし後で議論するように、最低賃金を上げると働いている人の給料は上がるかもしれませんが、雇用が減ってしまうという副作用の問題が心配されます。

　この章では、国が行う代表的な貧困対策を紹介したうえで、それらを実施する際の注意事項や副作用について考察します。政策のあり方を議論する際には、政策の効果だけでなく負の側面も知っておくことはとても重要です。なぜなら、私たちがもつ資源も政府の予算も無限ではありません。限られた資源で、できる限り多くの人の生活を改善するために、各々の政策の効果と副作用を考慮しながら、より良い貧困対策を模索する必要があります。

社会保障制度とは？

　政府が行う貧困対策は多岐にわたりますが、この章では特に重要な政策として社会保障制度と最低賃金制度について概要を簡単に説明します。社会保障制度は、大まかに分けると、事前にお金を出すことを条件に給付が行われる社会保険制度と、出したお金に関係なく給付が受けられる社会福祉制度に分けられます。社会保険制度は、高齢や病気にともない貧困に陥ることを防ぐための政策（防貧政策）であり、第1のセーフティネット（安全網）ともいわれます。それに対して、社会福祉制度の柱である生活保護制度は、実際に貧困に陥った世帯に対する救済策（救貧政策）であり、第2のセーフティネットと考えられます。基本的には第1のセーフティネットで貧困に陥らないような対策がなされますが、それでも貧困に陥ってしまった場合には第2のセーフティネットで救済される、という2段構えで貧困対策がなされています。

　1つめの社会保険制度はその名のとおり「保険制度」として運用されています。みなさんにとって、「保険」はなじみのないものかもしれません。保険は、病気や怪我などの思いがけない事態に備えて、あらかじめ収入額に応じてお金（保険料）を支払い、実際に病気や怪我でお金が必要になったときに治療費などに充てようというシステムです。例えば医療保険であれば、実際に病気になったときには、多くの場合、治療費の7割が医療保険から支出され、私たちはかかったお金の3割を負担するだけで治療を受けることができます。年金制度（老齢年金）は、歳をとって働けなくなり収入が少なくなる場合に備える制度です。年金制度がなければ、私たちは自分で老後に備えて貯蓄する必要がありますが、何歳まで生きるかを予測することは難しいため、過剰に蓄えたり、予想以上に長生きして貯蓄がなくなったりしてしまう可能性があります。社会全体でお金を貯めて老後に備えて支え合う仕組みの方が、個人で貯蓄をするよりも効率的だと考えられます。雇用保険は、就労中に保険料を支払い、失業した際に失業給付を受け取れる制度です。失業給付があれ

ば、失業しても一定期間は収入がゼロにはならず、安心して次の仕事を探すことができます。

　もしかしたら、みなさんの中には保険なんてなくても、私は健康だし、失業なんてしないから大丈夫、保険料なんて払いたくない、と思う人もいるかもしれませんが、病気や失業は誰にでも起こる可能性があります。したがって、国が運営している社会保険制度は基本的に「強制加入」で運用されています。このような社会保険制度があるからこそ、私たちは病気にかかったときに治療費を気にせずに安心して病院に行けますし、歳をとって働けなくなっても、貧しくて生きていくのに困る、という心配をしなくてすみます。

　2つめの社会福祉制度は、事前の支払いとは関係なく給付金が受け取れる制度です。これには母子家庭や障害者などさまざまなハンディキャップを負う人に対する福祉制度や、貧困世帯を救済するための生活保護制度が含まれます。例えば、2016（平成28）年度の国民生活基礎調査によれば母子家庭の貧困率はおよそ50%であり、親の貧困は子供の貧困につながるという負の連鎖も心配されます。障害者は就労が困難であれば十分な収入が得られなくなるかもしれません。このようにハンディキャップを抱える人々は実際に貧困に陥りやすいため、母子家庭への支援や障害者福祉制度は救貧政策としても防貧政策としても重要です。救貧政策の要である生活保護制度は、国民全員が健康で文化的な生活を送ることを保障するための制度です。世帯の収入が「最低生活費」を下回る場合に生活保護費が支給されます。最低生活費は光熱費や被服費など生活に必要な基準額（生活扶助基準額）に、住宅扶助や医療扶助などを加えて計算されます。例えば、東京に住む母子世帯（30歳、4歳、2歳）であれば生活扶助基準額は19万550円となります（2021年4月1日時点）。生活保護制度は貧困に陥った世帯にとっては、最後の砦となります。

図1　最低賃金の変遷

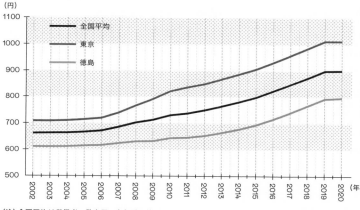

（注）全国平均は労働者の数を用いた加重平均。
（出所）厚生労働省「地域別最低賃金一覧」より筆者作成。

最低賃金制度とは？

　さて、社会保障制度とは別に、政府による貧困対策として挙げられるのが最低賃金制度です。最低賃金制度とは、企業が労働者に対して払う賃金の最低額を国が強制する制度です。時給が低いために、いくら働いても十分な所得が稼げないワーキングプアが問題視されるようになり、最低賃金を引き上げることによる貧困削減の効果が期待されています。**図1**は最低賃金（時給）について、東京と、ここでは地方の例として徳島を取り上げ、加えて全国平均の変遷を表しています。最低賃金は一般的に都市部で高く地方で低く設定されるため、東京都の最低賃金は全国平均より高く、徳島県の最低賃金は全国平均より低い値で推移しています。日本の最低賃金は、労働者の最低限の生活保障や国民の購買力の増加への期待から、2007年以降上昇率が高くなっています。安倍晋三政権下の2016年以降、政府は貧困対策として最低賃金制度を重視し、年3％のペースで引き上げることを目指しています。

このように政府は、ここで紹介できなかった政策も含めて広範囲にわたる貧困対策によって人々の生活を支えています。もちろん、公的な貧困対策によって多くの人が恩恵を受けてきたのは確かです。その一方で、政策にともなうさまざまな副作用や非効率性の問題も多くの研究によって明らかになってきました。限られた財源で多くの人を助けるためには、これらの政策の効果とともに副作用を考慮しながら政策をデザインしていかなければなりません。以下では、指摘されているいくつかの問題点の中から、ターゲティングの問題、モラルハザードの問題、副作用の問題を取り上げて議論したいと思います。

ターゲティングの問題――必要な人に必要な支援を行う

　限られた財源を有効活用するためには、支援を必要としている人（だけ）に必要な支援を届けることが重要です。これは、政策におけるターゲティングの問題といわれます。ターゲティングがうまくいかない例として、2つの状況が考えられます。1つは、支援を必要としている人に支援が届かないというケースです。せっかくの貧困対策も届くべき人に届けられないのであれば、元も子もありません。もう1つは、支援が必要でない人が支援を受けてしまうというケースです。貧しい人を助けようと思ったのに、支援が必要ない人が恩恵を受けてしまうのは予算の無駄遣いともいえます。

　1つめの「支援を必要としている人に支援が届かない」という問題について、雇用保険制度と生活保護制度における低い受給率を例に挙げたいと思います。雇用保険制度は、失業した人が収入がなくて困らないように、一定期間、失業給付がもらえる制度です。このように失業中に給付金がもらえていれば、失業者も安心して次の仕事を探すことができます。ところが、実際は失業者の3割程度しか給付を受け取っていないことがわかっています。酒井正はこのような低い受給率の原因として、長期失業者の増加やパート・アルバイト・派遣労働者などの非正規労働

者の増加を挙げています (酒井 2012)。景気が悪くなり失業期間が長引き長期失業者となると、失業給付がもらえる期間も終わってしまいます。また、パート労働者や派遣労働者などの非正規労働者は雇用保険に加入するのが難しく、また加入していても、正規労働者に比べて受給率が低くなっています。非正規労働者は失業する確率も高く、失業給付の受給率も低いことから、特に困難な状況にあるといえます。

　生活保護制度も受給率が 2 割程度と低い水準にとどまっています。Part Ⅲ の「2. 法学」でもみたように、その要因として、適用基準の厳しさが指摘されます。例えば、生活保護を受給するためには、財産を手放すことが条件となっており、そこには自動車も含まれます。しかし、地域によっては車がないと生活が不便になることもあり、厳しい条件といえます。また、親族への照会という手続きも人々が生活保護の申請を躊躇する理由となります。親族照会は、生活保護を受ける前に家族が扶養できるかどうかを確認する手続きになります。親や兄弟などに自分の窮状を知られたくないという人には心理的負担になります。

　2 つめの「支援が必要でない人が支援を受けてしまう」という問題について最低賃金の例を紹介しましょう。最低賃金制度は時給の最低額を定める制度ですが、実際に最低賃金に近い時給で働いているのはどのような人たちなのでしょうか。川口大司と筆者は、最低賃金で働く労働者がどのような世帯の労働者なのかについて調べました (川口・森 2009)。その結果、2002 年のデータでは最低賃金労働者の約 15% が世帯年収 300 万円以下の貧しい世帯の世帯主であったのに対して、最低賃金労働者の約半数は世帯年収 500 万円以上の世帯に属する世帯員 (配偶者や学生のアルバイト) であることがわかりました。つまり、最低賃金を引き上げることで利益を得る人の多くが、貧困層というよりも中所得世帯の人々だということになります。もちろん、最低賃金で働く貧困層もなかにはいるため、効果がないとはいいませんが、貧困対策としては非効率といえそうです。

ターゲティングが一筋縄ではいかない理由は、支援すべき人だけに支援するために、困っている人を特定しようとすれば手続きが煩雑になり、審査基準を厳しくすれば生活保護のように必要な人が給付を受け取りづらくなってしまうという点にあります。一方で、審査基準を緩くすれば今度は必要でない人が利益を受けることになりかねません。例えば、2020 年に新型コロナウイルス感染症緊急経済対策として国民全員に 10 万円ずつ配った特別定額給付では、実際には経済的な打撃を受けていない人も含めて給付を受け取ることになりました。これは、支援を必要としない人にも支援してしまうという状況に当たります。ターゲティングの問題を改善するためには、個人や世帯の所得状況を政府が把握し、速やかに支援が必要な人に給付金を届けられるようなシステムの整備が必要かもしれません。

　他の代替的な政策として、給付に際して所得などの条件を課さず、全員に対して一律の基礎所得を保障する「ベーシック・インカム」が挙げられます。ベーシック・インカムは国民からの税金を財源にし、例えば 1 人につき月額 10 万円を支給する、という仕組みです。この場合、最初からすべての人が支援対象なので、ターゲティングにかかわる問題がなくなり、手続きにかかるコストを抑えることができます。働かなくても一定の所得が保障されるというこの制度は、突飛に聞こえるかもしれませんが、いくつかの国では実験的に導入が試みられ、制度の効果や波及効果も少しずつ明らかになってきています。

モラルハザードの問題——政策が人の行動をゆがめてしまうとき

　次に取り上げる問題は、保険に加入することで人々が病気や事故といったリスクに対して注意を怠るようになるというモラルハザードの問題です。医療保険の例を考えてみましょう。医療保険があるために、人々は病気になっても医療費の自己負担額は 3 割になります。すると人々は健康に気を配らなくなってしまうかもしれません。または、たいして

必要がなくても医者にかかるという「過剰受診」という問題もモラルハザードの問題に含まれます。経済学では、このモラルハザードの問題を保険制度における重要な課題の1つととらえてきました。

　医療費の場合、特に後者の過剰受診の問題がしばしば議論になります。なぜなら、少子高齢化の影響で財源がひっ迫している状況で、いかにして医療費を削減するかが重要な課題だからです。医療費を削減するためには、患者の自己負担を増やすべきだという意見があります。しかし、自己負担割合を増やすと、今度は重い病気を抱えているのにもかかわらず病院に行くのを控える人も出てくるかもしれません。この問題は、75歳以上の高齢者の自己負担割合を減らすべきか、子どもの医療費を無料にすべきか、といった決定において議論になります。適切な自己負担額を考える際には、自己負担を増やしたときに、どの程度過剰受診が減るのか、必要な受診を控えてしまい健康への悪影響が生じないか、といったことを知る必要があります。重岡仁は、2014年以前には自己負担割合が69歳までは3割、70歳以上は1割だったことに着目し、自己負担割合が人々の行動に与える影響を検証しました (Shigeoka 2014)。

　論文の具体的な分析方法を大まかに紹介したいと思います。図2は各年齢における外来患者数の平均（対数で表示したもの）を示しています。69歳11カ月と70歳0カ月の人では平均的にみて健康状態に大きな違いはありませんが、窓口負担は70歳になると1割になります。したがって、69歳11カ月と70歳における外来患者数の変化は窓口負担額の減少によるものだと考えることができます。図2をみると、70歳になった直後に外来患者数が大きく上昇することがわかります。その一方で、窓口負担が変化する70歳の前後で健康状態に大きな変化はないことが確認されています。つまり、これらの分析から、自己負担割合が増えると過剰受診は減る一方で、人々の健康には悪影響を与えないということが示唆されています。もちろん、自己負担割合が増えると、貧困層のなかには病気を我慢して通院しない人も出てきてしまうことが懸念される

図2 窓口負担割合と外来患者数の変化

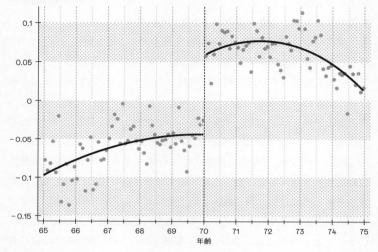

外来患者数 (対数)

(出所) Shigeoka (2014)。

ので、貧困層には受診料を補助する、といった配慮も必要でしょう。い
ずれにせよ、政策を考えるうえでは、このようなモラルハザードの問題
がどの程度深刻なのかということをデータで検証しながら適切な負担額
を決めていく必要があります。

　モラルハザードは雇用保険でも心配されます。雇用保険は、失業期間
中に一定期間失業給付がもらえる制度ですが、なかには失業給付がもら
えるために安易に失業する人もいるかもしれません。また、給付期間が
終わるぎりぎりまで就職活動をさぼって、ぎりぎりで就職するという人
もいるかもしれません。実際にデータでも、失業給付期間が切れるぎり
ぎりに次の職を見つける人が多いことが観察されます (酒井 2012)。その
一方で、最近の欧米の研究では、ぎりぎりに次の職を見つける人の多く
は、ぎりぎりまで就職活動をさぼっているというよりも、真面目に就職

活動をしているけれど条件に合う職が見つからず、そのためぎりぎりまで就職活動をしているにすぎないということもわかってきました。このように、モラルハザードの問題に対しては実際にどの程度深刻かどうかをデータで見極めながら制度を運用していく必要があります。

政策の副作用──最低賃金制度の場合

　次に、政策が意図していない副作用もたらす例として、最低賃金制度と生活保護制度について紹介したいと思います。最低賃金の副作用として、しばしば雇用の減少（失業の増加）が挙げられます。理論的にも労働市場が競争的で最低賃金がそれなりに高い状況では、最低賃金の引き上げによって、企業は雇う労働者の数を減らすことが示されます。このとき、高い賃金で雇用が維持された労働者の所得は上がるかもしれませんが、失業してしまう労働者は深刻な経済的打撃を受けることになります。また、人件費が高くなれば、企業は労働による生産を機械による生産に置き換えようとするかもしれません。その場合も雇用の減少につながってしまいます。

　その一方で、多数の労働者（労働力の売り手）に対して限られた企業（労働力の買い手）しかいないような「買い手独占」といわれる状況では、異なる結果が予想されます。買い手独占の状況では労働者の賃金も雇用量も低く抑えられていますが、最低賃金制度はこの問題を解決し、理論的には賃金・雇用量ともに増やす可能性があることが示されます。

　このように最低賃金制度が雇用に与える影響は労働市場の状況に応じて変わり、単純に予測ができないために欧米でもさまざまな実証研究が行われています。日本における最近の実証研究によると、最低賃金の上昇が雇用を減らすことを示す傾向にあります。例えば、川口と筆者は、最低賃金の引き上げが女性の雇用を増やす一方で、若年男性の雇用に負の影響を与えるという結果を示しています（Kawaguchi & Mori 2021）。日本では若年時の労働状況がその人のその後の労働市場における結果に影響

を与えることが指摘されており、若い時に失業や非正規労働者を経験してしまうと、その後正規労働者として就職することが難しくなることが心配されます。したがって、若年者の雇用への悪影響は長期的に持続するため、憂慮すべきことかもしれません。

　他の副作用として、最低賃金の上昇が製品の価格の上昇につながることを指摘した研究もあります（Harasztosi & Lindner 2019）。最低賃金の引き上げによって人件費が上がったときに、一部の企業は雇用を減らすのではなく、製品の価格を上げることで人件費の上昇に対応するかもしれません。最低賃金の上昇が製品価格の上昇につながるかどうかは企業の置かれている環境によって変わります。例えば、海外の企業との競争にさらされている企業は、自社製品の価格を上げると最低賃金の影響を受けない海外の企業に顧客を取られてしまうため、価格を引き上げるのが難しく、結果として労働者を減らすことで対応するかもしれません。これに対して、国内の企業と競争している企業であれば、国内の企業は総じて最低賃金引き上げの影響を受けているので、人件費の増加を製品の価格に上乗せしやすくなります。この場合、最低賃金の上昇によるコストは、高い製品価格を支払うことを通じて消費者が負担することになります。

　このように最低賃金の上昇がもたらす副作用は、一律ではなく特定の年齢層や産業で深刻になることがわかってきました。そのため、実証分析を通じて最低賃金の引き上げにより利益は副作用と比べて十分なのか、どのような人々が副作用を負担しているのかを見極めながら最低賃金の引き上げを議論していく必要があります。

政策の副作用──生活保護制度の場合

　生活保護制度は貧困世帯の救済政策として最も重要です（☞ Part Ⅲ_2. 法学）。生活保護制度は世帯の収入が一定額を下回り、要件を満たす場合には、生活保護費が支給される制度です。具体的には、まず世帯構成や居住地などのさまざまな事情を考慮して、各世帯の最低生活費が

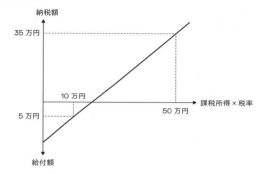

図3 給付付き税額控除

計算されます。そのうえで、働いていて収入（勤労収入）がある場合は
それを差し引いた金額が生活保護費として支給されます。このような仕
組みのもとでは、生活保護費は働いた分だけ支給額が減ってしまうため、
働く意欲を阻害すると批判されてきました。もちろんさまざまな事情に
より実際に働けない人もいますが、働くことができる場合には勤労収入
を得ることで、生活保護を受けずに生きていけるよう支援していくこと
が重要になります。そこで政府は就労を促進するために、勤労収入の一
定額を収入から割り引く、すなわち生活保護費から差し引かなくてよい
基礎控除という制度によって、勤労収入が収入全体の増加につながるよ
うに仕組みを調整しました。また生活保護から脱却した後の支援を充実
させる工夫もしています。

　一方で、海外では異なるアプローチで就労支援を行っている国もあり
ます。ここでは、アメリカやイギリスなどが採用している「給付付き税
額控除」を紹介します。納税額は所得税の対象となる課税所得に税率を
かけて算出されますが、税額控除は以下のようにそこから一定のお金を
差し引くものです（図3）。

$$納税額＝課税所得×税率－税額控除$$

例えば課税所得×税率が 50 万円で控除額が 15 万円であれば、実際の納税額は 35 万円となります。ところが、収入が少なく、課税所得×税率が 10 万円の人は控除額 15 万円を差し引くと 5 万円マイナスになります。この場合、差額の 5 万円が給付として受け取れることになります。これが給付付き税額控除といわれる制度です。ある程度の所得水準までは、所得が増えるほどこの税額控除の額が増えるという仕組みにすると、働いて得られる所得が多いほど収入も増えるようになるため、就労意欲を保ちながら貧困対策を行うことが可能になるのです。アメリカの研究では、このような仕組みを導入することで、シングルマザーの就労が促進されたことが実証されています (Eissa & Liebman 1996)。日本でも、給付付き税額控除の導入に関する議論がありますが、まだ実現には至っていません。

これからの政策

　この章では、日本における社会保障制度や最低賃金制度について、ターゲティングの問題、モラルハザードの問題、副作用の問題を議論しました。現実にはすべての問題が解決される完璧な制度の設計というのは難しく、ある制度における 1 つの問題を解決しようとすると別の問題が発生するというトレードオフの問題が生じます。例えば、失業給付を誰もが受け取れるように受給要件を簡素化すれば、安易に仕事を辞めたり、失業給付をもらいながら就職活動をさぼるといったモラルハザードの問題が深刻になるかもしれません。

　このように、完璧な制度設計が難しいのであれば、状況に応じて何が優先されるべきか、副作用や留意点は効果や利点と比べてどの程度深刻なのか、を見極めていく必要があります。そのためには、各々の制度の効果や副作用について、「なんとなく」ではなく、科学的に評価していく必要があります。例えば、この章におけるモラルハザードの問題で議論したように、医療保険の自己負担割合を上げたら、どれだけの人が必

要な受診を減らすのか、過剰受診がどれだけ減るのか、それによりどれだけの医療費の削減が期待できるのかを知って、比較する必要があります。このように、経済学者はありうる波及効果について理論的な予測を立て、効果や副作用を推計し、最適な自己負担割合を模索します。より良い政策を実現するためには、政策の波及効果について論理的に予測できる知識、質の高いデータとデータ分析の蓄積が不可欠なのです（このような実証研究などのエビデンスに基づく政策形成を Evidence-Based Policy Making〔EBPM〕と呼び、Part Ⅰ_1. 経済学で詳細に議論されています）。

　一方で、実際に得られた知見も経済学者の中でのみ共有されていることが多く、アカデミックな知見の蓄積と政策との乖離が問題となっていました。そこで最近では、研究の成果を政策に結びつけるためのさまざまな試みが行われています。例えば、日本経済学会や各大学の研究機関などが経済学で得られた知見を一般向けに解説することが増えています。また、東京大学や大阪大学などの大学が EBPM にかかわるセンターを立ち上げ、積極的に政策にかかわる試みを行っています。とりわけ、さまざまな住民の記録を蓄積した地方自治体などの行政機関と協力して個々の政策の効果を検証する取り組みは、新たな知見を提供する機会として期待されています。

　この章では貧困にかかわる政策の概要や考慮すべき点について、いくつかの政策に焦点を当てて紹介してきました。あらためて振り返れば、私たちの生活は社会保障制度をはじめとした多くの制度によって貧困に陥らないように守られていることに気づきます。その一方で、日本の社会保障制度の脆弱性については、さまざまな批判もあります（例えば、阿部 2013）。特に、時代とともに働き方や労働環境が変化し、家族のあり方も変わっていくなかで既存の社会保障制度も柔軟に変化させていく必要があるといえます。例えば、非正規労働者は年々増えて 2022 年現在、全労働者のおよそ 4 割となっています。非正規労働者は社会保障制度

によるセーフティネットに守られない脆弱な立場にあるため、これまで
のような正規労働者をモデルとした制度も変更していく必要があるでし
ょう。また、これまでは老後の生活や介護を家族が中心となって担って
きましたが、単身世帯が増えている現状では、ますます公的な仕組みに
よる支援が重要になります。望ましい制度を模索するための研究が、今
も多くの研究者によってなされています。わからないことがまだ多くあ
るからこそ、経済学はやりがいのある学問だといえます。

参考文献
・阿部彩、2013、「生活保護への四つの批判――研究からの反論」埋橋孝文編著『生活保護』ミ
ネルヴァ書房
・川口大司・森悠子、2009、「最低賃金労働者の属性と最低賃金引き上げの雇用への影響」日
本労働研究雑誌 593 号 41～54 頁
・酒井正、2012、「失業手当の受給者はなぜ減ったのか」井堀利宏・金子能宏・野口晴子編『新
たなリスクと社会保障――生涯を通じた支援策の構築』東京大学出版会
・Eissa, N. & J. B. Liebman, 1996, "Labor Supply Response to the Earned Income Tax Credit," *Quarterly Journal of Economics* 111 (2), pp. 605-637.
・Harasztosi, P. & A. Lindner, 2019, "Who Pays for the Minimum Wage?," *American Economic Review* 109 (8), pp. 2693-2727.
・Kawaguchi, D. & Y. Mori, 2021, "Estimating the Effects of the Minimum Wage Using the Introduction of Indexation," *Journal of Economic Behavior and Organization* 184, pp. 388-408.
・Shigeoka, H., 2014, "The Effect of Patient Cost-sharing on Utilization, Health and Risk Protection," *American Economic Review* 104 (7), pp. 2154-2184.

著者紹介　　　　**森 悠子** (もり・ゆうこ)
　　　　　　　　　津田塾大学学芸学部准教授 (開発経済学、労働経済学)

　　　　　　　　　〈主要著作〉"Estimating the Effects of the Minimum Wage Using the Introduction of Indexation" (with Daiji Kawaguchi), *Journal of Economic Behavior and Organization* 184, pp. 388-408, 2021.
　　　　　　　　　〈なぜこの学問・この専門分野を志したか〉私は開発途上国の貧困問題に強い
関心をもっていました。学部では食の面から貧困にアプローチしたいと考え農
学部を専攻しましたが、しだいに人の行動を分析する経済学に魅かれ、大学院
からは経済学を専門分野にしています。

4. 政治学

貧困とどう向き合い、考えていくか？
——あるコンゴ人医師による提起と政治、思考

木山幸輔

スマホの材料はなんでしょう？ それはどこからきたのでしょう？

今の高校生が羨ましいです。スマートフォンで高精度の動画をみたりゲームをしたり。私の高校生時代にはガラケーしかなかったので、画質の粗いディスプレイでゲームをしてしまい、頭が痛くなることがしょっちゅうでした。高校生のスマートフォン保有率は 100% 近くになったというので、きっとあなたも楽しんでいそうですね。

では、以下を問うてみてよいですか？ スマホの材料は何でしょうか？ リストアップしてみてください。そして、その材料はどこで得られたものでしょうか？ これもリストアップしてみてください。答えをこのページの余白にでも書き込んでみてください（図書館で借りているならメモ用紙にでもスマホにでも）。

さて、何と書き込んだでしょうか。私であれば、鉄（鉄鉱石）とかプラスチック（原油）は入っていそうだと思いますが、ほかはなかなか即座に答えるのが難しいです。どこで得られたかは、なおいっそう難しいです。

あなたも〈知らない〉というなら、そうした状況を問題化した、あるノーベル平和賞受賞者がいます。デニ・ムクウェゲという、コンゴ民主共和国（以下コンゴ）の産婦人科医です（2018 年受賞）。

以下では、特に、政治理論という政治学の領域でしばしば重視されてきたように、私たちの世界に示された言葉や態度を読み解くことで（アーレント 1995）、ムクウェゲ医師の言葉から一緒に考えていきたいと思い

デニ・ムクウェゲ医師（右）（AFP＝時事）

ます。

ムクウェゲ医師が訴える、性暴力・貧困とスマホのつながり

私はコンゴへ行ったことがないのですが、訪れた友人からは、動物や自然に圧倒されたと聞きました。また、人情味あふれる人々や「現代で最も美しく、また先進的なサウンド」だというコンゴのリンガラ・ポップスに惚れた人も知っています。でもここでは、もしかしたら読むのがつらいかもしれない、貧困とかかわるコンゴのある一側面に関する話をしましょう（このあと関連して性暴力について話をしますので、読むことが難しい方は、この章はここまでにしてください）。

コンゴは、2019 年には、生まれた子ども 1000 人のうち、85 人が 5 歳になるまでに亡くなってしまったと推定される、子どもの死亡について世界で最も状況がよくない国の 1 つです（なお、あなたが住んでいるだろう日本では生まれた子ども 1000 人あたり 2 人が亡くなっています）。あるいは、2008 年には 540 万人という数が報告された、第二次世界大戦ののち最大の死者を出した戦争は、1998 年に始まった第二次コンゴ戦争とそれに続いた紛争でした（アフリカ大戦とも呼ばれます）。その多くは病気や飢餓による死でした。貧困概念をどう理解するかは、実はきわめて論争的なのですが、どのような貧困の定義や理解を取ったとしても、まず貧困ととらえられるような状況として、こうした乳幼児死亡率の状況や、病気や飢餓による惨状があるといえそうです（貧困概念の理解に関心がある方は、しばしば使われる絶対的貧困・相対的貧困概念の意義と問題から考える Part III _1. 社会学「現代社会における貧困とは？」はよい導入になりますから、参考にしてみてください）。

　ムクウェゲはそうした貧困とかかわる側面もある国コンゴで、性暴力の被害にあった女性たちを支援してきた医師です。そして彼は、驚くべきことに、コンゴにおける性暴力や貧困の責任の一端は、あなたを含む日本の消費者（さらに日本の企業・日本政府）にもある、そういうのです。

　どうして彼はそういうのでしょうか。それを理解するために、彼の説明をみてみたいと思います。

　彼は、スマートフォンの材料となる天然資源がどこから来るかわからないようなあり方、それが1つの大きな問題だといいます。

　コンゴは、とても天然資源が豊かな国です。例えばタンタルという鉱物は、その多くがコンゴにあるといわれているのですが、スマートフォンやパソコンの材料として、世界中に輸出されています。

　天然資源が豊かで輸出できるなら、それはコンゴに住む人々にとって、とてもよいことのように思えます。しかし、この輸出が問題だとムクウェゲ医師はいうのです。というのも、その輸出によって得られるお金が、紛争において用いられてしまっているからです。例えば、武装勢力（や汚職が進む政府）が支配する鉱山から原材料が買われるとき、そのお金は、武装勢力や腐敗した強者の力を増すために使われてしまいます。このとき、その鉱物は紛争鉱物と呼ばれます。特にタンタル (Tantalum)、タングステン (Tungsten)、スズ (Tin)、金 (Gold) の 3TG と呼ばれる鉱物は問題視されてきました。

　そして、このことと性暴力は関連しているというのです。ムクウェゲ医師がいうところ、とてつもない数の性暴力は昔からコンゴにあったわけではありません。ムクウェゲ医師が「確信を持って断言できる」というのは、先に述べた第二次コンゴ戦争と関係し、組織的なレイプが始まったことです (ムクウェゲ 2019 : 158、cf. Mukwege 2021: 59, 108〜113)。

　つまり、その戦争の中、武装勢力や政府によって、レイプのような性暴力が、住民を支配する武器として用いられるようになったというのです。女性（や男性）をレイプすることは、レイプされる人だけではなく、

その家族に大きな屈辱を与え、その地域を恐怖によって効果的に支配したり、住民を追い出したりするための道具になる。そうムクウェゲはいいます（ムクウェゲ 2019：157〜158、cf. Mukwege 2021：108〜115）。

　このように、武装勢力が紛争鉱物を通じて富を得る。そのために、レイプが用いられる。そうしたメカニズムに、紛争鉱物を用いた商品の購買によって、消費者も寄与してしまっている。そうした関係の中で、貧困が永続している。ムクウェゲ医師はそう考えるのです。

　だから彼はノーベル平和賞受賞講演でこういいました。

　　私はデニ・ムクウェゲです。この星で最も豊かな国のひとつから来ました。しかし、私の国の人々は、世界で最も貧しいのです。

　　わずらわしい現実があります。ゴールドやコルタン〔タンタルを含む鉱石〕、コバルトといったあり余るほどの天然資源が、戦争や極度の暴力と貧困、その原因だという現実です。

　　私たちは素敵な自動車、宝石、電子機器が大好きです。私自身、スマートフォンを持っています。これらのものには、私たちの国で見つかった鉱物が使われています。多くの場合、それらの鉱物は、子どもたち、脅迫や性暴力の被害者といった、非人間的な状況下にある人たちの手で採掘されています。

　　電気自動車を運転するとき、スマートフォンを使ったり、宝石に見とれたりしているとき、こういったものが生産されることの人的な代償について、少し思いをめぐらせてみてください。

　　消費者として、私たちはそうした製品が人間の尊厳を尊重した形で作られているのだと、少なくともいえるようにしましょう。

ムクウェゲ医師が日本の私たちに求めること
　こうしてムクウェゲ医師は、日本に住むあなた、私たちに以下を求めることになります。

　第1に、日本に住む私たちの消費行動の変更です。採掘元がしっかりした鉱物を用いることで、武装勢力や問題のある政府から資金源を奪うこと。これによって、性暴力や貧困の背景的条件を変えていける、そういうのです（ノーベル賞講演）。そのためにスマホの値段が10％高くなっても受け入れてほしい。そういいます。

　関連して第2に、企業の行動を変容させることです。個々人が発言し行動すれば、企業の行動も変わる。そうムクウェゲ医師はいいます。材料が採掘され、消費者に届くまでの、調達・製造・配送・販売などのつながりをサプライチェーンと呼びますが、そこで紛争とかかわる鉱物が使われないようにする責任。この責任を企業も果たしていかなければならないというのです。例えば、ある大学での講演では、大学生に対して資源を追跡できるようにするためのネットワークを作ってほしい、そう語っています。

　第3に、日本のような国家が、問題があるコンゴの指導者を承認することをやめなくてはならない。ムクウェゲ医師はそういいます。「性暴力を容認する、あるいは悪くすれば権力を握るために性暴力を用いる指導者を歓迎することはやめなくてはいけません。国家はそういった指導者にレッドカーペットを敷いて歓迎するのではなく、戦争の武器としてレイプを使用することに反対するレッドライン〔超えてはならない一線〕を引かなければなりません。このレッドラインは、これらの指導者に経済的、政治的制裁を科し、裁判所に連れていくことになります。正しいことをすることは難しくありません。それは政治的意志の問題です」（ノーベル賞講演）。

　そして、ムクウェゲ医師は、これら3つを可能とするその前提として、「無関心に対して『ノー』と言うこと」、「コンゴ民主共和国やその周辺国で何が起こっているのか、注意深く公平な目で見る勇気」をもつこと、それを求めます（ノーベル賞講演）。

　私から付け加えるとすれば、企業の行動と、指導者の承認について、

ムクウェゲ医師の観点からすれば、日本でも大きな問題があるように思います。

たしかに日本のビジネス界でも「人権デューディリジェンス」という言葉も知られ始めています。この言葉は、自社やサプライチェーンにおいて人権に関して生まれうるリスクを特定し対処することを意味します。しかし、海外の非政府組織（NGO）による格付けからは、日本に基盤を置くグローバル企業は、必ずしも高い評価を受けているわけではありません。もちろん、その格付けの基準も批判的に検討され続けるべきですが。

また、指導者の承認については、2018年のノーベル平和賞受賞後、ムクウェゲ医師にとっては皮肉な仕方を日本国は示すことになりました。当時の河野太郎外務大臣は、ムクウェゲ医師がノーベル平和賞を受賞した翌日、ある人に「お喜び申し上げます」と祝意を示し、握手をすることになりました。

その人とは、コンゴのL・オキトゥンドゥ外務大臣です。彼は、その日、アフリカ開発会議（TICAD）閣僚会合に出席するため、日本を訪れていました。しかしこの人は、ジョセフ・カビラ大統領の側近でした。カビラ大統領は、2001年に29歳で大統領職に就いたのち、ムクウェゲ医師によるノーベル平和賞受賞後まで18年間職にありました。まさにカビラ大統領についてムクウェゲ医師は「性暴力の要因を取り除き、そうした暴力を根絶させる最大の責任」を負いながら何ら興味を示さないと批判し（ムクウェゲ 2019：161、cf. 153、cf. Mukwege 2021: 119, 137）、「私たちは、国民を愛さない人々に統治されている」とさえ述べていたのです。この大統領は、「コンゴの紛争や暴力を意図的に長期化することによって、コンゴ東部の資源を……搾取」してきた、「ムクウェゲを敵視」する大統領だったと、あるコンゴ研究者は述べています。事実、ムクウェゲのノーベル賞受賞にあたり、カビラ政権の報道官はムクウェゲ医師に対し、「人道活動と政治を混同」していると批判することにもなりました。まさに、性暴力を容認するレッドカーペットを敷くな、そう述べるムクウ

ェゲの授賞式の言葉を日本政
府は裏切っていたのです。ム
クウェゲであれば、そうした
指導者たちを承認する構図
を、「政治的意志」によって
変容させるよう求めるでしょ
う。

　こうして、ムクウェゲは、
私たちが関心をもち、何が起
こっているかをみる勇気をも
つこと。そして私たちが個人

オキトゥンデゥ外務大臣（左）と河野太郎外務大臣（2018 年 10 月 6 日。外務省ウェブサイト〈https://www.mofa.go.jp/mofaj/press/release/press4_006514.html〉）

として消費行動を変化させ、企業の、また国家の行動変容をもたらして
いくことを求めるのです。それによって、私たちはコンゴにおける性暴
力と貧困の状況を変えていける、と。

　そうしたムクウェゲ医師の言葉と行為は、世界の、特にアフリカにお
ける貧困や窮状に関する言葉や行為の示し方として、決して主流のもの
ではありませんでした。

「救う／助けてあげる」ものとして世界の貧困を描くこと

　むしろ、これまで盛んだったのは、「救う／助けてあげる」ものとし
ての貧困の描き方であるように思います。例えば、チャリティー（慈善）・
ソングという言葉を知っているでしょうか。これは、国内外の災害被災
者支援、医療支援、動物愛護支援のような支援を目的とする歌のことで
す。東日本大震災後、2012 年に作られ、印税の一部が義援金として用
いられた「花は咲く」を記憶する方も多いのではないでしょうか。

　世界の貧困にかかわるチャリティー・ソングとして著名なものに、エ
チオピア大飢饉を受けて 1984 年に発売され、アメリカ・イギリスでチ
ャート１位となり、全世界で 1000 万枚を売り上げた、「Do They Know

It's Christmas?」があります。その収益すべてがエチオピアに寄付されたというこの曲は、バンド・エイド (Band Aid) というチャリティープロジェクトの中心となり、このプロジェクトは 2014 年まで複数回行われています。こうした文脈の中で行われ、20 世紀最大となったコンサートが、1985 年 7 月の「ライヴ・エイド (Live Aid)」です。イギリスのロックバンドであるクイーンのボーカル、フレディ・マーキュリーを主人公とした 2018 年の伝記映画、『ボヘミアン・ラプソディー』のクライマックス・シーンの舞台として、あなたも知っているかもしれません。

　しかし、こうした「救う／助けてあげる」対象としてのアフリカの描写には、批判も投げかけられました。

　第 1 に、アフリカの描き方、あるいはそこで暮らす人々の描き方が問題視されました。例えば「飢饉ポルノ」「貧困ポルノ」といった言葉とともに、アフリカの人々が無力で、可哀想な弱者としてとらえられてしまっている、という批判がなされました。ここで欠如していたのは、共に語り合い、共に行為をしていくような、対等な他者という像だというのです。

　関連して第 2 に、「救う／助けてあげる」というあり方に、「助けてあげる（とされた）側」の行動がもつ意味、それに対する関心が欠如しているのではないかと指摘されました。例えば、ライヴ・エイドもその大きな一翼を担った食糧援助の急増は、アフリカ諸国の食料自給率を大きく下げることになりました。と同時に、援助された食糧が流入することで、そうした国々に元々あった飢餓に対応する仕組み、例えば多様な穀物の耕作を壊してしまったとも指摘されます。「救う／助けてあげる」という語りや行動においては、そうした語りや行動の問題が見出された際に、自分のあり方を修正できるか、自分のあり方が特権化されていないかが問われたのです。

　第 3 に、上記 2 つの批判の前提として、貧しい環境にある人を、対等な人間、特に自ら語り、自ら歩み、社会において発言する地位をもつ

存在として扱えているか。それが問われました。私たちと、彼（女）らを分けること。例えば、危険が少ないところにある日本の私と、暴力が起こる環境に暮らすコンゴの誰か、といった区別は、そもそも対等者としての描き方でしょうか。むしろ、暴力が残念ながらときたま起こり、暴力を受

ライブ・エイドにおけるフレディ・マーキュリー（1985年7月13日、ロンドン。Avalon/時事通信フォト）

けながら育った人もいる、というのはあなたが通う教室、通った学校の教室だって、そうではないでしょうか。だとすると、私たちと彼（女）たちの対比というのが不適切なのかもしれません。

貧困に対する視点と、対等さ

では、世界の貧困をどうとらえ、言葉を発し、考えていけばよいのでしょうか。すぐに答えが出る問題ではもちろんありません。でも、仮に私たちと彼（女）たちが対等ならば、という前提からはじめて、少し考えてみたいと思います。あなたには、批判的にでも参照項として用い、考えていってもらえれば、と思っています。

つまり前提として、何らかの意味での貧困下にある人、あるいは貧困地域にある人、あるいはすべての人間たちと、対等であることの重要性を置いてみましょう。私はこれを人権の基底にある、人間性に基づく価値による要求だと考えています（木山2022）。それは、いくつかのことを意味するでしょう。

まず、「救う」という描き方を放棄することです。ムクウェゲ医師自身が自分の医療行為について語るように、「私たちが行っているのはわずかなことだということ」を認め、対等な人間として歩もうとする人々

を支えること、それが求められます。

　次に、貧困のもとにある人の言葉をおとしめたり、あるいは誰か特権化された言葉をもつ人が存在したりすることを、許容しないことをも意味します。これは、ムクウェゲ医師についてもそうです。ムクウェゲ医師は私たちに多くの言葉と行為を示し、私たちに気づきを与え、考える勇気を鼓舞してくれます。でも、ムクウェゲ医師とて、あくまでも彼の視点から考え発言し行為してきた、あなたと対等な人間の1人に過ぎません。

　だから、彼の言葉と行為も、批判的吟味に開かれています。これは価値に関することについても、現実に対する認識についてもそうでしょう。

　まず価値についてです。例えば、ムクウェゲ医師の好きな日本語に「リタ／利他」という言葉があります。彼はこれについて、複数の意味で語っているようです。まず、「世界中の人々は皆同じ『人間性』を共有」することに基づいて、私たちが「保護しあう責任」をもつこと。それによって、「尊敬しあう関係」を育むことです。私はそうしたことを首肯しますし、人権の言葉をあなたが大事なものとして受け入れているなら、あなたにも首肯してほしいと思います。でも、彼の言葉や行為には、先に述べた「救う」という側面が確かにありますし、そう受け取られることもしばしばです。例えばムクウェゲ医師は立命館大学で「利他」という漢字が書かれた額を贈呈されたあと、自身の原則の1つとして、「他者の人生をよりよくするために自分には何ができるだろうか……と考えるということ」を語っています。この章がすでに述べたところからすれば、この原則が、他者を弱者として描く方向にいかないようにするには、どうすればよいのか。例えば、この原則を制約する価値、特に対等な態度について、考えられなければならないでしょう。

　現実に対するムクウェゲ医師の認識や彼の提言も、吟味に開かれています。ムクウェゲ医師が必要性を述べていた紛争鉱物の規制について考えてみましょう。その規制がもつ効果や意味とて、国際的な経済的連関

や国内・国際紛争のあり方などとの関係で問われうるものです（華井 2016：151）。

　例えば、地球上で毎年産出されるもののうち、コンゴ産の紛争鉱物（3TG）の割合は必ずしも多くはないかもしれません。実際のところ、スズやタングステンの多くは中国で産出されています。ならば、〈紛争鉱物が使われないようにしよう〉というムクウェゲ医師の主張を受け入れる企業は、コンゴからの鉱物が入ってくるサプライチェーンにおいて紛争鉱物が使われていないことを追跡するより、そもそもコンゴ産鉱物を用いないようにしよう、という選択をしてしまうかもしれません（華井 2016：225〜227）。だとすると、そうした主張は、むしろコンゴで人々の状況を改善しようとするアクター（行為者）たちの力を削ぐことになってしまうかもしれません（木山 2022：9章）。

　あるいは、3TG のような紛争鉱物に注目することで、それと比べて私たちとのつながりがみえにくいコンゴの問題の多くに目がいかなくなってしまうかもしれません（華井 2016：60〜61）。それだけでなく、鉱物に重点をおいた紛争の説明が影響力を増すことで、過去に受けた植民地支配からの影響や、エスニック集団の対立のような、他の重要な紛争や貧困の原因に関心がいきにくくなるかもしれません。

　むしろ、ムクウェゲ医師が絶対に正しいはずだ、と依存する態度も避け、対等に考えることが重要です。

　大事なことは、彼の言葉や行為に対しても、それが拠っている価値や根拠を確かめ、応答し続けることです。先ほど、誰かを「救う対象」として描くことは対等さを壊すと書きました。ムクウェゲ医師の言葉や行為を特権化することもまた、対等さを大事にする態度ではありません。むしろ、鉱物流通の実際に関する経済・経営についての探究や、アフリカ政治についての探究を参照し、確かめていく、そして応答していく。そういった態度が大事なのです。

テーブルを囲む公共空間と、政治、思考

　救う、助けてあげるものとしての貧困の描き方からの脱却は、関心をもたなくてよいということでは全くないでしょう。そうではなく、声を聞くこと、応答をすること。それらを出発点として考えていくことが大事そうです。

　そうした応答を重視した政治理論家に、ハンナ・アーレントという人がいます。彼女は、人間が作った製作物によって支えられ、私たちが共に存在する世界を、テーブルにたとえました。「世界で共に生きるということが本質的に意味しているのは、ちょうどテーブルがそれを囲んで座る人々の間にあるように、物事からなる世界がそれを共有する人々のあいだにあるということです」、と（アレント 1994a：79）。私たちの前には、すでに共通のテーブルにつき、大切に言葉を語っている人、例えばムクウェゲ医師がいるのです。もしあなたが、テーブルを共にする人の言葉をずっと無視して生きていくことにためらいをもつなら、すでに示された言葉や行為、それに応答したほうがよさそうです。そうでなければ、あなたと見て、見られ、聞き、聞かれる関係をもつ他者は存在しなくなってしまいます（アレント 1994a：87）。聞き、確認し、問い、答えを探り、話し、行為し、また聞く。そして、相手にも応答し、応答される関係を保つこと。アーレントはそうした、私たちが共有する世界で、語り行為（action）する関係のうちに、公共的な空間と、政治的なあり方とを見出しました。

　アーレントは、そうした公共的・政治的空間では、問題となっている共通の事柄を他の人々の視点からとらえるという政治的能力——理解（understanding）——こそが、他者との共生の基盤だといいます。そして彼女は、こうした他の人々の視点からも、物事を理解し考えることが失われたとき、私たちは「無思考（thoughtlessness）」に陥ってしまう、といいます（アーレント 2017：69）。アーレントは、無思考を「ある事柄を他人の立場に立って見るということがほとんどまったくできない」（ア

ーレント 2017 : 66) あり方ととらえました。その特徴は、不整合性など気にしない紋切り型の決まり文句を用いることにあります。この章からすれば、例えば「(スマホを使っていても) 私には関係がない」と独りごち、あるいは、お金を寄付して「救っている」からよいことをしているに決まっている、ということも、それに当たるでしょう。そこでは、「言葉と他人の存在に対する、したがって現実そのものに対する最も確実な防壁」(アーレント 2017 : 69) が築かれてしまいます。

　こうした防壁を崩し、思考を諦めないこと。思考し続けること。私たちが陥るおそれが常にある、この無思考を警戒すること (アーレント 1994b : 222)。これが求められているのです。

　というと、少し難しく感じる人もいそうですね。そのときには、目の前にある世界で出会った物事や人々の言葉を大事にしつつ、考えていくのはいかがでしょうか。

　ムクウェゲ医師自身も、テーブルを前に語ることを自己目的化した形で言葉を発し、行為してきたわけではなさそうです。彼はもともと、生命が始まる出産を手助けする、その仕事を始めたつもりだったといいます。しかし、20 年以上病院で働く中で、レイプによって妊娠した女性が運び込まれ、そうして生まれた子供がその後レイプされて運ばれてくる、そんな状況をみてきたといいます。だからこそ、手術室では解決できないと、声を上げ始めたというのです。

　考え、言葉や行為を示すこと。こうしたことは、あなたと遠いところにあることではありません。例えば日本でも、ある女性が、携帯電話メーカー諸社に質問のはがきを送ったことで、そのうちの多くの携帯会社は自社が用いるコンゴ産鉱物について情報を開示しました。それが意味することは、やはり経済学や経営学、コンゴ研究などの知見を用いつつ吟味されるべきでしょう。そして、あなたが示す言葉や行為が、必ずコンゴの性暴力や貧困を解決する、あるいはそれらに何らかのよい影響をもたらすといった保証もありません。だとしても、あなたの言葉や行為

が、世界が形作られる仕方に影響するとはいえそうです。私たちは、言葉と行為（あるいは言葉と行為を示さないこと）を通じて、世界を形作るのです。

参考文献
・アレント、ハンナ、1994a、志水速雄訳『人間の条件』ちくま学芸文庫
・アーレント、ハンナ、1994b、佐藤和夫訳『精神の生活（上）』岩波書店
・アーレント、ハンナ、1995、矢野久美子訳「何が残ったか？ 母語が残った」思想 854 号 152〜175 頁
・アーレント、ハンナ、2017、大久保和郎訳『エルサレムのアイヒマン──悪の陳腐さについての報告』みすず書房
・木山幸輔、2022、『人権の哲学──基底的価値の探究と現代世界』東京大学出版会
・華井和代、2016、『資源問題の正義──コンゴの紛争資源問題と消費者の責任』東信堂
・ムクウェゲ、デニ／ベッティル・オーケルンド、2019、加藤かおり訳『すべては救済のために──デニ・ムクウェゲ自伝』あすなろ書房 ※原題の直訳は『人生を擁護する』
・Mukwege, Denis, 2021, *The Power of Women: A Doctor's Journey of Hope and Healing*, Flatiron Books.

※紙幅の都合で掲載できなかった註や文献情報を補った完全版を、有斐閣のウェブサイトで提供しています。下記の URL または右記の二次元コードからアクセスし、「ウェブサポート」のコーナーをご覧ください。完全版のファイルを開く際には、パスワード「YONONAKA」を入力してください。
https://www.yuhikaku.co.jp/books/detail/9784641126459

著者紹介　　**木山幸輔**（きやま・こうすけ）
筑波大学人文社会系助教（政治理論、道徳・政治・法哲学）

〈主要著作〉"Human Rights Based on Human Dignity: Defence and Elaboration through an Examination of Andrea Sangiovanni Critique," *Journal of Global Studies* 9, pp.1-24, 2019、『人権の哲学──基底的価値の探究と現代世界』（東京大学出版会・2022 年）
〈なぜこの学問・この専門分野を志したか〉1 つには、16 歳の頃、日雇い派遣で深夜まで残業をさせられても、どう抗えばよいのかわからず、社会を知り考えたいと思いました。大学 1 年生か 2 年生の頃、ある哲学・社会理論の本に感銘を受け、もう少しだけ学びたいと思いました。今でも学問分野それ自体を志してはいません。

「貧困」について考えるための読書案内　　　Book Guide

01 阿部彩『子どもの貧困――日本の不公平を考える』
岩波新書、2008 年

02 上間陽子『裸足で逃げる――沖縄の夜の街の少女たち』
太田出版、2017 年

03 遠藤比呂通『人権という幻――対話と尊厳の憲法学』
勁草書房、2011 年

04 酒井正『日本のセーフティネット格差
――労働市場の変容と社会保障』
慶應義塾大学出版会、2020 年

05 デニ・ムクウェゲ／ベッティル・オーケルンド
『すべては救済のために――デニ・ムクウェゲ自伝』
(加藤かおり訳)あすなろ書房、2019 年　＊原題の直訳は『人生を擁護する』

06 華井和代『資源問題の正義
――コンゴの紛争資源問題と消費者の責任』
東信堂、2016 年

07 マーティン・ラヴァリオン『貧困の経済学（上）（下）』
(柳原透監訳)日本評論社、2018 年

08 丸山里美『女性ホームレスとして生きる
――貧困と排除の社会学〔増補新装版〕』
世界思想社、2021 年

09 湯浅誠『反貧困――「すべり台社会」からの脱出』
岩波新書、2008 年

Part IV

テクノロジー

●イントロダクション

　情報通信技術 (ICT) の急激な発展によって、私たちの情報は、データとして社会のさまざまなところに蓄積されるようになっています。そこで蓄積される情報というのは、私たちが商取引や行政手続きをするときに使う氏名、性別、住所、電話番号といったような基本的な個人情報だけではありません。どこに行ったかという行動履歴、何を買ったかという購買履歴、さらには SNS での発言履歴なども、場合によっては私たち個人と結びつけられるかたちで残されています。

　蓄積された大量のデータを利用し、コンピュータや人工知能 (AI：Artificial Intelligence) の助けを借りながら分析することで、人間やその周囲の環境がもつ何らかの特性と、将来起こる何らかの帰結を結び付けて理解する可能性が広がります。これは要するに、少し先のことを以前よりもずっと正確に予測できるということです。私たちが次にどういう行動をするか、何を欲しがるか、どこに行きたいと思うか、などを高い精度で判断できるようになるかもしれません。このような技術をうまく使うことができれば、私たちの生活はきっと豊かになるでしょう。

　しかし、AI の利用で将来の予測が正確に示されるようになると、私たちは自分で判断して将来を決めているのか、AI の判断に追随しているだけなのか、うまく区別がつかなくなるかもしれません。それは、人間が自分たちの意思でさまざまな決定を行うことを前提とする民主主義への脅威にもなりうるものです。潜在的に脅威を含んだ AI を、私たちはなぜ幅広く導入するのでしょうか。Part IV は、そんな疑問を説明しようとする政治学の試みから始まります (☞ 1. 政治学)。

　データの中には、私たちの顔 (容貌)、指紋や掌紋、声の形質を示す声紋、黒目の内側で瞳孔の外側にある虹彩、手のひらなどの静脈、といった身体にかかわるものもあります。そのようなデータも個人を識別で

きる情報として利用することができ、それらが監視カメラや電話の通話記録などに知らない間に蓄積されることもあります。そういう個人と強く結びついたデータを使うことで、私たちの暮らしが豊かになる一方で、誰かに行動を管理される可能性も大きくなるかもしれません。社会学では、そのような身体を管理する「統治」の仕組みが今に始まったことではなく、歴史的に採用され続けてきたことを明らかにしてきました。そして、身体も含めて断片的にデータとして管理される私たちが直面する潜在的な脅威について掘り下げていきます（☞ 2. 社会学）。

　脅威があるとしても、私たちは現に多くのデータを利用している以上、利用のためのルールを考えなくてはいけません。データを大量に収集すると、より正確な予測に利用することができるので、データを他者から購入するという、新しい種類の取引が出現しています。普通のモノ（財）とは違うデータには、そのデータに関連する人間のプライバシーがあり、買った人が制約なしに使えるわけではないという特徴があります。そのような新しい取引をどのように作り出していくのか、法律学ではそのような新たなルールについて考えます（☞ 3. 法学）。

　さらに大量に収集・蓄積したデータを利用することが、私たちの仕事にどのような影響を与えるのかを考えていきます。AI の利用に限らず、新たなテクノロジーの出現は、これまで私たちの生活や仕事に大きな影響を与えてきました。では、その影響の大きさは具体的にどの程度なのでしょうか。テクノロジーが生活に与える影響を計測することは、経済学の重要なテーマとなってきました。AI の場合は、そのインパクトがどの程度なのでしょうか。また、それは、どのようにして測るのでしょうか。それらを検討する経済学の試みを紹介します（☞ 4. 経済学）。

〔砂原庸介〕

1. 政治学

なぜ人々は民主主義よりも
AI を選ぶのか？

羅 芝賢

民主主義と AI は相性が悪い？

　政府が AI（人工知能）を導入するというと、少し恐怖を感じる人もいるかもしれません。

　SF（科学空想）作品には、しばしば人類を支配する AI が登場します。例えば、手塚治虫の『火の鳥 未来編』（角川書店、1970 年）に登場する電子頭脳ハレルヤは、都市国家ヤマトの支配者として中央本部と呼ばれる統治機構を管理しています。西暦 3404 年、滅びかけている地球で、自らの生存のために地下都市を作りあげた人類は、このハレルヤの命令に従いながら暮らし、その命令通りにすれば地球はいずれ立ち直ると信じています。

　一方で、マスメディアが報道する AI 活用の実例では、人間を支配するような AI の姿は見当たりません。そこでは、機械学習（☞ Part IV_Column 3）と呼ばれる技術を利用して、人間の力では処理しきれない大量のデータを解析し、そこからなんらかのパターンを見出して、さまざまな意思決定に用いるといったことが行われています。

　AI に関して、政治学の分野でこれまで議論されてきたのは、どちらかといえば後者のように機械学習の技術を利用することが、政治にいかなる影響を及ぼすのかという問題についてでした。AI の利用が広がることによって、民主主義が脅威にさらされるのではないかと、政治学者たちは心配しているのです。

　例えば、2016 年のアメリカ大統領選挙では、あるデータ分析会社が

フェイスブック（現在のメタ）などから入手した有権者の行動データを世論操作に利用していたことが問題になりました（バートレット 2020）。行動データとは、人々が知らぬ間に残しているインターネットの閲覧履歴や購入履歴などを意味します。それらのデータを蓄積して分析すれば、人々の属性や政治的信条などを高い精度で判別できるようになるため、候補者は複数の異なる内容の SNS 広告を人々の関心に合わせて使い分け、有権者の投票行動に影響を与えようとします。しかし、その候補者が当選した後、複数の広告のうち、どの内容を政策として実現しようとするかはわかりません（オニール 2018）。

この本の「『データの私』と『生身の私』、どちらが私？　どちらも私？」（☞ Part Ⅳ_2. 社会学）でも、テクノロジーによって私たちの意思が操作されていることを示すものとして、同様の事例が紹介されています。政治学においてこの問題が特に重要なのは、有権者が自分の意思に従って投票する自由を AI に奪われてしまうことで、民主主義そのものが脅かされるかもしれないからです。

日本はアメリカほど選挙における AI の活用が進んでいるわけではありませんが、日本の政党も SNS などを利用した選挙戦略に強い関心を示しています。例えば、インターネット上にある数億ページ分の書き込みデータを分析し、そこからトレンドをつかんだうえで情報発信活動の方針を決めるといったことは、日本の政党も行っているといわれています（谷口・宍戸 2020）。こうした政党の活動が、今後どのような展開をみせるようになるかは、注意して見守る必要があるでしょう。

こうしたことを考えると、どうやら AI と民主主義は相性がよくないようにも思えます。この AI のイメージは昔からあるようで、例えば手塚治虫の漫画が描くような、電子頭脳ハレルヤが支配する世界にも、今日の日本の国会に当たる意思決定機関は存在しません。ハレルヤの指示を実行に移すための執行機関として、中央省庁のような行政組織が活動しているのみです。

つまり、昔も今も、AI は民主主義の脅威になるかもしれないと人々は考えています。それなのに、政府における AI の導入が進められているのはなぜでしょうか。また、国によって、その導入の程度が異なっているのはなぜでしょうか。この問題について、この章では、なるべく多様な視点を用いて、その理由を考えてみたいと思います。

　政治学では、政治の変化が生じた理由を説明する際に、思想、経済、暴力、制度といった要因の影響を考えます。ここでは、AI と民主主義は相性が悪い可能性があるにもかかわらず、政府が AI の活用に取り組むようになった理由を、その 4 つの要因から検討します。現実には、数えきれないほど多くの要因が政治的な現象に影響を及ぼしているのですが、それらをすべて考慮に入れるのは現実的ではありません。それでも、なるべく多角的に物事を理解するための方法として、思想、経済、暴力、制度という 4 つの要因に注目するのです。

思想の影響——啓蒙主義

　もしも AI が、人間によって完全にコントロールできるような単なる道具にすぎないとすれば、人々は AI とともに暮らす楽観的な未来を描くことができるでしょう。AI がシンギュラリティ（AI が人類の知能を超える技術的特異点）に到達すると、大変なことが起きると心配する人も多いですが、テクノロジーの存在意義は人間のニーズを満たすことにあり、その進歩は人類の生活をよくするに違いないという楽観的な見方をする人も少なくありません。

　歴史の流れをさかのぼれば、そうした楽観的な考え方の源流の 1 つを、ヨーロッパの宗教改革の時代に見出すことができます。アイザック・ニュートンやロバート・ボイルといった近代科学の創始者たちの多くは、プロテスタントと呼ばれるキリスト教徒でした。カトリック教会の改革を主張していた、信仰心の篤い人々だったということです。そのため近代科学は、キリスト教的な自然観を内包したものとして誕生したといわ

れています。その自然観とは、人間のみが神に近い理性を与えられており、自然はそうした主体としての人間に支配される客体にすぎないという考え方です。古代のギリシア神話にでてくるような、人間に近い存在としての自然は、そこではみられなくなりました。

　このような近代科学を世の中に広めたのは、18世紀に花開いた啓蒙主義です。ヴォルテールに代表される啓蒙主義思想家たちは、ニュートン力学のような創設期の近代科学に強い信頼を抱きつつも、いっそう人間の理性を高く評価するようになっていました。そうした態度は、自然科学を実用的な知識ととらえ、それを人間の利益のために用いるという考え方に結びつきます。こうして宗教に裏づけられた真理よりも、テクノロジーの発展に伴う人類の進歩のほうに注目が集まるようになったのです（村上2021）。

　今日でも、こうした啓蒙主義的な考え方はどうやら人々に広く受け入れられているようです。アメリカの心理学者スティーヴン・ピンカーは、啓蒙主義を取り入れた大衆向けの科学書を多く出しており、それらは出版のたびにベストセラーになって、日本語にも訳されています。ピンカーがAIをどのようにとらえているのかといえば、その考えは非常に単純明快です。要するに、人間がコントロールできないようなAIは、今までも、そしてこれからも出現することはないというのがピンカーの考えです。AIというのは、欲望をもつこともないし、自ら目標を設定することもできない、そして有限のデータからしか知識を得られない人工物にすぎないというのが、その根拠となっています（ピンカー2020）。

　しかしその一方で、人工物は単なる道具ではなく、それ自体の本質からして政治的な性質をもつと主張する立場もあります。例えば、ヨーロッパの産業革命で登場した紡績工場の機械装置は、労働者の作業の流れを一定のパターンに固定し、それまでにないかたちで労働者を規律づけるようになりました。こうした側面に注目すれば、紡績技術は本質的に専制的だと主張することもできるでしょう。また、鉄道の発達とともに

なぜ人々は民主主義よりもAIを選ぶのか？

巨大な組織をもつ企業が出現したことに着目すると、鉄道技術は本来的に集権的な組織の発展を必要としたという主張も引き出されます。中でも、人工物の政治性を示す最も明白な例として挙げられているのは、核兵器です。この人類史上最大の破壊兵器は、少しのミスも起きないように、きわめて厳格に階層化された指揮命令系統のなかで、集権的に管理されなければならないものになっています（ウィナー 2000）。

　テクノロジーは単なる道具にすぎないのか、それともそれ自体が特定の社会システムを要求しているのか。この問いをめぐる論争には、いまだに決着がついていません。ここで 1 つ、はっきりといえることがあるとすれば、それは AI が民主主義の脅威になりうるという指摘に対して、この問題をそれほど真剣に考慮しない楽観論が一定の人々の間で共有されているということです。

経済の影響――産業革命

　19 世紀から 20 世紀にかけてめざましい経済成長を達成し、福祉国家を成長させてきた国々は、21 世紀の今日、1 つの大きな課題に直面しています。それは、少子高齢化に伴う人口減少と経済の停滞です。AI は、この停滞の局面を打開し、さらなる成長を導く可能性を秘めたものとして注目を集めています。AI を取り入れた機械が人間の労働の大部分を代替すれば、これまでとは比べものにならない経済成長を達成できるという可能性が論じられているのです。

　こうした考えの背後には、資本主義経済が一定の段階を通って発展してきたという見方があります。そこでは、18 世紀から今日に至るまで産業革命が何度か起きており、その先頭に立つか、それともその流れに乗り遅れるかによって、それぞれの国の運命が決まってきたという観点が共有されています。このような歴史の見方に従えば、第一次産業革命の先頭に立ったのは、蒸気機関を最初に導入したイギリスでした。次の第二次産業革命では、アメリカとドイツが蒸気機関の代わりに電気モー

タを生産に取り入れてその革命を主導し、さらにアメリカにおけるIT（情報技術）の発展が第三次産業革命を引き起こしました。

　こうした議論においては、成長路線に乗り遅れた国々が、先に発展を遂げた国々の支配下に置かれたり、過去よりも貧しくなったりしていることがしばしば強調されます。だからこそ、これから起きる第四次産業革命に備えて、そのカギを握るAIの開発と導入を進めるべきだという主張が強く打ち出されるのです。第三次産業革命をアメリカが主導したことによって、現在、グーグルやアマゾンのような企業が世界的な影響力を誇っています。第四次産業革命でも同じようなことが繰り返されれば、アメリカ製のAIロボットが世界中のあらゆるところで利用され、アメリカの企業にその収益がすべて渡ってしまうかもしれない。人々はそういう危機感を持っているのです（井上 2021）。

　しかし、資本主義経済の歴史は、まったく異なる角度から描かれることもあります。ハンガリー生まれの経済学者であるカール・ポランニーは、ヨーロッパで第一次世界大戦と世界大恐慌を経験し、資本主義経済の破滅的な帰結について論じました。人類学の知見を借りて長い歴史の過程を検討したポランニーは、大量生産を可能にする機械が発明されたことによって、人間の行動原理が生存動機から利得動機へと大きく変わったことに注目しました。つまり、大量生産に用いられる機械は価格が高いうえに、1つの目的でしか使うことができません。そこで、機械に投資した金額を回収するためには、大量生産を行うのに十分な原材料と労働力、そして大量に作られた商品を売るための市場が必要になります。人類はそこではじめて、利潤を追求する経済活動を既存の社会的な規範よりも重視するようになり、本来は商品ではない土地、労働、貨幣を、擬制商品として取り扱うことになりました。

　第一次世界大戦と世界大恐慌という悲劇は、この大転換がもたらした結果にほかなりません。その悲劇の影響が人間社会全体に及んだため、人々はもう一度、資本主義経済からの社会的な保護を求めるようになる

だろうと、ポランニーは考えました (ポラニー 2009)。そして実際に、戦後の世界では福祉国家が発展を遂げることになります。

こうしたポランニーの見方を反映するものとして、「監視資本主義」という概念があります。この概念を提唱したアメリカの社会心理学者ショシャナ・ズボフは、土地、労働、貨幣に続き、人間の行動を予測する「予測製品」が第 4 の擬制商品として資本主義経済を支えていることに注目します。ズボフによれば、AI の活用が広がることによって、人間の経験は行動データに変換される無料の原材料として扱われ、オンライン広告、保険、金融で利益をあげるために使われています。知らぬ間にデータを提供している人々は、この監視資本主義の受益者ではなく、天然資源のような存在なのです。そこでズボフは、資本主義経済がまたも破滅的な状況をもたらすことがないように、監視資本主義を推し進めているグーグルやアマゾンのような企業を適切に規制すべきだと主張しています (ズボフ 2021)。

このように、資本主義経済の歴史の描き方次第で、AI に対する見方もずいぶん変わってきます。

暴力の影響——軍拡競争

AI は安全保障とも密接なかかわりをもつようになってきています。インターネットの行動データに基づいて敵の情報を調べ上げたうえで、クラウド上の位置情報を使って敵の居場所を特定したり、あるいは画像認識とドローンを組み合わせて相手を攻撃したりすることに AI が用いられています。こうした今日の国際情勢のもとで、自国の軍事力の強化を望む人々は、AI の積極的な活用を主張することでしょう。

ここで、テクノロジーが軍事的に利用されていることよりも注目したいのは、軍事的な目的がテクノロジーの発展をむしろ牽引してきたという歴史的な事実です。とりわけ情報と通信にかかわる技術は、そうした性格を強く帯びています。コンピュータ技術に関していえば、アナログ・

コンピュータから、現在普及しているデジタル・コンピュータへの移行は、決して必然的に生じたものではありません。アナログ・コンピュータが主流だった時代、デジタル・コンピュータは、大量の電気を消費する巨大な装置であるにもかかわらず、ノイズや信号の解釈のためには人間のオペレータに依存しなければならない、非効率の産物として認識されていたのです（エドワーズ 2003）。それでもデジタル・コンピュータが世の中に普及したのは、それを利用しようとする軍事的な動機が第二次世界大戦によって浮上し、朝鮮戦争において大きな需要が生み出されたからです。これらの事件がなければ、コンピュータは今とは大きく異なる形で発展したのかもしれません。

　インターネットの発展に関しても同じことがいえます。インターネットの前身であるアーパネット（ARPANET）は、世界を核戦争の恐怖で震え上がらせた 1962 年のキューバ・ミサイル危機をきっかけに作られたものです。それまで世界規模の通信システムを構築していなかった米軍は、もし本当に核戦争が起きれば、従来の通信システムのままでは対応できないと考え、中央の司令塔が破壊されても指揮がとれる体制を築くためにアーパネットを設計しました。その後、アーパネットがインターネットへと移行する過程でも、軍事的な要素は重要な役割を果たしました。

　つまり、インターネットは、グーグルやアマゾンが提供するような日常のサービスを求める消費者のニーズから生まれたものではありません。インターネットの誕生には、市場経済の原理よりも、軍需経済の特徴が強く働いていたのです。軍需経済では、市場経済のように費用を減らすことがそれほど重視されません。目的を達成できさえすれば、巨額の資金を投下してもかまわないというのが、軍需経済を動かす考え方なのです。だからこそ、当初は市場的な価値が不透明だったインターネットが、商業化できるレベルまで発展を遂げることができたのです（アバテ 2002）。

　このように軍事的な目的がテクノロジーの発展を導くことは多くあり

ます。そこで問題なのは、そのテクノロジーが民主主義や自由といった価値を守る方向に働く保証はどこにもないということです。

制度の影響——代表制民主政治

この章の冒頭の話に戻って、AIをめぐる政治学の議論をもう一度振り返ってみましょう。そこでは、有権者の行動データが政党の選挙キャンペーンに利用されていることに対して、投票における自由な選択が阻害されているのではないかという指摘が行われています。AIによって民主主義の基本的な原理が脅かされる可能性が懸念されれば、その次には、既存の制度を守るために何をするべきかという課題が浮上するでしょう。

しかし、その前に考えておかなければならない問題があります。そもそも、AIが登場する以前の民主主義では、果たして自由な選択に基づく投票が行われていたのでしょうか。これは、見落とされがちですが、とても重要な問題です。私たちが「民主主義」と呼んでいる政治の仕組みのもとで、実際には人々の主体的な政治参加が実現されていないとすれば、人々は進んで、AIの判断に基づく支配を、民主主義の代わりに求めるようになるかもしれないからです。

例えば、日本のSF作家・伊藤計劃の小説『ハーモニー』（早川書房、2008年）では、大災禍（ザ・メイルストロム）と呼ばれる核戦争が勃発し、大量の人が放射能で癌を発症すると、人々はそれまでの政治体制の代わりに生府（ヴァイガメント）と呼ばれる医療福祉社会を築くようになったというところからストーリーが展開します。そこで描かれている生府は、WatchMeという恒常的体内監視システムをすべての人々の体内に埋め込み、そこから得られるデータを使って個々人の免疫を監視し、病気になる可能性をあらかじめ排除する活動に従事します。

この小説の話は、現実離れしすぎているかもしれません。ですが、核戦争まではいかないとしても、民主主義が機能不全を起こし、人々の不

信が極限まで募れば、AI を活用した支配が選ばれるのは、それほど不自然な話でもないでしょう。例えば、ベン・ゲーツェルというアメリカの AI 研究者は、2008 年のリーマン・ショックに始まる大不況と政治的な混乱をきっかけに、政治的な意志決定を行うための AI の開発を始めたといいます。AI ならば、人間よりも早く危険を察知し、損失を最小限に留められただろうと、ゲーツェルは考えたのです。その AI は、当時のバラク・オバマ大統領のロボット版を作るという意味で、「ロバマ（ROBAMA）」と名づけられました（水谷 2018）。

　このロバマのようなものが、現実の政治体制に失望した人々によって構想されているとすれば、これまでの民主主義のどこが問題なのかを考えてみる必要があるでしょう。

　今日の民主主義は、代表制民主主義である以上、一般市民は直接的に政策決定にかかわることはできません。その代わりに、選挙を通じて自分の意見を代弁してくれそうな人を国会議員といった代表として選び、その人たちに政策を決めてもらいます。そのため、選挙では、有権者の自由な選択を保障することが大事になります。

　ところが、有権者の投票行動に関するさまざまな研究を見渡す限り、AI の登場を待つまでもなく、人々の選択は、権力者の側にいる政治家たちによって多かれ少なかれコントロールされてきたといわざるをえません。世論調査の技術は、選挙の候補者が自分に投票してくれそうな人々の数を把握するための手段として発達してきた歴史があります。また、さまざまな業界団体や労働組合も、その構成員の意見を代弁する一方で、特定の政党への固定票を提供する役割を果たしてきました。

　なかでも特に厄介なのは、メディアの影響力です。選挙の直前に政治スキャンダルが集中的に報道されたり、経済成長率の低下を強調する報道が増えたりすれば、多くの有権者は現政権の業績を全体的に評価するよりも、そうした報道の内容に流されて政府を批判し、近視眼的な投票を行う傾向があるといわれています（Achen & Bartels 2016）。

こうしたことを踏まえて考えれば、人々にとって、AI が民主主義を損なう可能性はそれほど重要な問題ではないのかもしれません。むしろ人々は、これまでの民主主義において、自分たちが政治の主体であるという実感を抱けなかったからこそ、AI を求めるようになっていくのかもしれません。そこでは、AI の問題以前に、民主主義そのものの問題が先にあるのです。

どの要因がより重要だったか

なぜ人々は民主主義よりも AI を選ぶのか。この問いに対して、思想、経済、暴力、制度という 4 つの要因から検討を行ってきました。ところで、この章をここまで読んできたみなさんは、4 つの要因のうち、結局どの要因が最も重要なのかが気になっているのではないでしょうか。実は、どの要因がより大きな影響をもつかは、時代によって、あるいは国によって異なります。だからこそ、政治学では比較の視点をもつことが重視されます。

例えば、AI の導入を含む行政のデジタル化は、日本に比べて韓国のほうが進んでいるといわれることがあります（2020 年の経済協力開発機構〔OECD〕のデジタル政府指標で、韓国は 1 位、日本は 5 位）。確かに、デジタル化に対するさまざまな抵抗が生じている日本とは違って、韓国では政府の強力な推進体制のもとで粛々とデジタル化が実現しているように見えます。そして実際、韓国では日本に比べて AI と行政に関する議論も盛んです。

それでは、なぜ韓国では日本に比べて行政のデジタル化が進んでいるのでしょうか。韓国はかつて軍事独裁体制だったから、今でも政府が反対意見を押し切って強力な意思決定を行うことができていると考えれば良いのでしょうか。そういう主張を展開する人は、この章の枠組みでいえば、制度を重視した説明を行っているということになります。

しかし、本当にそうでしょうか。カナダ在住の小説家ウィリアム・ギ

ブソンが 1984 年に発表した SF 小説『ニューロマンサー』（黒丸尚訳、早川書房、1986 年）は、インターネットと AI をテーマとする作品の草分けのような存在ですが、その舞台は日本の「チバ・シティ」でした。このような小説の舞台になるほど、当時の日本は情報技術によって世界の注目を集めていました。それに加えて、行政のデジタル化も他国より格段に進んでいました。しかし、当時の日本の政府が強力な意思決定を行っていたのかといわれれば、決してそんなことはなかったでしょう。

　実際、韓国政府のデジタル化戦略にとりわけ大きな影響を与えたのは、暴力や制度よりもむしろ経済的な要因のほうでした。1990 年代後半、アジア各国は深刻な通貨危機に見舞われ、経済に大きな打撃を受けていました。これをアジア通貨危機と呼びます。この局面で、日本政府と韓国政府は大きく異なる立場に置かれていました。韓国政府は、外貨準備（保有）高が底をつき、国際通貨基金 (IMF) への緊急融資を要請していたのに対し、日本は他のアジア諸国が危機を克服できるように積極的な役割を果たすことを求められる立場にありました。韓国では、アジア通貨危機が日本とは比べものにならないほど、大きな政治的インパクトを生みました。

　韓国政府のデジタル化戦略は、この経済危機によって生まれたものです。韓国が IMF 管理体制下に入った 1997 年から 2001 年までの間、韓国政府は緊縮財政によって大量に発生した失業者への対策の一環として、デジタル化事業を起こしました。なかでも中心となった事業は、公共部門のデータベース構築を進める「情報化勤労事業」です。それまで紙で管理されていた情報、あるいは標準化されていないフォーマットで管理されていたデジタル情報を、統一的な形式でデータベース化して、さまざまな政府機関や民間団体がそれを共同で利用できるようにすることが、この事業の基本的な目的でした。今日、日本政府はデジタル化のもっとも大きな課題の 1 つとしてデータベースの標準化を挙げていますが、韓国でそれが早期に実現できたのは、ある意味、通貨危機が単純労働の担

い手を大量に生み出した結果であるともいえるのです。デジタル化と単純労働との関係について、近年の議論では、AIシステムを構築する際に無数のこまごまとした単純作業が発生していることへの問題提起も行われています (Crawford 2021)。

このように、なるべく多様な要因を視野に入れて、比較を行うことで、政治学はますますおもしろくなっていきます。AIの政治的利用という現象に限らず、みなさんの身の回りで起きているさまざまな政治現象を説明する際にも、ここで紹介した考え方を積極的に用いてみてください。

参考文献
・アバテ、ジャネット、2002、大森義行・吉田晴代訳『インターネットをつくる——柔らかな技術の社会史』北海道大学出版会
・井上智洋、2021、「頭脳資本主義の到来——AI時代における少子化よりも深刻な問題」内田樹編『人口減少社会の未来学』文藝春秋
・ウィナー、ラングドン、2000、吉岡斉・若松征男訳『鯨と原子炉——技術の限界を求めて』紀伊國屋書店
・エドワーズ、ポール、2003、深谷庄一訳『クローズド・ワールド——コンピュータとアメリカの軍事戦略』日本評論社
・オニール、キャシー、2018、久保尚子訳『あなたを支配し、社会を破壊する、AI・ビッグデータの罠』インターシフト
・ズボフ、ショシャナ、2021、野中香方子訳『監視資本主義——人類の未来を賭けた闘い』東洋経済新報社
・谷口将紀・宍戸常寿、2020、『デジタル・デモクラシーがやってくる！——AIが私たちの社会を変えるんだったら、政治もそのままってわけにはいかないんじゃない？』中央公論新社
・バートレット、ジェイミー、2020、秋山勝訳『操られる民主主義——デジタル・テクノロジーはいかにして社会を破壊するか』草思社
・ピンカー、スティーヴン、2020、「科学技術予測と、過小評価される概念の因果的な力」ジョン・ブロックマン編、日暮雅通訳『ディープ・シンキング——知のトップランナー25人が語るAIと人類の未来』青土社
・ポラニー、カール、2009、野口建彦・栖原学訳『新訳 大転換——市場社会の形成と崩壊』東洋経済新報社
・水谷瑛嗣郎、2018、「AIと民主主義」山本龍彦編『AIと憲法』日本経済新聞出版社
・村上陽一郎、2021、『科学史・科学哲学入門』講談社
・Achen, C. H. & L. M. Bartels, 2016, *Democracy for Realists: Why Elections do not Produce Responsive Government*, Princeton University Press.
・Crawford, K., 2021, *Atlas of AI: Power, Politics, and the Planetary Costs of Artificial Intelligence*, Yale University Press.

著者紹介　　**羅　芝賢**（な・じひょん）
　　　　　　國學院大學法学部准教授（政治学、行政学）

　　　　　　〈主要著作〉『番号を創る権力──日本における番号制度の成立と展開』（東京
　　　　　　大学出版会・2019 年）
　　　　　　〈なぜこの学問・この専門分野を志したか〉社会との間で摩擦を感じる人に対
　　　　　　して、その状況を説明する言葉を与えることは、政治学の重要な役割の1つだ
　　　　　　と思います。自分もそうした言葉を与えられて、政治学を志しました。

機械学習と社会科学

　近年では、大量のデータの蓄積とコンピュータの計算能力の著しい向上を背景として、「機械学習」という手法がさまざまな分野で活用されるようになってきました。機械学習とはデータから何らかのパターンを見出したり、未知の状況を予測したりするための手法です。例えば、スマートフォンの顔認証などにも使われる画像認識は、画像の特徴を量的にとらえたうえで、機械学習を利用して対象となる画像のパターンを判別していくものです。翻訳などの場合には、過去に翻訳されたデータを利用して、ある言語での表現に対応すると予測される別の言語での表現が示されることになります。

　このような判別や予測は、すでに存在するデータを利用して行われることになります。既存のデータを分析して予測や分類をする、というのは社会科学でもしばしば行われることですが、機械学習の特徴は予測に特に重点が置かれることだといえます。社会科学の場合は、Part I のColumn 1「社会科学のなかの因果推論」でも説明されていたように、原因と結果の関係を理解すること、何が原因なのかを探求することが重視されることが多いです。因果関係を理解したうえで、原因に働きかけて世の中を変えていこうとすることもできるわけです。しかし機械学習の場合には、何が原因であるかということを問わずに、既存のデータを柔軟に使いながら（学習しながら）結果を予測することが重要になります。原因を特定することよりも、さまざまなデータを組み合わせたり、予測に用いる関数を複雑にしたりすることで、未知の状況を予測する精度を上げようとするわけです。

　柔軟にデータを活用して予測や分類を行う機械学習では、利用可能なデータが多ければ多いほど、その精度が高まることを期待できます。未

知の状況ではあるけれども、それに非常に近い過去のデータが数多く存在していれば、それらを組み合わせることで適切な予測をすることができるようになるのです。機械学習に基づいた特定の状況に対する適切な予測は、インターネットの物販サイトでのおすすめ商品の紹介などから、ゲームでのコンピュータの自動操作、自動翻訳やチャットボックスの回答、顔認証などの画像の判別、さらには自動車の自動運転といった場面でも利用されてきました。最近では、予測や分類が適切かどうかの判断さえも、大量のデータを使うことによって人間ではなくコンピュータに行わせる強化学習（ディープラーニング）の手法が利用できるようになり、さらに精度を高めることも可能となっています。

　私たちの生活でも大きな存在感を示しつつある機械学習ですが、利用にあたって難しい点もあります。その1つは、なぜその予測や分類が行われているのか、必ずしも人間にはわからないという点です。大量のデータがどのように利用され、結果が出力されているのかは「ブラックボックス」の中にあって、それを導く原因のようなものを特定することが難しいからです。そのために、場合によっては基盤になっているデータ自体に潜んでいる何らかの偏りを反映して、とても適切とはいえないような予測や分類が行われてしまうおそれもあります。

　このような機械学習を世の中でどのように利用していくかは、これからの社会科学に共通する課題ともいえそうです。

〔砂原庸介〕

2. 社会学

「データの私」と「生身の私」、どちらが私？ どちらも私？

高野麻子

データと身体の関係を歴史社会学的に考察する

　デジタル技術が現代社会に深く浸透したことで、私たちはオンラインとオフラインが混ざり合う複雑な世界に生きています。スマートフォンの普及にともない、ひとりひとりが 24 時間インターネットに接続され、時間や場所に関係なく SNS によるコミュニケーションやネットショッピングができるようになりました。さらに 2020 年以降の新型コロナウイルスの感染拡大のもとでは、学校の授業や企業の会議をはじめ、医師による診察や感染者の登録・管理等もアプリを利用してオンラインで行われています。自宅のリビングは家族団らんの場という役割を空間的に乗り越え、ときに学校の教室になり、会社のオフィスになり、病院の診察室になるのです。これまで物理的に場所を移動しなければできなかった活動は、インターネットに接続さえできれば、どこにいようとも画面越しに可能になりました。私たちは、具体的な場所に縛られることなく、インターネット空間を縦横無尽に行き来する動的な存在となったのです。

　こうした時空間の変容による新しい生活様式は、私たちの身体そのものにも大きな変化をもたらしています。なぜなら、SNS、メール、ウェブの閲覧、ネットショッピング、ウェアラブル端末での健康状態の測定など、ありとあらゆるオンライン上での活動の痕跡がデータとして蓄積・利用されるなかで、「オンライン上の私」（データによって作られた私）が立ち現れているからです。このオンライン上の私は、「オフラインでの私」（肉体をともなった生身の身体）と結びつくことで、個人の

意思決定や行動に大きな影響を与えています。まさに私たち自身もオンラインとオフラインが混ざり合う複雑な存在になっているのです。

では、私たち自身が複雑な存在になっているとはどのような事態なのでしょうか。つまり、データと身体をめぐって、今何が起きているのでしょうか。そしてそこに問題はないのでしょうか。この章ではこうした問いを、歴史社会学的な視点から考察したいと思います。歴史社会学とは、ある社会現象が起きた経緯を過去にさかのぼって分析する分野です。社会学は複数の人間たちによって形成される社会のメカニズム（社会秩序）やそこに潜む課題を明らかにする学問ですが、研究を進める際には、分析対象となる社会の成り立ちやその社会が抱える課題が生じた背景を考察する必要があります。そのため、社会学はそもそも歴史的な視点を大切にする学問でもあります。

とはいえ、デジタル技術に依拠した現代的な課題を歴史から考えるという提案に、いささか抵抗を感じる読者もいるかもしれません。たしかに冒頭で挙げたデジタル技術による時空間の変容やデータ解析は現代に特有のものですが、個人情報の収集や身体をデータ化する実践は、それ以前から続いています。技術や方法は異なっていても、身体管理の歴史をひもとくと、その理念や目的に共通性を見出すことができます。つまり、過去との連続と断絶の双方から、現代社会が抱える課題を導き出すのです。この手法は歴史社会学が得意とするところであり、歴史は今という時代を理解するためのヒントをたくさん与えてくれます。

それではこれから、紙の書類、統計調査、生体認証技術、人類学的実践など、さまざまな身体管理の歴史をたどりながら、データと身体との関係性について探っていきましょう。

近代的統治における「知る」実践

そもそも個人にかかわる情報の収集・利用は、今に始まったことではありません。それはコンピュータ技術の登場とはほど遠い近代の国民国

家形成や植民地統治、ひいては帝国形成期にまで遡ることができます。で
は、誰が誰のどのような情報を収集し、何に利用していたのでしょうか。

　阪上孝は『近代的統治の誕生』のなかで「近代的統治は行政の合理化
を意味しているが、そのためには、国家の現状を正確に知ることが不可
欠である」（阪上 1999：1）と述べています。つまり近代において、国家は
労役・徴税・徴兵・教育・衛生などのために、氏名、生年月日、性別、
住所、家族関係といった国民ひとりひとりの情報を収集する必要があり
ました。税金を誰からどれだけ徴収すべきか、徴兵の対象となる年齢の
青年や、義務教育を受ける資格のある子どもがどこに住んでいるのかと
いった情報は、行政事務を遂行するうえで不可欠でした。国によって名
称は異なりますが、住民登録制度や戸籍制度をはじめ、出生届、婚姻届、
死亡届など、目的別に紙の書類の提出を国民（住民）に義務化し、その
情報にもとづいて、目的に応じた身分証明書類の発行が行われてきまし
た。統治者側が住民の現状を「知る」ために、領土内の個々人の情報を
収集する必要があったのです。

　そして、収集された情報は個人を知るために利用されるだけでなく、
領土内全体（集団）の特徴を知るためにも利用されました。領土内の総
人口を数え上げ、男女比や年齢分布を算出することで、領土内の住人の
集団的特徴を数字やグラフで表せるようにしたのです。さらに詳細なデ
ータを収集するために、各国で国勢調査（センサス）が実施され、それ
を分析するための統計調査の技法も発展しました。集団を客観的な指標
に置き換えることで、時系列的に領土内の変化を読み取ったり、他国との
比較によって自国の現状を認識することができるようになったのです。

　現在でも各国政府は各種届出の義務化や国勢調査にもとづく統計調査
を実施していますし、学校を例にとっても、各学生に出席番号や学籍番
号を割り振り、この番号に氏名、生年月日をはじめ、出席状況や成績等
の情報を紐づけしています。これらの各学生の情報を収集・管理しなけ
れば、学校という組織は機能しません。今も昔も、複数の人間が住まう

社会を秩序づけていくために、個人の情報を収集し、管理することは必要なことなのです。

データ化される身体

しかし住民の現状を「知る」実践は、紙の書類上にとどまらず、しだいに「身体そのもの」に向けられていきます。産業化の進展と交通の発達によって人の移動が盛んになった都市部や、言葉や生活様式が異なる植民地では、住民たちを把握することがより困難になりました。見知らぬものたちが集う場所をどのように管理するのか、そして見知らぬものたちをどう識別するのかが、新たな課題として統治者たちの前に立ちはだかったのでした。具体的には、偽名を使用して移動を繰り返す累犯者、外国からの出稼ぎ労働者、移動を繰り返す生活を送っていた植民地の原住民といった、住所や共同体にもとづく定住生活にない人々でした。かれらが偽名を使おうとも、どこに移動しようとも、言葉が通じなくても必要があれば統治者がいつでもその人物の「正確な」情報を引き出すことができる技術がここに求められました。

そして誕生したのが、生体認証技術でした。現在では、指紋、静脈、目の虹彩、顔、声、歩き方など多様な個人の特徴を利用した技術がありますが、19世紀後半にフランスのパリで最初に実用化されたのは、身長、座高、手の長さなど、体の11カ所を測定して、その数値で個人を識別する人体測定法でした（図1）。この方法が画期的だったのは、身体を数値化し、その数値にもとづいて登録用紙を分類棚に収納しておけば、個人を検索できるという点でした。つまり、身体そのものがデータ化されたのです。

ただし、コンピュータ技術がない時代に体の11カ所を測定することはもちろん、分類・検索もすべてが手作業で行われていたため、時間と手間がかかりました。さらに、この方法は成長期の子どもには使用できませんし、成人であっても加齢や体型の変化によって数値の変動がある

図1　人体測定法による測定風景

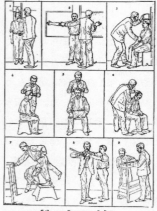

RELEVÉ
ou
SIGNALEMENT ANTHROPOMÉTRIQUE

1. Taille. — 2. Envergure. — 3. Buste.
4. Longueur de la tête. — 5. Largeur de la tête. — 6. Oreille droite. —
7. Pied gauche. — 8. Médius gauche. — 9. Coudée gauche.

（出所）Bertillon 1893.

ため、一生涯その特徴が変わらないという終生不変の特徴をもっていませんでした。そこでもっと簡単で、しかも確実に個人を識別する方法として、次に誕生したのが指紋の終生不変と万人不同（ひとりひとり異なる）という特徴を利用して個人を識別する指紋法でした。現在でも使用されている指紋法ですが、最初に実用化されたのは1897年、イギリスの植民地であるインドでした。広大な土地に膨大な人口を有するインドを統治するに当たって、時間と手間がかかる人体測定法は不向きでした。10本の指の指先に黒いインクを塗って、指紋を登録用紙に写し取り、模様の種類や隆線の数にもとづいて数値化・記号化したものを分類棚に収納することで、身体を検索可能な状態にしたのです。

　インドで指紋登録の対象となったのは、定住生活をせずに放浪生活を送る人々（nomadic people）でした。かれらは羊飼い、商人、吟遊詩人など多様でしたが、イギリスは無差別にこれらのグループを「犯罪部族」として管理の対象としました。その理由は、かれらが実際に犯罪に手を染めていたからではなく、定住をせずに移動を繰り返す人々の管理が難しいことにありました。人体測定法や指紋法とは、統治者にとって理解不能な身体（厄介な人々）を把握可能なデータへと変換する技術だったのです。

識別される「私」の身体

　人体測定法や指紋法によって身体がデータ化され、検索可能な状態に置かれるとはどのような事態なのでしょうか。端的にいえば、個人を「もの」（個体）として識別することを意味します。現在でも指紋、歯、DNA などの身体情報を用いて遺体の身元確認が行われる場合には、言葉を発することのできない遺体の身元を決定するのが医師や警察官に委ねられているのと同様に、それが生きている人間に使用される場合であっても、本人の言葉を介することはありません。つまり、生体認証技術を介して認証される「私」とは、本人が思う自分自身（アイデンティティ）ではなく、あらかじめ蓄積されたデータをもとに他者（認証する側）によって意味づけられ、判断される「私」なのです。

　生体認証技術においては、本人であるか否かを識別するだけでなく、身体の一部を「鍵」として、すでに蓄積されているその個人の情報を引き出し、目的に応じてある行動の許可／拒否の判断を他者が下します。例えば、後発の帝国である日本は、ヨーロッパ諸国による植民地統治を参考にしながら、指紋法を傀儡国家「満州国」で中国人労働者の管理に使用しました。特に労働者の移動が激しい都市部において、1938 年から雇用手続きの際に毎回労働者の指紋照合を行い、指紋に紐づけられている氏名や出身地といった基本的な情報に加え、職歴、渡航歴、犯罪歴といった過去の情報もチェックしていました。そして照合の結果によって、採用／不採用を決定するのです。また労働環境が厳しい職場から逃亡し、偽名を使って別の職場で働こうとしても、すぐに指紋照合によってその事実が明らかになり、元の職場に強制的に連れ戻されることもありました（高野 2016）。

　他者によって判断されるからには、本人が望むとおりの結果の場合もあれば、その逆もあるのです。そのため、誰が何のために誰を識別するのかといった一連の実践には権力が生じますし、ある社会の一部の人々にのみ、この技術が適用された場合、なぜ自分たちだけが物言わぬ身体

として管理されるのかについて、異議申し立てがなされてきました。「満州国」で労働者管理に使用された指紋法は、戦後日本において、外国人登録法のなかに現れます。日本政府は 1955 年に主に在日韓国・朝鮮人を対象とした外国人登録法のもとで指紋押捺（おうなつ）を開始しました。かれらは日本の植民地統治を経て、戦後に国籍選択の機会を与えられることなく日本国籍を喪失し、一律「外国人」として管理の対象となった人々です。崔 昌華（チォエチャンホァ）は自身の指紋押捺の経験から、指紋押捺が「服従のシンボル」であり、指紋を採取される自分たちは「自由のない管理されたドレイ」であると述べています（崔 1986：67）。外国人登録法は在日韓国・朝鮮人にとって植民地主義の継続であるとともに、指紋押捺は差別や抑圧の象徴だったのです。

　とはいえ、この一連の歴史的事実から、生体認証技術は差別や抑圧の道具なのだと結論づけたいのではありません。私たちがインターネット空間を縦横無尽に行き来する動的な存在になったことで、現在、生体認証技術はオンライン上のデータと個人を結びつける鍵としての役割を担っています。この技術を使用してオンラインで購入したチケットの購入者として認証され、無事にコンサート会場に入れたり、スマートフォンから銀行の口座開設ができた際には、認証されたことに安心感を抱くのではないでしょうか。生体認証技術が移動する人を管理する道具として誕生したことからもわかるように、動的な現代社会においてその需要は拡大しているのです。

　ただし繰り返しになりますが、データをもとに他者が「私」を決定する以上、常に自分自身が望む結果にはならない可能性があることに変わりありません。この点については、この章の後半であらためて取り上げたいと思います。

分類・選別される身体

　19 世紀から 20 世紀にかけて、身体をデータ化し、他者が意味づける

実践は、同時に身体の分類・選別へと向かっていきました。現在では、人種という人間の分類方法は生物学的な根拠にもとづくものではなく、社会的に作り出されてきたものであることが明らかになっていますが、19世紀半ばには、頭骨計測や人体計測によって人種を分類して優劣を示したり、脳の容量を計算して人種ごとの知的水準を調べる研究が存在していました。さらに、犯罪人類学という分野が誕生し、身体的特徴をもとに「生まれつきの犯罪者」の存在を明らかにしようとする試みもありました（中谷 2020）。個別の身体から抽出したデータを用いて共通性を引き出し、その共通性をもとに分類した後、それを個人の属性として意味づけようとしたのです。

　遺伝子解析などない時代に、身体的特徴からその人物の特徴を読み取ろうとした試みは頭骨計測や人体計測だけではありません。先ほど、指紋による個人識別についてお話ししましたが、指紋の終生不変と万人不同を明らかにしたイギリスの科学者であるフランシス・ゴルトンは、指紋の種類や特徴から才能の遺伝を調べていました。ゴルトンは、優生学の生みの親でもあり、優秀な人間が増えることで社会が豊かになると考えていました。そこで、指紋の特徴からその人の才能を読み取れるのではないか、才能をもつ者同士をかけ合わせることで、より優秀な人間が誕生するのではないかと予想したのです。実際には指紋と才能に相関はありませんでしたが、その後も各国で身体的特徴から性格、才能、犯罪性などを探る試みは続いていきました。

　20世紀前半に身体を分類する実践がたどり着いた先は、予測と予防を目的とした選別と排除でした。あらかじめ「劣悪」な人間を作り出さず、「優秀」な人間を増やすことで、豊かな社会を作るという優生思想にもとづく政策が各国で実行に移されたのです。例えば、ナチス・ドイツでは、遺伝的疾患をもつ子孫の出生を防止する目的で断種法を制定し、遺伝性の障害や疾患のある人に対して不妊手術（輸卵管や輸精管を縛ったり切除したりして生殖能力を奪う手術）を強制しました。さらに、社

会に「役に立たない」という理由で、重度の障害者や病人を殺害する政策が実施され、20万人以上が犠牲になりました。

　日本においても1948年に施行された優生保護法のもとで、知的障害者をはじめ、特定の疾患がある人々に対して、本人の同意なしに不妊手術が施されました。そして、子孫を残す権利を強制的に国家から奪われた人たちの賠償を求める裁判は、現在も継続しています。「よい社会」を目指すために、他者が個人を価値づけ選別する実践が、究極的な結末をもたらすことを、すでに人類は経験しているのです。

　では、現代においてデータと身体はどのような局面を迎えているのでしょうか。これまでの議論を踏まえたうえで、現代に視点を移していきましょう。

監視社会とは何か

　コンピュータ技術の発達と利用の拡大を背景に、1980年代半ばになると、社会学の分野で、現代社会を言い表す新しい用語として「監視社会」が登場しました。そして21世紀を迎える頃には、インターネットが人々の日常生活に深く浸透し、さらに2001年のアメリカ同時多発テロを契機に、世界各地の空港や都市における監視が拡大したことで、監視社会という認識が社会全体に広がっていきました。ここでの「監視」とは、もちろん人間の目で誰かを見張ることを意味しているのでなく、デジタル技術を通じて収集されたデータを何らかの目的で、調査、分析することを意味しています。

　この章のこれまでの議論を踏まえると、技術的な差異を除けば、近代以降ずっと監視社会だといえるのではないかと考える読者もいるかもしれません。その指摘はもっともだといえます。ただし、近代以降続いている「監視」にあえて「社会」をつける理由について、社会学者のデイヴィッド・ライアンは「監視社会ということが言われるのは、これまで国民国家や政府に限られてきた監視活動が、社会のあらゆる部門（セクター）に浸透

するに至ったという意味においてなのである」（ライアン 2002：55）と説明しています。たしかに、かつて個人の情報を収集・利用していたのは主に政府機関でしたが、現在は民間企業を中心に監視する側が拡大しています。さらにスマートフォンが普及し、SNS が登場してからは、これまで主に監視される側であった人々が、自主的に自分自身の情報を公開するようになりました。かれらは監視されるだけでなく、積極的に監視に参加する存在になりました。こうした近年の状況をライアンは監視社会の次の段階として、「監視文化」と名づけています（ライアン 2019）。

　現在、世界中の人々が監視に参加するなかで、グーグル、アップル、フェイスブック（メタ）、アマゾンといったプラットフォーム企業（プラットフォーム企業とは？ ☞ Part Ⅳ_3. 法学）は、ユーザーが生み出す膨大なデータを資源として富を産出するようになりました。まさにショシャナ・ズボフがいう「監視資本主義」の登場です（ズボフ 2021）。ただし、民間企業による監視の拡大と新たな富の産出形態が、これまで論じてきたような国家による監視の縮小を意味するわけではありません。2001 年のアメリカ同時多発テロを契機にテロを予測・予防するために導入されたUS-VISIT（生体認証を用いた入国管理システム）は、個別の目的で収集された 20 以上のデータベースに依拠しているといわれていますし、アメリカ国家安全保障局(NSA)の職員であったエドワード・スノーデンは、2013 年、アメリカ政府が民間企業を通じてあらゆる人のメール、通話、ネットの検索履歴などの情報を収集・利用している事実を暴露しました。そして、2016 年にはイギリスの政治コンサルティング会社であるケンブリッジ・アナリティカ (CA) が、個人のフェイスブックの情報を利用して、イギリスの EU 離脱に関する国民投票、そしてアメリカの大統領選挙の投票行動を操作したという衝撃的な事件が起きました。このように、国家は民間企業との協力関係のもとで監視を継続しています。そしてそこにはプラットフォーム企業が中心となって収集したビッグデータと呼ばれる膨大なデータとそれを解析するアルゴリズム（計算方法）が

存在します。

オンライン上のデータと生身の身体

　身体管理の歴史において、現代の決定的な新しさは、データの収集、処理能力の飛躍的な発展です。「満州国」の労働者管理の事例では、紐づけされているデータは、氏名、年齢、生年月日、出身地、犯罪歴、渡航歴、職歴といった限られた情報でした。それにもとづいて、個人の識別や雇用の許可／拒否の判断等が下されていました。しかし現在はビッグデータという名のとおり、私たちの日常のすべてともいえる情報が、リアルタイムで自動的にインターネットを通じて収集されています。そしてある商品を買う可能性、ある病気にかかる可能性、テロを起こす可能性などが算出されています。この膨大かつ詳細なデータは「私」以上に「私」のことを知る存在となり、生身の身体に大きな影響を与えるようになりました。しかし、データは常に客観的で公平な結果を導き出すのでしょうか。

　これまでも、他者によって意味づけられ、判断される限り、不利益を被る可能性があると指摘しましたが、現在はそのプロセスが非常に複雑化しています。例えば、海外旅行に出かけ、入国審査の指紋認証で、あなたはテロを起こす可能性があるといわれて入国を拒否された場面を想像してみてください。私はテロなど計画していないしまったく身に覚えがないと自分の言葉で入国審査官に説明をしても、聞き入れてもらえないでしょう。データの解析によって、あなたは危険人物なのだと判断されてしまえば、その結果を覆すことは容易ではないのです。しかし、実際には、どこで収集されたどのデータが、どのようなアルゴリズムで解析され、その結果を誰が何の目的で使用するのかといった一連のプロセスは不透明です。そして、あらゆる場面で収集されたデータを組み合わせて解析が行われる際に、人種、ジェンダー、宗教、出身国、病気、障害といった、差別や排除を生み出すカテゴリーが、どの程度その結果に

影響しているのかを私たちは知らされることがありません。これによって差別の構造そのものが見えにくくなり、いったい何が原因で、ある一部の人々が不利益を被っているのかがわかりづらくなるのです。

　さらに近年特に問題視されているのは、ビッグデータが予測や予防に使用されるだけでなく、個人の考えや行動の変容を促すことへと利用されている点です。先の例にも挙げた2016年のCAによる投票行動の操作は、それを象徴する出来事でした。CAは個人のフェイスブックの情報を利用して、膨大なデータを入手しました。その結果をもとに人々をグループ分けし、それぞれに応じた政治広告を流しました。この方法によってドナルド・トランプを支持していなかった人物の行動を操作・誘導して、トランプ支持へと変えたのです（ワイリー 2020）。この方法は非常に巧妙です。なぜなら、行動を操られた本人は、誰かに強制されたと思うことなく、むしろ自分の「意思」で投票したと信じているからです。しかし実際にはその背後に、政治的な思惑と企業の利益がありました。元CA社員による内部告発によってこの事態が明らかになると、民主主義を根底から揺るがす出来事であると同時に、私たちの意思が気づかぬうちに操作されている事実に世界中が恐怖し、危機感を募らせました。

　行動修正、つまり、欲しいと思っていなかった商品を欲しくなるように、あるいは支持していなかった政党の候補者に投票するように、個人の行動が変えられていくのです。現在、私たちの身体は意味づけられる、つまり客観化して他者が知るという段階をはるかに超えています。他者が作ったアルゴリズムで解析された結果（オンライン上の私）を引き受け続けたその先に、どのような未来が待っているのでしょうか。今こそ、どう生きていきたいのか、そしてどのような社会に生きていきたいのかといった根源的な問いが突きつけられているのです。

歴史から考える

　では、私たちは何をすべきでしょうか。最も重要なことは、データの

使用方法に関して、きちんとした取り決めを行っていくことです。インターネットの世界は移ろいやすく、すぐに無法地帯が生じるといわれますが、それでも法を整備してルールを明確化する必要があります。ルール作りには、ひとりひとりがどのような社会に生きていきたいかを考えること、そしてその考えをあらゆる世代や立場の人々と共有して、より具体的な構想に練り上げていくことが重要になります。そしてそのプロセスにこそ、歴史的な知が必要だと私は考えています。

　身体管理の歴史をたどることで、誰がどのような目的で個人情報を収集・使用してきたのか、そこで誰がどのような不利益を被ったのかについて理解し、過去の過ちを決して繰り返さない方法を、私たちが模索していく必要があります。現代が抱えている課題は、近代が積み残した課題でもあるのです。この章でも取り上げたように、一世紀以上前から、個人の身体情報を用いて個人を分類し、選別し、価値づける実践が存在していました。そしてその結末は恐ろしいものでした。いつの時代も私たちは「よい社会」を目指しています。しかしそれが誰にとってのよい社会なのかを、きちんと精査しなければなりません。決して一部の人間の利益を優先させる社会であってはいけないのです。

　近年、身体管理への関心はより身体の内奥に向かっています。端末の小型化によって、生体認証技術やウェアラブル端末のその先、つまり体内へのマイクロチップの埋め込みや、飲み込むタイプのセンサーなどの開発が進んでいます。そこで収集された個人の心理状態や健康状態という究極の身体情報を、国家や企業が自由に使用することを許してはなりません。そのために、今私たちが選択すべきことについて歴史はたくさんのヒントを与えてくれます。そして歴史から現代を眺める歴史社会学という学問の重要性はここにあると思います。ぜひ過去を参照しながら、想像力をもって未来のよりよい社会について考えてみましょう。

参考文献

・阪上孝、1999、『近代的統治の誕生──人口・世論・家族』岩波書店
・ズボフ、ショシャナ、2021、野中香方子訳『監視資本主義──人類の未来を賭けた闘い』東洋経済新報社
・高野麻子、2016、『指紋と近代──移動する身体の管理と統治の技法』みすず書房
・崔昌華、1986、「指紋のクサリを断ち切る──裁かれる日本人」在日大韓基督教会指紋拒否実行委員会編『日本人へのラブコール──指紋押捺拒否者の証言』明石書店
・中谷陽二、2020、『危険な人間の系譜──選別と排除の思想』弘文堂
・ライアン、デイヴィッド、2002、河村一郎訳『監視社会』青土社
・ライアン、デイヴィッド、2019、田畑暁生訳『監視文化の誕生──社会に監視される時代から、ひとびとが進んで監視する時代へ』青土社
・ワイリー、クリストファー、2020、牧野洋訳『マインドハッキング──あなたの感情を支配し行動を操るソーシャルメディア』新潮社
・Bertillon, Alphonse, 1893, Identification anthropométrique: Instructions signalétiques, Nouvelle éd., Imprimerie administrative.

著者紹介　　**高野麻子**（たかの・あさこ）
　　　　　　　明治薬科大学薬学部准教授（歴史社会学）

　〈主要著作〉『指紋と近代──移動する身体の管理と統治の技法』（みすず書房・2016 年）、『応答する〈移動と場所〉──21 世紀の社会を読み解く』（伊豫谷登士翁／テッサ・モーリス＝スズキ／吉原直樹編、分担執筆。ハーベスト社・2019 年）
　〈なぜこの学問・この専門分野を志したか〉大学 2 年生のときに、アメリカ同時多発テロが起きました。この出来事を境に日本を含め世界中の空港や都市部の監視が強化されました。急激に変わる街の風景に戸惑いながらも、その変化にあっという間に慣れていく自分自身に危機感を覚え、いま、社会が直面している課題について知りたいと思ったことが大学院に進学したきっかけでした。

「データの私」と「生身の私」、どちらが私？ どちらも私？

3. 法学

人工知能（AI）とデータの時代の法律学とは？

小塚荘一郎

テクノロジーと法律の関係

　テクノロジーの発展が注目を集める分野の1つに、人工知能（AI）があります。AIの研究は、実は、50年以上前から行われてきたのですが、さまざまな場面で実際に使われる事例が増えたため、広く知られるようになりました。

　AIという言葉は非常に抽象的なので、映画などに出てくるようなアンドロイドが独自の意思を持って動き出すといったイメージになりがちです。そのような未来もいつかは来るかもしれません。しかし、いま応用が進められているAIは、そういうものと違い、製品やサービスの中に組み込まれているプログラムです。パソコンやスマートフォンで入力をするとき、持ち主がよく使う言葉や、その時にトレンドになっている言葉が変換候補として表示されますが、それは、AIが入力事例を学習しているからです。Uber Eatsなどのフードデリバリーサービスでは、AIが近くにいる配達員を見つけてマッチングしてくれますし（こうしたシステムが生産性を上げる効果については、☞ Part IV_4. 経済学）、各国で開発が進む自動走行の自動車は、AIの判断で障害物があればスピードを落とし、急に飛び出してきた人や物体を把握するとブレーキをかけます。企業のウェブサイトで「お困りのことはチャットでご質問ください」と書かれているとき、「中の人」は人間ではなくAIということも増えてきました。

　こうしたAIの開発に関して、「テクノロジーの発展に対応して法律の整備も期待される」などといわれることがあります。よく聞いてみると、

それには、2つの場合があるようです。1つは、AIを使って実現できそうなことが、これまでの法律では禁止されているという場合です。例えば、レベル5と言われる完全な自動走行の自動車は、現在の法律のもとでは道路を走らせることができません。道路交通法という法律が「車両等の運転者は、当該車両等のハンドル、ブレーキその他の装置を確実に操作し、……」などと規定しているため、実験という扱いの場合を別として、自動車は「運転者」がいて、その「運転者」がハンドルやブレーキを操作する状態でなければ、道路を走らせることは許されないからです。

　それとはまったく逆に、AI開発の最前線に立つ技術者の方から、何が許されて何が許されないのか、法律ではっきりと決めてほしいといわれることも多くあります。適法性がはっきりしないグレーな状態では、会社内で研究開発の予算が認められなかったり、ベンチャー企業を立ち上げようとしても投資がつかなかったりするという問題があるからです。

法律学の考え方

　法律学の側からみると、AI技術の発展に対して、まず、テクノロジーに対応した法律を作るということが課題になります。法律学では、どのような法律を作るべきかという議論を「立法論」と呼んできましたが、政策課題としては「制度改革」「規制改革」といった言葉も多く使われます。それと同時に、AI技術によって生み出される製品やサービス、さらにいえば新しい社会のあり方などについて、法律を使って評価をすることも求められます。特に、法律は抽象的、一般的に書かれていますので、それを具体的な場面に当てはめるためには、法律に書いてある内容を「解釈する」という作業が必要になります。法律学の中でも「解釈論」と呼ばれ、大学の法学部や法科大学院で、中心的に教えられている部分です。

　その先には、AIが高度に発展すると、そもそも法律は必要とされな

くなるのではないかという問題が潜んでいます。法律でルールを決めなくとも、さらにいえば、法律がどのようなルールを決めたとしても、テクノロジーですべての解決が与えられてしまうようになれば、法律は関係がなくなりそうだからです。逆にいえば、AI の時代の法律について考えていくと、そもそも何のために法律が必要なのかという問題に行き着くことになります。日本の大学の法学部では「基礎法学」と呼ばれてきた分野ですが、この章の最後に、そうした根源的な疑問にも触れてみたいと思います。

巨大プラットフォームと二面市場

　現代の経済はプラットフォーム企業に支配されているといわれることがあります。グーグル、アマゾン、フェイスブック（現在の社名はメタ）、アップルという巨大プラットフォーム企業の頭文字をとった GAFA という言葉も、よく知られるようになりました。これらの 4 社は、すべてアメリカに本社を置くグローバル企業ですが、中国にはバイドゥ、アリババ、テンセントというプラットフォーム企業があって BAT と呼ばれています。BAT のプラットフォームもアジアでは広く日常生活に浸透しています。

　名前はよく知られていても、プラットフォーム企業は何をしているのか、イメージがつきにくいかもしれません。「プラットフォーム」は、さまざまな活動の「土台」あるいは「場」を提供するというサービスです。検索やメール、アプリのダウンロード、買い物、投稿など、GAFAや BAT が提供するサービスに共通する要素は「場」を通じてつながるということで、それがプラットフォームの本質だといえます。そして、プラットフォームは、ユーザーがいちばん関心を持つ対象とマッチングすることで、ユーザーの満足度を高めようとします。「関心を持つ対象」は、商品やアプリのこともあれば、知りたい情報であったり、癒される画像であったりもします（マッチングの仕組みを選挙の投票に応用した事例につ

図1　デジタルプラットフォーム

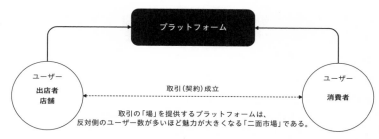

いては、☞ Part IV_1. 政治学、Part IV_2. 社会学）。そのようなマッチングを可能にするテクノロジーは AI 技術です。プラットフォームをユーザーが使うと、その履歴が AI の学習するデータとなり、巨大プラットフォーム企業の AI 技術はますます精度を高めていくのです。

　プラットフォームの特徴として、一方のユーザーの数が多いほど反対側のユーザーが増えるという点があります（**図1**）。例えば、飲食店を検索するグルメサイトを考えると、掲載されている店の数が多いサイトと少ないサイトがあれば、ほとんどの人は掲載された店の数が多いサイトを使うでしょう。投稿サイトでもユーザーの数が少ないと、コンテンツも限られてしまいますし、自分が投稿したコンテンツを見てくれる人数も伸びないので、しばらくすると飽きてしまいます。企業の側からみても同じことで、飲食店にとってはユーザーが多いグルメサイトに掲載してもらうことが有利になり、商品を売りたい企業は消費者がよく使う通販サイトに出店しようとします。それぞれのユーザーからみて反対側のユーザーの数が多ければ多いほどプラットフォームの魅力が大きくなるというこの特徴を指して、「プラットフォームは二面市場である」といわれます（林 2019）。

新しい法律によるプラットフォームの規制

　この「二面市場」としての特徴から、巨大化したプラットフォームの

問題が発生します。ユーザーの数が多ければプラットフォームを利用したいという企業や飲食店も増えるので、そうした企業や飲食店に対して、強い立場に立つプラットフォームからいろいろな要求が出されることがあるのです。実際にも、通販プラットフォームが一定の金額以上の取引については送料無料にしようと決め、注文金額が基準を超えると、自動的に「送料無料」と表示されるようにしようとしたことがありました（小川 2020）。もちろん、運送会社には誰かが運送料を支払わなければなりませんから、これは送料を出店企業が負担するように強制することを意味します。

　プラットフォームの側では、出店企業に対して「お願い」をしただけで強制はしていないというかもしれません。実際の事件でも、出店企業から反発があり、申し出があれば「送料無料」の表示を出さないという仕組みも提案されたようです。しかし、「お願い」に応じないと不利益に取り扱われるのではないかと、出店企業は不安になります。例えば、消費者は検索結果を下位までずっとスクロールしたうえで選択するのではなく、上位の限られた結果だけで行動することが多いので、「お願い」に応じた企業を検索結果の上位にもってくるという扱いがとられるかもしれません。ほかにも、支払い手段としてプラットフォームが提供するサービス（Apple Pay、Google Pay など）の利用の義務づけや、アカウントの停止などをめぐって不満が述べられてきました。

　このような問題は AI 技術を駆使する巨大プラットフォームという新しい経済現象から生まれたものなので、そうした状況にふさわしい法律を作ることで解決することになりました。その結果として作られた法律が「特定デジタルプラットフォームの透明性及び公正性の向上に関する法律」です。この法律のもとでは、政府（経済産業大臣）が、特に巨大な力を持っていて規制の必要があると認められるプラットフォームを「特定デジタルプラットフォーム」として指定し、そのように指定された特定デジタルプラットフォームには、出店企業に対して取引条件を開

示する義務が課されます。開示しなければならない取引条件としては、出品（取引）禁止とする場合の判断基準、プラットフォームが提供するサービス（支払いシステムなど）との「抱き合わせ」の有無とその理由、購入者（一般利用者）が検索をした場合の表示順位の決定方法などが法律で定められています（5条2項）。現在までに、「総合物販オンラインモールの運営事業者」、「メディア一体型広告デジタルプラットフォームの運営事業者」などの事業形態を区分して、数社が特定デジタルプラットフォームとして指定されています。

　特定デジタルプラットフォームに指定されても、法律に書かれている取引条件について開示義務が課されるだけで、それらの行為が禁止されるわけではないという点も、注目されます。例えば、消費者被害を引き起こすような問題のある企業や違法な商品を取り扱う企業をAIで検知し、プラットフォームから排除することは、消費者にとっては望ましいことです。「プラットフォームは出店企業に対して出品禁止（取引禁止）をしてはならない」という法律を作ってしまうと、そうしたこともできなくなってしまいます。そこで、特定デジタルプラットフォームに負わせる義務を取引条件の開示にとどめて、プラットフォームが透明性を向上させ、出店企業と消費者の両方に対する信頼を競い合うような制度を作ったわけです（安平2021）。

民法にはないデータの「売買」

　AIはコンピュータ・プログラムであるといっても、すみずみまで人間がプログラミングするわけではありません。現在、主流になっているAIは、機械学習（☞ Part IV_Column 3）と呼ばれる仕組みを利用しており、AI自身がデータを学習してプログラムを発展させていきます（新田ほか2020）。わかりやすいたとえを出すと、「ありがとうございました」と入力されたら「どういたしまして」と答えるというプログラムを組む代わりに、チャットの会話例を大量に学習させ、「ありがとうございました」

の次には高い確率で「どういたしまして」が発言されるという関連性を
AI が発見し、実際に人間のユーザーが「ありがとうございました」と
チャットに書き込んだ場合に「どういたしまして」と答えるようになる
ということです。

　そこで、AI の実用化が進む時代には、AI に学習させるデータを大量
に持っている国や企業が有利になります。そのことを、重工業が発展し
た 20 世紀には石油が重要な資源であったことになぞらえて、「データ
は新しい時代の石油だ」という場合もあります。すると、AI を開発す
る企業が、AI に学習させるデータをいろいろなところから買い集めよ
うとして、その結果「データの売買」の取引が行われるようになります
（こうした取引に対する否定的な見方については、☞ Part IV_1. 政治学）。

　ところが、「データの売買」という取引は、現在の法律の中にはあり
ません。法律の中でも最も基本的なルールを定めた「民法」には売買契
約に関する条文がありますが、民法でいう売買契約は、「財産権の移転」
を内容とした契約を意味するとされているからです（民法 555 条）。典型
的な財産権は「物」（形のあるモノという意味で「有体物」といわれます）
の所有権ですが、データには形がなく、その意味で「物」（有体物）で
はないので、データには所有権が認められません。その結果、「データ
の売買」は民法でいう「売買」に当たらないということになります。

　それならば、民法の規定をうまく解釈して、データの売買も売買契約
に含まれると考えればよいのではないかと思うかもしれませんが、そう
ともいえない事情があります。物の売買の場合、その本質は、売り手か
ら買い手にその物が引き渡されることです。ところが、形のないデータ
の場合、買い手は元のデータをコピーするだけで、元のデータは売り手
の手元に残っています。つまりデータは、売買が行われても「移転」す
ることができないのです。財産権の移転は、民法が規定する売買契約の
本質ですから、データの「売買」は民法でいう売買契約とはまったく別
の契約だということになります。その契約の内容をきちんと説明すると、

元のデータをコピーし、それを使う権限を認めてもらうという取引であり、それは、データのライセンス契約(法律用語では使用許諾契約)になります。

　ライセンス契約は、民法にまとまった条文を置いて規定されている契約ではありませんが、そのような契約を売り手と買い手の間で取り決めれば、それも有効な契約として認められます(このことを「契約自由の原則」といいます)(民法 521 条)。もっとも、契約の内容を自由に取り決めればよいといっても、データ取引は新しい種類の取引なので、人によってイメージが大きく違い、契約のたびに一から交渉しなければならず苦労するという可能性もあります。そこで、アメリカとヨーロッパの法律家からなるグループが、データ取引の特徴を議論して条文形式にまとめ、「データ・エコノミーのための原則」を作りました(森下 2022)。

データの取引で問題になるプライバシー

　物の取引とデータの取引の違いは、売買契約かライセンス契約かという契約類型の違いだけではありません。売買契約の買い手は、物を買った以上、基本的にはそれをどのように使うことも自由にできます。大切に使うだけではなく、すぐに忘れて放っておくことも、壊してしまうことも、自由です。名画を買った人がそれに火をつけて燃やしたら、社会的に非難されるかもしれませんが、法律的には、お金を出して自分の所有物にした物を自分で処分しているだけなので何の問題もありません。民法の「売買は、当事者の一方がある財産権を相手方に移転することを約し、相手方がこれに対してその代金を支払うことを約することによって、その効力を生ずる」(555 条)という規定には、そのような意味が含まれています。

　ところが、データ取引の場合、購入したデータの中に、人に関係したデータが含まれていると、データの利用に当たってその人のプライバシーを考えなければなりません。AI 製品の利用について消費者にアンケ

ート調査を行ってみると、使わない理由・使いたくない理由の上位には、データの取り扱いに対する不安が挙がります。データの利用に関して、多くの消費者はプライバシーの問題を懸念しているのです（こうした懸念の背景については、☞ Part Ⅳ_2. 社会学）。データ取引の側からいうと、データの「買い手」は、購入したデータ（正確にいえばライセンスを受けたデータ）の利用に際して、プライバシーに関するルールを守らなければならないということになります。

　データの利用から生ずるプライバシーの問題に対して、世界で最も強く問題意識を持っているのはヨーロッパです。EU では、すべての EU 加盟国に適用されるルールとして一般データ保護規則 (GDPR) を作り、「データ主体」がデータの利用や移転に対してコントロールする権利を持つという制度を導入しました（宮下 2021）。「データ主体」という言葉は、あるデータについてプライバシーを主張できる人を指します。日本でも GDPR と同じレベルのプライバシー保護を実現するために個人情報保護法が改正されており、中国にも「個人信息保護法」という法律ができています（「信息」とは中国語で情報の意味）。また国レベルではそうした法律がないアメリカでも、カリフォルニア州などは州の法律として「消費者プライバシー法」という法律を作りました。

データをコントロールする 2 人の権利者

　しかし、「データ主体」がデータ（個人情報）をコントロールする権利を持つということになると、データ取引を通じて「買った」（ライセンスを受けた）ものは何だったのかということになります。1 つの例を挙げれば、AI によってレントゲン写真から病気を早期発見するシステムを開発するためには、医療機関で過去に患者を診察した時のカルテやレントゲン写真を AI に学習させなければなりません。そのために、システム開発企業は病院からデータを購入するわけですが、購入したデータは患者の個人情報なので、個人情報の取り扱いに関するルールの範囲内

図2　データの取引とコントロール

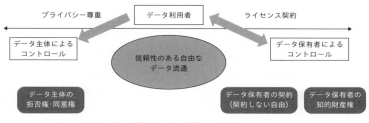

・データの取引は、データ保有者とデータ主体の両者からコントロールを受ける。

でしか利用ができないということです。病気に関する情報は、個人のプライバシーと関係する程度が高いということで、日本の個人情報保護法では「要配慮個人情報」として、特に厳しいルールが適用されます。物の売買契約で、買い手が買った物をどのように使っても自由であることに比べると、データの取引は大きく違います。

　このようなデータ取引の特性は、データの場合、物とは違ってコントロールする権利者が2人いると考えれば、よく理解できます（**図2**）。一方には、データを持っている人（データ保有者）がいます。データの取引をする場合、「売り手」になるのはこのデータ保有者です。形がなく、物のように移転することもできないデータについて、データ保有者はどのようにしてコントロールできるのかという疑問があるかもしれませんが、データ保有者は、合意がない限り自分の持つデータを誰かにコピーさせる必要はありません。この「ライセンス契約を結ばない自由」がコントロールのもとになります。

　もっとも、国によっては、物に対する所有権と似た権利として、データについての知的財産権が認められることもあります。日本の法律はデータそのものに知的財産権を認めず、データの配列が工夫されている場合に、その配列のオリジナリティについて著作権を認めるだけですが、EUでは、資金や労力をかけて作り上げたデータベースには「データベ

ース権」という知的財産権が発生することになっています。

　データ保有者の反対側には、データについてプライバシーを主張できる人（データ主体）がいて、個人情報保護法などの法律によって利益を守られています。データ主体の権利は、強く保護される場合には、同意しない限り利用させないという権利（拒絶権）となります。データ保有者の「契約を結ばない自由」と同じように、データ主体も「同意しない自由」を通じてデータの利用をコントロールできるわけです。

データの信頼性の確保

　データ取引は、このようにコントロールする権利者が2人いるため、物の取引よりも制約が多く、それだけ不自由になります。しかし、それは必要な不自由さだと考えられます。なぜなら、データは形を持たないので、それが信頼できるデータかどうかということが常に問題となるからです。AIがデータを学習するときには、そのデータに統計的な偏り（バイアス）がないように注意しなければ学習の結果が歪められてしまいます（データのバイアスについては☞ Part IV_4. 経済学）。データを利用する側から言えば、偏りのない良質なデータを確保するために、データの出所をきちんと確認しなければなりません。もちろん、プライバシーを無視して収集されたデータが研究開発に使われても、テクノロジーに対する社会の信頼が失われます。このような意味で、データ取引は「信頼性のある自由なデータ流通」（data free flow with trust：DFFT）でなければならないということが、一般的にいわれています。それを実現するために、法律学は工夫を重ねているのです。

自動的に実行される契約

　テクノロジーの進歩が一層進むと、法律の執行や契約の実行を自動化することも視野に入ってきます。AIが裁判官に代わって事件に対する法律的な判断を下すという「判決予測システム」（いわゆる AI 裁判官）

の開発に挑戦するプロジェクトも進められていますが、それは、実現したとしても、もう少し将来のことでしょう (山田 2022)。しかし、契約を自動的に実行する「スマートコントラクト」というシステムは、すでに存在しています。

　スマートコントラクトは、ブロックチェーンと呼ばれるコンピュータ・ネットワーク上で取引を実行するためのシステムです。それ自体はAI を使わないものもありますが、AI と組み合わせていろいろなサービスを展開することが期待されます。例えば、フランスの保険会社 AXA は、飛行機のフライトが遅延した場合に乗客が請求手続をしなくとも自動的に保険金が支払われるシステムを実験しました。空港などが公開するフライト情報を機械的に収集して遅延がどの便に発生したかを把握したのですが、その部分には AI が使われていたと思われます。また、冷蔵庫の中にセンサーを取り付けて AI と接続し、その家庭でいつも買っている食品が切れていたら自動的に発注してくれるという「スマート冷蔵庫」なども売り出されていくことでしょう。

ハッキング被害の後始末

　スマートコントラクトが実行されるブロックチェーンも取引のプラットフォームですが、そうしたプラットフォームの 1 つに、The DAO というシステムがあります。この The DAO がつくられたばかりの頃、ハッキングの被害にあって、大量のトークンが流出してしまいました。トークンというのは、スマートコントラクト上の投資対象のことです。同じような仕組みの「仮想通貨」（現在の法律ではこの言葉を使わず、「暗号資産」と呼びます）はよく知られていますが、「仮想通貨」はお金をブロックチェーン上に置いたもので、それに対して株式や商品をブロックチェーン上に置いたものが「トークン」だといってもよいかもしれません。トークンの中でも、ブロックチェーン上に 1 つしか存在しないことが証明されたものは NFT (non-fungible token) と呼ばれ、注目されて

います。

　ハッキングの被害にあった The DAO では、関係者の間で対応を協議しました。そして、流出したトークンを技術的に「なかったこと」にするという方法が考え出されました。仮想通貨とかトークンといっても、形のある「物」ではなくデジタルデータにすぎないので、ブロックチェーンにつながっているコンピュータが共通に使うソフトウェアに認識される必要があります。逆にいえば、ソフトウェアを変更すれば、取引対象を追加したり、変更したりすることもできます（このことを「ハードフォーク」と呼びます）。これまでのトークンがトークンとして認識されないようにソフトウェアを変更してしまえば、変更時点で存在していたトークンは「なかったこと」になるわけです。この方法で、ハッキングによって流出したトークンを無効にしたうえで、あらためて、ハッキング直前の権利者全員に新しいトークンを配布し、何ごともなかったかのように取引が再開されました（林 2017）。

　この解決は、一見、素晴らしいアイディアのようにみえます。しかし、それは流出したトークンを持っている人がハッキングの実行犯かその仲間で、いずれにしても権利を奪われても仕方のない「悪い人」だという前提に立った場合の話です。本当にそうだったのかは、今となってはわかりません。ハッキングの犯人がトークンの一部を売りに出し、そうした事情を知らずに買ってしまった投資家もいたかもしれません。仮にそのような投資家もいたとすれば、自分が持っていたはずの財産を一方的に取り上げられたということになります。

法律学は不要になるのか

　最大の問題は、このような解決が法律によらず、システムの変更（ハードフォーク）によって実行されたという点です。技術的な解決が、法律による解決に置き換わってしまったことになるからです。技術的な解決を考えるときには法律の専門家に意見を聞くかもしれませんが、現在

の法律をふまえた意見がどこまで取り入れられるかはわかりません。また、この解決に不満を持った投資家などが裁判所に訴えようとしても、それにはいろいろなハードルがあります。ブロックチェーンはサイバー空間にあり、いろいろな国の人たちが参加しているので、どこの国の裁判所に訴えたらよいか、トークンに対する権利があるとしてもどこの国の法律にもとづいて認められるのか、といったことがはっきりしないからです。ブロックチェーンやスマートコントラクトはそういうものだと割り切って、システム上に裁判所の役割をする「紛争解決機関」を作り、そこで判断した結果は自動的に（それこそスマートコントラクトを利用して）実現すればよいという人もいますが、「紛争解決機関」の判断はどこの国の法律家が行うのか、それとも「AI 裁判官」の判断にゆだねられるのかといった疑問が残ります（小塚 2021）。

　ここでは、「法律」とか「裁判所」は、私たちの社会にとってどうしても必要なものかということが問われているといえます。国会が制定した法律でなくとも、法律家の資格を持った裁判官が判断しなくとも、どこかで明確なルールが決まっていて、クレームを受け付ける苦情処理システムがあれば十分だという考え方は、1 つの割り切りかもしれません。ただ、これまでの法律学が対象としてきた「法」は、古代ローマに生まれて 2000 年以上の歴史を持つといわれています。古代ローマから現代まで、さまざまな科学技術の進歩がありましたが、法と裁判のシステムは維持され、むしろ古代ローマと直接のつながりがない日本などにも広がってきました。それを、AI の発展やデータ社会の出現によって、あっさりと捨て去ってしまってよいものか、簡単には答えの出せない問題であると思います。

参考文献
・小川聖史、2020、「楽天の送料問題に対する公取委の緊急停止命令の申立て・取下げをめぐる独禁法上の考察」NBL1170 号 51〜55 頁

・小塚荘一郎、2021、「スマートコントラクトと国際私法」学習院大学法学会雑誌 57 巻 1 号 287〜311 頁
・新田克己・佐藤健・西貝吉晃、2020、「法律エキスパートシステムと法的推論モデル」太田勝造編著『AI 時代の法学入門——学際的アプローチ』弘文堂
・林秀弥、2019、「プラットフォームと二面市場——その競争的含意と法的課題」法律時報 91 巻 3 号 59〜62 頁
・林祐司、2017、「『The DAO 事件』『Bitfinex 事件』から得られる示唆とは」翁百合・柳川範之・岩下直行編著『ブロックチェーンの未来——金融・産業・社会はどう変わるのか』日本経済新聞出版社
・宮下紘、2021、『プライバシーという権利——個人情報はなぜ守られるべきか』岩波書店
・森下哲朗、2022、「ALI-ELI のデータ・エコノミーのための原則について (1)」NBL1214 号 4〜19 頁
・安平武彦、2021、「デジタルプラットフォームをめぐる規制の到達点と実務——デジタルプラットフォーム取引透明化法の施行を踏まえて (1) (2)」NBL1194 号 33〜39 頁、NBL1196 号 58〜64 頁
・山田寛章、2022、「法と人工知能の接点——判決予測システムの研究動向」情報法制研究 11 号 27〜33 頁

著者紹介　　**小塚荘一郎**（こづか・そういちろう）
　　　　　　　　学習院大学法学部教授（商法学）

　　　　　　　　〈主要著作〉『AI の時代と法』（岩波新書・2019 年）、『宇宙ビジネスのための宇宙法入門〔第 2 版〕』（佐藤雅彦と共編著。有斐閣・2018 年）
　　　　　　　　〈なぜこの学問・この専門分野を志したか〉学生時代、法学部にいながら法律学が好きではありませんでした。法律学が何をしようとする学問なのか、よくわからなかったからです。政治学には興味があったのですが、ある先輩から「好きなことを専門にすると、その分野の本が楽しみで読めなくなるよ」と言われて、あまり好きではない法律学を専門にしました。いまも、テクノロジーの法律などを研究することで、そもそも法律学は何をしているのかについて日々考えています。

4. 経済学

AIによって未来の仕事はどうなるか？
——テクノロジーを経済学から考える

渡辺安虎

この章では、AIが未来の仕事にどんな影響を与えそうかという点を議論したいと思います。AIは人間の仕事を奪うのではないか、AIはどんな技術をもった人にどんな影響を与えるのか。これは単なる知的な関心事項であるだけでなく、これを読んでいる若いみなさんにとっては今はまだそれほど気にならないかもしれませんが、とても切実な問題でもあると思います。ただ、この本題に入る前に、少し寄り道をして、テクノロジーを経済学がどのように考えてきたかについてお話ししたいと思います。

テクノロジーと経済学？

テクノロジーと経済学、というと違和感のある組み合わせでしょうか。しかし、テクノロジーがどのように経済に影響を与えるのか、というのはまさに経済学のど真ん中の話題なのです。経済という言葉がよくないのかもしれません。経済とは私たちの毎日の暮らし——買い物をする消費者としての行動や、仕事をする労働者としての働き方、学校で教育を受けながら人的資本（☞ Part V_1. 経済学）を蓄積する学生としての勉強の仕方——でもあると考えると、テクノロジーと経済が直接つながっていることが、しかも経済にとても強い影響を与えていることがなんとなく想像できるでしょうか。

であれば、過去にはなかった新しい技術がこれまでにないスピードで世の中に登場する今の時代ならではの、最新のテクノロジーについての新しい経済学の考え方がある、と思われたかもしれません。しかし、実

ラッダイト運動（織機に対する破壊）（1812年。Wikimedia）

はそうではないのです。むしろ、その正反対なのです。そもそも、その成り立ちの最初から、テクノロジーをどう考えるかということこそが経済学の中心なのです。

　この章では、人類が手に入れつつある最新のテクノロジーの1つであるAIが私たちの仕事にどんな影響を与えるのか、を主に21世紀前半に日本語でこの本を読む方に向けて書いています。少し時間をさかのぼってみると、実は200年ちょっと前のイギリス人も似たような問題に直面していました。これまで熟練の職人が時間をかけて毛糸や綿糸から織物を織っていたのに、テクノロジーによって織機が登場し、誰でも簡単に織物を作れるようになることに人々は強い不安をもちました。そして、この織機により失業することを恐れた熟練織物職人たちを中心として、1811年からイギリスではラッダイト運動と呼ばれる機械破壊運動が起きました。これは、劇的な技術の進歩にともなって現れたAIという技術が仕事を奪うのではないか、AIはどんな影響を与えるのか、と私たちが問うのと似ています。人間が直面する問題は意外と変わらないのかもしれません。

　今の経済学の出発点ともいわれるアダム・スミスの『国富論』はこの機械破壊運動が起きる時代のうねりのなかで、その35年ほど前に書かれています。そして、その中心的な話題はまさにテクノロジーであり、以降250年にわたって経済学はテクノロジーについて考え分析しているのです。さらに織機とAIは、登場した時代は違うものの、それぞれの時代の最新のテクノロジーであり、それがどのように経済や日々の暮らしに影響を与えるかは、共通した枠組みで分析できると経済学では考えているのです。

経済学におけるテクノロジー

では具体的に、経済学ではどのように考えているのでしょうか。いったん AI と織機から離れて、私もそして多くのみなさんも好きであろう、回転寿司店を例に考えてみましょう。

みなさんが回転寿司店をオープンするとします。例えばタブレットですべて注文し、お寿司は基本的に機械が握り、ベルトコンベアが握られたお寿司を運び、食べた後の皿は投入口から自動で回収され、会計も機械ですませるような、ほとんど店員がいないお店にすることもできます。そのようなお店とは対極的に、ほとんどお寿司を回転させず、すべて口頭で注文を受け、それをすべて店員が運び、食べ終わった後もすべて店員が片づけ、会計も店員がするという店にすることもできます。もちろん、その中間で、お寿司は回転しないものの、お茶を作るお湯は手元の給湯栓から出てきて、注文はタブレットからするといったお店にすることもできます。

このとき、同じようにお客さんに 1 皿の回転寿司を提供するのに、タブレットをはじめ多くの設備を備えるお店では店員の数は少なく、逆に基本的に店員がほとんどの作業をするお店では設備が少なくてすみます。経済学ではこの設備を資本と呼び、店員を労働と呼びます。前者のような回転寿司は資本を主に使って回転寿司を提供していて、後者のような回転寿司は労働を主に使って回転寿司を提供しているといえます。お店のオーナーはこの両極端の間でどの程度労働と資本を使って回転寿司店を運営するかを考えます。もちろんそれはお店の周辺地域のアルバイトの時給の相場や、設備をそろえるのにどの程度お金が必要で、そのお金を借りるのがどの程度大変か、どの程度の利子を払わないといけないのかなどによって、影響を受けます。

そして、このときにこの回転寿司店のオーナーが直面する、同じ数のお客さんに回転寿司を提供するのに、どの程度の資本と労働を使う必要があるのか、どの程度資本を使うとどれくらい労働を減らすことができ

るか、というのがまさに経済学によるテクノロジーの意味するところです。30年前を考えてみましょう。同じ数のお客さんに同じように回転寿司を出すのに、当時であればタブレットは存在せず、皿を機械で回収するというアイデアもなかったので、同じ人数の店員では今のように多くのお客さんに回転寿司というアウトプットを提供することはできなかったはずです。このように経済学では新しいアイデアや新しい方法によって、これまでと同じような資本と労働の組み合わせから、より多くのアウトプットが出せるようになることをテクノロジーの進歩、技術進歩と考えます。

　テクノロジーをこのように資本や労働といったインプットから回転寿司のようなアウトプットをどれだけ作り出せるかを決めるもの、と考えるとテクノロジーが仕事に与える影響、というのは経済学のど真ん中のテーマだということがおわかりいただけたでしょうか。

テクノロジーの進歩が及ぼす影響──コンピュータの場合

　では、本題に戻って、テクノロジーの進歩は仕事や労働にどのような影響を与えるのでしょうか。当たり前ですが、これはテクノロジーがどのようなものなのかによって大きく変わってきます。AIと織機とロボットでは当然ながら、その影響も異なるでしょう。

　まずはこの50年ほどの間に人類が直面している技術変化について考えてみましょう。この50年ほどの間にさまざまなテクノロジーの変化がありましたが、その最大のものはコンピュータをはじめとする情報技術の発展だといえるでしょう。この情報技術の発展がどのように仕事に影響を与えたかについては、2000年前後以来多くの研究がなされてきました。そしてこれらの研究の大きな関心は、技術の発展が所得の不平等の広がりに直接影響していたのではないか、ということです。少し話が飛びすぎてしまったので、順に説明していきましょう。

　先ほど述べたように、テクノロジーは仕事や労働に直接的な影響を与

えますが、当然ながら働く人間はみな同じスキルをもっているわけではありません。非常にスキルの高い人もいれば、そうでない人もいます。そして、どのようなテクノロジーが進歩するかによって、どのようなスキルの人がより生産性を高めることができるかが異なります。

　スキルが高い人の生産性をより高めるようなテクノロジーが発展するのであれば、スキルが高い人の提供する労働への需要が高まり、結果としてスキルが高い人の賃金や所得が高くなります。逆に、スキルの低い人の生産性をより高めるようなテクノロジーであれば、スキルが低い人の提供する労働への需要が高まるでしょう。

　1970年代以降の情報技術・コンピュータの発展はスキルが高い人の生産性をより高めるものであった、それゆえにスキルが高い人の賃金や所得がスキルが低い人よりも高く伸び、結果として所得の不平等が広がった、というのが労働経済学者により行われた分析の結果でした (Autor, Levy & Murnane 2003)。では、どのように労働経済学者はこのことを示したのでしょう。

　コンピュータがどのように仕事に影響を与えるかを測るために最も理想的な状況はどのようなものでしょう。コンピュータの値段以外の条件はまったく同じ2つの経済があり、1つではコンピュータが安く買え、もう1つでは高い値段でしか買えないのであれば、この2つの経済を比較することで、どのように仕事や労働への需要が変化したかを比べることができます。問題は、そのような2つの経済は存在しないことです。では、次に考えられる方法はどのような方法でしょう。

　2つの比べられる経済がないのであれば、ある経済の中のさまざまな産業や職業を比較するのはどうでしょう。例えば、コンピュータは単調な繰り返し作業を人より早く正確に行えます。コンピュータの値段が下がった場合、コンピュータの影響をより受けそうな、同じ作業を繰り返すことが多い産業や職業と、コンピュータの影響をより受けないと思われる産業や職業を比較することで、コンピュータが仕事に及ぼす影響を

知ることができます。そのために上記の労働経済学者たちは、アメリカの労働省が発行している職業辞典の詳細な職業分類を約 450 の職業カテゴリーに再分類し、これらの職業カテゴリーがそれぞれどの程度同じ作業を繰り返す職業かを指標化したうえで分析したのです。

その結果、1970 年代以降から同じ作業を繰り返す職業で働く人が減り、代わりに繰り返しでないような職業で働く人が増えたことがわかりました。そして、この繰り返し作業中心の職業から繰り返しでない作業中心の職業への労働の移動は、コンピュータが急速に導入された産業や職業に集中していることもわかりました。1970 年から 1998 年の期間には高卒の人に比べて大卒の人への需要が大きく増加したのですが、その増加の 60% がコンピュータの導入にともなう繰り返しでない仕事の増加によるものだとわかったのです。このように、コンピュータの導入は同じ作業を繰り返す仕事を減らし、同じ作業を繰り返す仕事に就くことが相対的に少ない大卒者への需要の大幅な伸びへとつながりました。大卒などのスキルが高い人の所得が高まったことで、結果として経済全体の所得格差の拡大に影響したと考えられます。

テクノロジーの進歩が及ぼす影響——AI の場合

ではコンピュータと比べて AI の影響はどのように考えられるでしょう。ここでは自然言語処理の技術をうまく利用して、テクノロジーがそれぞれの職業にどのような影響を与えるかを分析した最近の研究について紹介したいと思います (Webb 2020)。

この研究では先ほど少し触れたアメリカの労働省の職業辞典と新技術の特許のデータベースを、自然言語処理と呼ばれる言語処理の方法でつないでいます。そして、どのような技術がどのような仕事内容を自動化し、結果としてどの職業に影響を与えるかを分析していきます。具体的には次のような方法をとります。

職業のデータベースに、例えば医師は「患者の病気を診断する」と書

かれているとしましょう。このとき「病気」「診断する」という名詞―動詞のペアについて、ある技術に関して何個の特許書類に同じ「病気」「診断する」というペアが出てくるかを数えるのです。特許書類は、そのアイデアによってどのようなことができるかを詳細に書いたものであり、より多くの回数のペアが出てくるのであれば、その技術は医師という職業の一部を自動化する可能性が高いと考えられます。この手法がきちんと機能していることを確認するために、コンピュータに関連するソフトウェアやロボットといったすでに用いられている技術について調べてみると、たしかに自動化済みの仕事について、雇用が減って賃金も下がることが示されました。

　では、この方法を AI について用いると何がいえるのでしょうか。非常に興味深いのは、コンピュータやロボットの影響とは反対に、AI は将来の所得の格差を減らすと発見されたことです。より正確には、上位 10% の人の所得と下位 10% の人の所得の差が、今よりも小さくなることを示すとともに、上位 10% の所得の人と上位 1% の所得の人との所得の差については大きな影響がないことを示しています。AI は、コンピュータのようにスキルが高い人たちの生産性を上げるのではなく、所得の高いハイスキルな人たちの仕事内容を自動化して代替してしまうことにより、所得の上位 10% と下位 10% の人の間の所得の格差を小さくする方向に働くと考えられるのです。所得の上位 1% の人の仕事については AI で代替される可能性は低く、上位 10% の所得の人と上位 1% の所得の人の格差は少し拡大するという結果となりました。

スキルと AI の影響

　ここまでは AI が仕事に与える影響を、職業を比較する形で分析した研究のお話をしました。このような研究の 1 つの限界は、実際に AI がどのように個々の働く人の生産性に影響を与えるのか、そして AI は個々の働く人のスキルとどのような関係にあるのか、といったより詳細な影

響について実際のデータを用いて分析ができていない点です。では、どのようにすると調べることができるのでしょうか。

　個々の働く人の生産性というと簡単にデータが得られそうな気がするのですが、少し考えていただくとわかるように、仕事はチームで行うことが多く、個人の生産性が測れるような状況は意外と限られています。例えばマスクの新しい商品開発を行うチームに属する個人の生産性を測るのは簡単ではありません。さらに、そのような仕事の状況でAIを使う場面を想定しないと、AIが生産性に及ぼす影響を考えることはできません。また、その仕事に必要なさまざまなスキルのうち、AIによって代替されうるあまり単純ではない予測といったものが必要となる仕事について分析しないと、AIの影響を考えても意味がないものとなってしまいます。

　金澤匡剛と川口大司と重岡仁と筆者の研究グループでは、まさにこのような状況で働くタクシードライバーのデータを使って、AIが仕事に与える影響について研究をしています。具体的には、ある企業が開発した需要予測AIアプリを使ったタクシードライバーと、使わなかったタクシードライバーの詳細な走行データを利用して比較することで、細かな個人レベルのデータを用いてAIが仕事に与える影響を分析しています。

　先ほどの測定の問題に戻ると、実はタクシードライバーは非常に理想的な設定なのです。タクシードライバーは基本的に個人で仕事をしているので、チームに属する個人の貢献をどう測るかという問題はなく、個人単位で生産性を測ることができます。それも売上や時間当たりでどれだけ乗客を見つけられるか、といった数値として計測できるもので生産性が測れます。また、例えば工場であれば、よりよい機械を扱う工程に割り振られた人とほとんど手作業の工程に割り振られた人の生産性をどのように比較するのかという問題が生じてしまいますが、タクシードライバーの場合、どのドライバーもあまり性能に差のない車を会社から提供されているので、このような問題も生じません。

図1　AI が予測した需要の高い運転ルート

AI が最も需要が
高いと計算した
ルート

AI が計算したルートの中で
特に需要が高い地点

タクシーの現在位置

© Mobility Technologies ©Mapbox ©Zenrin

　AI が仕事に与える影響という面ではどうでしょうか。この研究の対象となっている AI は、過去の乗車パターンから時間や場所ごとに需要を予測し、その予測した需要に応じて一番よい運転ルートをナビとしてタクシードライバーに提示するものです（図1参照）。タクシードライバーという職業には安全に事故なく運転するドライブスキル、お客さんへの対応に必要なコミュニケーションスキル、お客さんのいそうな時間帯にいそうな場所にいるようにする需要予測スキル、などさまざまなスキルが必要です。そしてこの AI はまさにこの需要予測スキルの部分で、タクシードライバーのスキルに何らかの影響を与えそうに思えます。

AI は生産性に逆効果？ ── 因果効果の推定

　では、どのようにこの AI の影響を計測できるでしょう。生産性をどう定義するのかという問題はありますが、ここではお客さんがいない空車走行のときにどれくらいの確率でお客さんを見つけられるか、という形で生産性を測ってみましょう。より高い確率でお客さんを見つけられるのであれば、より空車時間は短くなり、より高い売上を上げられるか

らというわけです。そして、空車走行時にお客さんを見つける確率を、AIアプリを使っているときと使っていないときで比較することができれば、AIアプリの生産性への影響を測ることができそうです。

ところが、実際にデータからこの比較をするとまったくおかしなことが起きてしまいます。AIアプリを使っているときの空車走行時間の方がAIアプリを使っていないときの空車走行時間よりもずっと長く、AIアプリを使っているときの方がお客さんを見つける確率が低いのです。AIは生産性に逆効果なのでしょうか。なぜこのようなことが起きるのでしょうか。

実は、この計測の問題は経済学で因果推論と呼ばれている分析の枠組みでよく起こる、セレクション・バイアスと呼ばれる問題が生じているのです。といわれてもわかりにくいかもしれませんので順番に説明していきたいと思います。

ここでの課題はAIの生産性への効果を知りたいというものです。AIによって生産性という結果に何らかの因果効果があるかどうか、が今知りたいことです。このときの因果効果とは、実はある人がAIアプリを使ったときとAIアプリを使わなかったときの生産性の差ではなく、ある人がまったく同じ状況でAIを使った場合と使わなかった場合の生産性の差なのです。

つまり、ある状況でAIを使っている私が、同じ状況でAIを使わなかった場合と比較して、どれだけ生産性が高くなるか、が知りたい問いなのですが、問題は、ある瞬間において、私という人間は1人しかいないことです。ある瞬間には、「AIを使っている私」と「AIを使っていない私」のどちらかしかいないので、この効果を正確に測ることは原理上無理なのです。では、どのようにしてAIの因果効果を考えればよいのでしょうか。必要なのは、何らかの仮定を設けて、「今AIを使っている私」とそっくりな「今AIを使っていない私」を仮想的に作り出すことです。

この意味で一番理想的な方法は、薬の治験と同じような仕組みを使う

ことです。薬の治験では、被験者をランダムに2つのグループに分け、片方には薬を、もう片方には偽薬を与え、双方に服用してもらい一定期間後にこの2グループの効果の差を確かめます。タクシーの場合では、タクシードライバーをランダムに2つのグループに分け、片方はAIを使い、もう片方はAIを使えないようにする方法です。「今AIを使っている私」とそっくりな「今AIを使っていない私」は現実には作れないけれども、多くの人をランダムに2グループに分ければ、平均的には似た人たちが似た状況でAIを使っている場合と使っていない場合を作り出すことができ、因果効果が測れそうです。ただ、残念ながらこのAIを作った企業はタクシー会社にアプリを使ってもらう側なので、タクシードライバーをランダムに分けたり、AIの使用／不使用を強制したりできないのです。

　この場合、意思決定をするタクシードライバーが自分で考えてAIを使うため、AIを使う状況とAIを使わない状況がランダムに分かれないという問題が起きてしまいます。これが先に述べたセレクション・バイアスです。当たり前ではありますが、タクシードライバーはランダムにAIのアプリを使ったりはしないのです。簡単にお客さんが見つかるときにはAIに指示されるよりも自分の思うままに運転する一方で、お客さんが見つかりにくい場合にはAIに頼ってみようと思って、AIアプリのスイッチを入れるわけです。このため、AIを使っている場合と使っていない場合のデータを比べると、AIを使っているときの方がお客さんが見つかりにくいという関係が出てきてしまうのです。

　経済学や統計学に関連する因果推論と呼ばれる分野では、このような場合に対応する道具立てが準備されています。統計的な処理をすることで「今AIを使っている私」とそっくりな「今AIを使っていない私」を作り出して、比較をするのです。

　この道具立てを利用してAIの効果を測ると、AIが空車走行時間を短くして生産性を高めることがわかるのですが、それと同時にAIの効果

がタクシードライバーによって異なることもわかりました。実は、AIはスキルが高いタクシードライバーにとっては生産性を高める効果が低く、AIの生産性への効果はスキルが低いタクシードライバーに集中していることがわかったのです。

　この結果は先ほどの職業辞典と特許のデータベースを用いた研究が示していることが、どのような仕組みで起こるかを、はっきりと示しています。つまり、スキルが高い人はその高いスキル自体をAIが自動化してしまうためAIから得られるものは少なく、むしろスキルが低い人でもAIの助けがあればスキルが高い人のように働くことができ、このような仕組みでAIによってスキルによる生産性の格差が縮められるのです。

おわりに

　もちろんこの結果はタクシードライバーの需要予測という非常に限られた技能に関するものです。しかし、同じようなことはさまざまな職業でも考えられるでしょう。画像から病気を診断する病理医や検査技術者にとっての画像診断AI、契約書類をチェックする弁護士や司法書士などにとっての契約チェックAIなどを考えると、必ずしもスキルが高くない人がAIによって助けられる場面は多くありそうです。

　このように考えるとAIが未来の私たちの仕事に及ぼす影響は、人によってかなり違ったものになるのではないかと思えます。少し考えてみると、200年前のイギリスの織機が熟練織物職人に与えた影響と似て、AIの登場は熟練のタクシードライバーや病理医や弁護士にとってはあまり望ましくないのかもしれません。一方で、スキルがない人でも同じ作業ができるようになり、結果として所得格差は小さくなるとも考えられます。

　とはいえ、AIの導入はまだ始まったばかりです。この先、さまざまな産業や職業において、私たちはAIが仕事にどんな影響を与えるかを目にしていくでしょう。それが私たちの生活をより豊かなものにするよ

うに、そのための政策的な処方箋を考えるうえでも、より多くの研究が
この分野で蓄積され、AI が社会に及ぼす影響を計測していけるとよい
と考えます。

参考文献
・Autor, D. H., F. Levy & R. J. Murnane, 2003, "The Skill Content of Recent Technological Change: An empirical Exploration," *Quarterly Journal of Economics* 118 (4), pp. 1279-1333.
・Webb, M., 2020, "The Impact of Artificial Intelligence on the Labor Market," mimeo, Stanford University, https://www.michaelwebb.co/webb_ai.pdf

著者紹介　　**渡辺安虎** (わたなべ・やすとら)
東京大学大学院経済学研究科教授 (実証ミクロ経済学)

〈主要著作〉"Inferring Strategic Voting" (with Kei Kawai) *American Economic Review* 103 (2), pp. 624-662, 2013.
〈なぜこの学問・この専門分野を志したか〉なんとなく経済学部に進学して経済学に出会い、とてもおもしろく感じました。その後、開発援助機関に就職し、途上国の貧困と急成長を目にし、その理解の道具を与えてくれる経済学の専門家になりたいと思いました。

経済学

政治学

法学

社会学

AI によって未来の仕事はどうなるか？　　　　　　　　　　　Page 250_251

「テクノロジー」について考えるための読書案内　Book Guide

01 アジェイ・アグラワル／ジョシュア・ガンズ／アヴィ・ゴールド
ファーブ『予測マシンの世紀──AI が駆動する新たな経済』
(小坂恵理訳) 早川書房、2019 年

02 小塚荘一郎『AI の時代と法』
岩波新書、2019 年

03 ジグムント・バウマン／デイヴィッド・ライアン
『私たちが、すすんで監視し、監視される、この世界について
──リキッド・サーベイランスをめぐる 7 章』
(伊藤茂訳) 青土社、2013 年

04 ショシャナ・ズボフ
『監視資本主義──人類の未来を賭けた闘い』
(野中香方子訳) 東洋経済新報社、2021 年

05 角田美穂子／フェリックス・シュテフェック編著
『リーガルイノベーション入門』
弘文堂、2022 年

06 谷口将紀・宍戸常寿『デジタル・デモクラシーがやってくる！
──AI が私たちの社会を変えるんだったら、政治もそのままって
わけにはいかないんじゃない？』
中央公論新社、2020 年

07 藤井克徳
『わたしで最後にして──ナチスの障害者虐殺と優生思想』
合同出版、2018 年

Part V

ジェンダー

●イントロダクション

　男性と女性の違いはなんでしょうか？　このように尋ねられたら、ほとんどの人が、妊娠・出産するのは女性、などといった体のつくりの違いを答えるのではないかと思います。でも実際には、初対面の人の性別を服装や言葉遣いなどがなんとなく「男らしい」か「女らしい」かで無意識のうちに判別していることが多いのではないでしょうか。では、「男らしい」「女らしい」とはどういうことなのでしょうか。そもそも「性別」とは何なのでしょうか。

　「男らしさ」「女らしさ」を含む、社会における性別のことを、生物学的な性別 (sex) と区別して「ジェンダー」(gender) といいます。Part V は、社会における性別であるジェンダーが、社会科学のそれぞれの分野でどのように扱われてきたのかをみていきます。

　現代社会においては、性別を理由とした差別はよくないこととされている一方で、男性と女性の間には、厳然とした格差が存在することもまた事実です。「1. 経済学」では、男女間の経済格差に注目します。例えば、男性に比べて女性は、働いていない割合が高く、働いていた場合のお給料は低い傾向にあります。「1. 経済学」では、仕事の中の格差を例にして、男女間にどれくらいの格差があるのか、なぜそのような格差が生じてしまうのかを、経済学のツールを用いて考えていきます。

　経済面の格差と並んで問題とされるのが、男性に比べて女性の政治参加が少ないことです。「2. 政治学」では、何が女性の政治参加を妨げているのか、女性の政治参加によって何が変わるのか、を政治学の観点から論じます。「政治は男性のもの」という性別役割分担意識が政治家になろうとする女性の数自体を減らしてしまうことや、議会の議席の一定数を女性議員に割り当てるクオータ制の導入によってどのような変化が起こるかが、政治学の研究成果に基づいて説明されます。

　「1. 経済学」「2. 政治学」は、人間は男性と女性の 2 つの性に分けられるという前提のもとで、経済と政治それぞれにおける男女間の格差の原因や、格差によって引き起こされる問題、そしてその解決策を論じてきました。生物学的な性差だけでは説明がつかない、社会的な性差であるジェンダー格差の原因を探るという考え方です。

　しかし、近年、人間を男性と女性に二分する考え方自体に疑問が呈されています。性別のような一見当たり前に思えることを、深く考察し時には疑ってみることで、より私たちの社会を多面的に理解しようとするのは、社会学が得意とするやり方です。「3. 社会学」では、そもそも性別とは何であるかという根本的なところから考えていきます。そしてフェミニズムやセクシュアルマイノリティの社会運動を例にして、より望ましい社会のあり方を探るための社会学の考え方を学んでいきます。

　このように、男女の二分法を疑いつつも、制度の必要から二分法のもとで考えるのが法学の視点です。「4. 法学」では、日本の法律ではどのように人を男女に分類しているか、そして法律で男女の区別をしていた例として、女性の再婚禁止期間を戸籍上の父親の決定プロセスに基づいて説明します。さらに、法律上は男女の区別をしていないのに実際には性別によって格差が生じているときに、制度やルールの面から格差の解消の方法を探る考え方も紹介します。

　このように、社会科学の中には、ジェンダーについてさまざまなとらえ方があります。この本で紹介できるのはそのごく一部にすぎませんが、社会科学、そして人間社会にとって「性」がいかに重要な概念であるか、感じ取れるのではないかと思います。

〔近藤絢子〕

1. 経済学

なぜ女性は男性より賃金が低いのか？

原ひろみ

男女間賃金格差を理解するための経済学的視点

　経済学は、企業や個人といった経済主体が行う経済活動を分析する学問です。経済学がジェンダーという視点をもつのは、主に、男性や女性という生物学的な違いによって、なぜ経済活動やその成果に違いが生じるのかを考えるときです。個人や企業が行う経済活動のうち、人が働いたり、企業が従業員を雇ったりする「労働」という経済活動とその対価である賃金において男女差が現れやすいので、この分野を労働経済学の一分野ととらえている人もいますし、経済活動における男女差を分析する経済学なので、独立した分野ととらえ、ジェンダー経済学と呼ぶ人もいます。

　この章では、労働の成果として企業が支払い、労働者が受け取る賃金の男女の違い、すなわち男女間賃金格差に焦点を当てます。その理由は、賃金は経済活動における重要な要素だからです。賃金とは、いわゆるお給料のことです。もちろん賃金がすべてではありませんし、やりがいのために働いているという人もいるでしょうが、多くの人にとって、働くことの主たる目的は金銭収入を稼ぐことにあります。市場経済の中で暮らしている私たちは、金銭収入がなければ生活に必要なものさえ手に入れることができないからです。

　賃金について考えるときは、企業側と労働者側両方の視点をもつ必要があります。企業の生産活動の結果として賃金は発生しますが、企業が生産活動を行うためには、人を雇わなければなりません。裏返せば、人が働いてくれなくては、企業は生産活動を行えないのです。これを経済

学の言葉で言い換えると、企業は人から労働サービスの提供を受けて生産活動を行うので、労働サービスを「需要」する側となります。一方、人は労働サービスを企業に提供するので、労働サービスを「供給」する側になります。そして、人は労働の報酬として賃金を受け取り、企業は需要した労働サービスの対価として賃金を支払います。つまり、需要と供給の相互作用を通じて賃金は決まるので、賃金について考えるときは、需給両方の視点をもつことが大切になります。

　もう1つ経済学で大切なのは、同じ人的資本の男女の間に賃金格差が発生しているのか、それとも人的資本自体に男女間で差があるから格差が発生するのかに注目することです。あとで詳しく説明しますが、人的資本とは、人が身につけている仕事に役立つスキルや知識のことで、その人の企業の生産活動への貢献、すなわち生産性を規定します。人的資本が多い人は生産性が高いので高い賃金をもらえ、人的資本が少ない人は低い賃金となり、賃金格差が生まれることになります。しかし、スキルや知識が同じであれば、生産性も等しくなるので、賃金格差は生まれないはずです。それなのに、実際には、同じ人的資本の男女の間にも賃金格差が観察されます。なぜなのでしょうか。

日本の男女間賃金格差の実態

　まず、「観察できる」日本の男女間賃金格差を確認しましょう。注意しなければならないのは、私たちが普段観察できる情報は平均などの集計情報であるということです。賃金に関する情報は働いている人についてしか得られませんが、働いている人にはいろいろな人がいます。学歴の高い人や低い人、勤続年数が長く経験を十分に積んだベテランの人や、まだ働き始めたばかりで仕事のスキルが十分ではない新人など、さまざまな属性の人が含まれています。このように属性が異なれば、もらえる賃金も異なってきますが、ここでみるのは、さまざまな属性の人をまとめて計算した値であるということです。よって、上で説明した同じ人的

図1 男女間賃金格差の推移

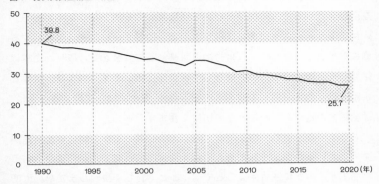

(注) 縦軸の値は、男性の所定内給与を100とした場合の所定内給与の男女間格差を表す。
(出所) 厚生労働省『賃金構造基本統計調査』。

資本の男女間の格差ではありません。

　日本の男女間賃金格差に関するデータを確認しましょう。**図1**は、男性の賃金を100とした場合の男女間賃金格差を表しています。2020年の値は25.7で、男性の平均賃金が1000円であるとしたら、男女間格差は257円、女性の平均賃金は743円（＝1000円－257円）ということになります。そして、多くの先進国でも起こっていることですが、日本でも男女間賃金格差は以前よりも徐々に縮小していることもわかります。1990年の39.8から2020年の25.7へと、男女間賃金格差はこの30年間で約3分の2の大きさに減っています。しかし、これは正社員のなかでの比較なので、パートや派遣スタッフなどの非正規雇用で働く女性が多いことを考えると、実際の男女差はもっと大きくなります。

　また、経済協力開発機構（OECD）という先進国38カ国が加盟する国際組織の2018年のデータをみると、日本は韓国に次いで2番目に男女間賃金格差が大きな国となっています（**図2**）。このように、現在の日本の男女間賃金格差は以前より小さくなってはいますが、持続しており、かつ国際的に高い水準にあります。

図2　男女間賃金格差の国際比較

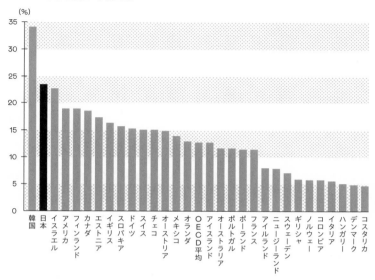

(注) 縦軸の値は、男性の中位置での賃金を100とした場合の男女間格差を表す。
(出所) OECD employment database (2018年のデータ)。ただし、データが公表されている国のみ。

　それでは、なぜ男女間賃金格差は発生するのでしょうか。経済理論を使うと、その理由がみえてきます。

男女間賃金格差発生の労働供給側のメカニズム——人的資本理論

　労働供給側、すなわち労働者 (人) 側から男女間賃金格差が発生するメカニズムをみていきましょう。これは、「人的資本理論」という経済理論で説明できます。

　仕事に必要な知識やスキルを身につけるためには、学校教育や職場での教育訓練といった学びの活動が必要です。ただし、学びの活動には費用がかかります。でも、学びの活動を行えば、その人の知識やスキルは増え、将来的に企業の生産活動への貢献である生産性が高まり、より高

い賃金を受け取れるようになります。これは、人に対する投資とみなせるため、人的投資と呼ばれます。

　みなさんが投資といわれてまず思い浮かべるのは、株式投資でしょう。今、株式を購入したとして、将来値上がりすれば、売却することで収益を得られます。学びの活動もそれと同じで、現在、費用を負担して、将来、高い収益を受け取るという費用・収益構造をもっているという点から、投資と考えられるのです。そして、知識やスキルは、人的投資を行うことで蓄積されるので人的資本と呼ばれます。

　まとめると、人的資本理論のエッセンスは、人的投資を行うと、その人に人的資本が蓄積され、将来の生産性が高まり、高い賃金を受け取れるようになるということです。もちろん、投資は失敗することもありますが、ここでは失敗するケースは考えず、人的投資を行えば人的資本は高まるという仮定を置いています。

　それでは、人的資本理論を使って男女間賃金格差が発生するメカニズムを考えましょう。「労働者が受け取る賃金は、その人の仕事に必要な知識やスキルのレベルと関係する」ことがポイントになります。ただし、人的資本が増えれば賃金は高くなりますが、人的資本をたくさん蓄積しようと思ったら、人的投資もたくさん必要なので、費用も高くなります。ですから、人は将来獲得できると予想される収益（期待収益）とかかることが予想される費用（期待費用）を比較して、人的投資を行うのかを決めることになります。

　将来、労働市場で長く働くのであれば、人的投資をしなかった場合よりも高い賃金を長期にわたってもらえることになるので、高い費用を負担しても十分に費用を回収することができます。でも、短い期間しか働かないのであれば、費用をたくさんかけても、高い賃金をもらえる期間は短いので、十分に費用を回収できず、損をしてしまうかもしれません。つまり、働く期間が短いと予想する人は、予想される収益＜予想される費用となり、予想される純収益（＝予想される収益－予想される費用）

がマイナスになると考えられるので、人的投資を行わないことが合理的な選択となります。

　それでは、男性と女性どちらが働く年数が短いと予想できるでしょうか。男性は定年まで働き続ける人が多くいます。一方、女性は、結婚を機に仕事を辞める人は減りましたが、今でも育児のために仕事を辞める人は少なくないため、自身もそうなるかもと予想する人が一定数いるでしょう。よって、女性の方が、長い期間は働かないだろうと予想する人が多くなると考えられます。そのため、男性より女性の方が、平均的に人的投資が少なくなりやすいのです。そして、人的投資が少なければ、もらえる賃金も少なくなります。このように、男女で予想される純収益が異なることから人的投資行動の選択に違いが生まれ、結果として賃金にも男女差が生じるというのが、労働供給側からの男女間賃金格差の発生メカニズムの説明になります。

　ここでは詳しく述べませんが、最近では人的資本理論以外のアプローチから労働供給側の男女間格差発生要因を探る研究も盛んになっていて、競争や交渉をどれくらい好むかといった心理的要因に着目した研究も行われています (ボネット 2018)。

日本における人的投資の男女差

　実際に、日本では人的投資に男女差があるのでしょうか。まず、学校教育を確認すると、2017 年に仕事をしている男性に占める 4 年制大学・大学院卒者の割合は 38.0% ですが、仕事をしている女性に占めるその割合は 21.4% と、女性より男性の方が高度な学校教育を受けた人が多くなっています (総務省統計局『就業構造基本調査』)。また、職場における教育訓練に目を向けると、2020 年度に研修などの教育訓練を勤務先で受けた人の割合は、男性で 36.3%、女性で 23.4% と女性の方が低くなっています (厚生労働省『能力開発基本調査』)。このような人的投資の男女差が、人的資本の男女差を引き起こし、男女間賃金格差を招いていると考えら

れます。

　反対に、人的資本の男女差が小さくなれば、男女間賃金格差も小さくなると予想されます。2020年度の大学進学率は男子 57.7％、女子 50.9％と、女子は男子より 6.8 ポイント低くなっていますが、その差は以前より縮まっています（『男女共同参画白書〔令和3年版〕』）。このような女子の教育水準の上昇は、近年の男女間賃金格差の縮小要因の1つと考えられています。

人的資本の男女差で説明できない男女間賃金格差とガラスの天井

　人的資本の差によって発生する賃金格差、つまり、人的資本が豊富な生産性の高い人が高賃金をもらい、そうではない人が低賃金であることに納得する人は多いのではないでしょうか。しかし、人的資本の男女差による男女間賃金格差は、個人の選択の結果と単純にはいえないことにも注意が必要です。なぜならば、人的資本の男女差は、社会の構造が引き起こしている可能性があるからです。今、社会には男女間賃金格差があります。このような社会では、がんばって人的投資を行っても、男性ほどには高い賃金がもらえないと女性が思ってしまい、人的投資の意欲をなくしてしまった結果として、女性の人的資本が少なくなっているのかもしれないのです。

　さらに、男女間賃金格差には、人的資本の男女差だけでは説明できない部分もあります。これが、先に説明した経済学者が注目する格差、すなわち同じ人的資本であっても発生する男女間賃金格差のことで、「要因分解」という計量経済学の手法を使って計算できます。これは、あとで説明する「労働市場における差別」によって主に引き起こされていると考えられます。

　要因分解は、観察される男女間賃金格差を、観察される人的資本の男女差で説明できる部分とそれ以外の要因によって生み出される部分に分解し、それぞれの要因が格差にどの程度影響を与えているかを明らかに

する手法です（「男女間賃金格差」＝「人的資本の男女差で説明できる格差」＋「人的資本の男女差で説明できない格差」）。日本に関する研究によると、2015 年の中央値（データを値の大きさ順に並べたときに、真ん中にくる値のこと）での男女間賃金格差のうち、人的資本の男女差で説明できない格差は 54.1% を占めています。つまり、近年の日本でも、観察される格差の半分以上は人的資本の男女差では説明できない格差なのです (Hara 2018)。

　ところで、「ガラスの天井」と呼ばれる現象があります。例えば、日本では、係長・課長・部長といった管理職の女性割合は低く、2020 年でも管理職に占める女性割合は 15% にすぎません（厚生労働省『賃金構造基本統計調査』）。でもこれは、日本だけでなく、諸外国でも起こっていることです。そのため、世界中の多くの人が、女性が高い職位の仕事につくことを邪魔する何かがあるのではないかと疑っています。この女性のキャリア展開を阻害する目にはみえない障壁のことをガラスの天井と呼びます。

　ガラスの天井と男女間賃金格差は関連しています。職位と賃金は連動しているので、高い職位の仕事には高い賃金がともないます。よって、男性が高い職位の仕事についているのに、女性がガラスの天井に邪魔をされて高位の仕事につけないのであれば、男女間賃金格差が生まれることになります。

　ガラスの天井はみえませんが、工夫をすることで、その存在を示すことはできます。例えば、男性のうち上位 10% の賃金をもらっている男性は、とても高賃金の男性です。同様に、女性のうち上位 10% の女性も、女性の中でとても高賃金の女性になります。今、人的資本に男女差がないのに、上位 10% の男性の賃金が、上位 10% の女性の賃金よりも高くなっているとしましょう。つまりこの状態は、人的資本の男女差以外の理由でなにか障壁があって、女性が高賃金の仕事につくことが邪魔されている状態と考えられます。このように、高賃金の男女の間に人的資

なぜ女性は男性より賃金が低いのか？

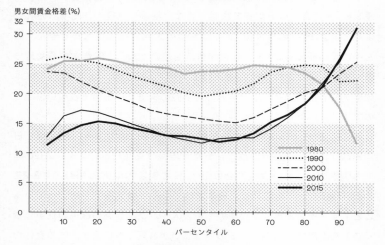

図3 観察される人的資本の男女差で説明できない男女間賃金格差 (1980〜2015年)

男女間賃金格差 (%)

パーセンタイル

凡例:
1980
1990
2000
2010
2015

(注) 縦軸の値は、何 % の男女間賃金格差があるかを表す。
(出所) Hara (2018)。データ：厚生労働省『賃金構造基本統計調査』。

本の男女差で説明できない格差が観察される場合、ガラスの天井がある
とみなせます。

　諸外国の研究から、先進国の多くでガラスの天井が観察されることが
示されています (Arulampalam, Booth & Bryan 2007 等)。それでは、日本は
どうなのでしょうか。**図3** は、1980〜2015年のうち5カ年分の日本の
データを使い、観察される人的資本の男女差で説明できない男女間賃金
格差を描いたものです。横軸は、一番賃金の低い人を起点に何% に位
置する賃金をもらっているか (賃金分布のパーセンタイル) を表します。
左から右にいくにつれて、より高い賃金をもらっている人を指し、90
パーセンタイルであれば、下から90%、つまり上位10% の賃金をもら
っている人となります。縦軸は、この格差が何% あるのかを表し、値
が大きくなるほど格差が大きいことを意味します。

　直近の2015年のグラフの右半分をみると、分布の中央から高位 (右)

に向かうにつれて加速度的にこの格差が大きくなっています。すなわち、高賃金の男女の人的資本の差で説明できない賃金格差は相対的に大きく、近年でもガラスの天井が存在することを強くうかがわせます。さらに、近年になるほど分布の中央と高位の差は拡大する傾向すらあり、ガラスの天井が解消されつつあるようにはみえません。

男女間賃金格差発生の労働需要側のメカニズム──労働市場における差別

　このように、人的資本の男女差で説明できない格差が実際に観察されています。先に述べたとおり、これは労働市場における差別によって発生すると考えられており、労働需要側、すなわち企業側の要因です。

　労働市場における男女差別とは、働く場合に、同じ人的資本で同じ生産性の男女が異なる取り扱いをされることを指します。経済学には、この差別が発生するメカニズムを説明する理論モデルが複数ありますが、ここでは統計的差別を取り上げましょう。

　統計的差別とは、女性は男性よりも生産性が低い、女性はすぐに仕事を辞めてしまうなど、男女の経済活動やその成果に違いがあると企業が信じているときに生じる差別のことです。言い換えると、女性という「グループ」に関してそうであると信じていること、あるいは思い込みに基づいて、企業が意思決定をすることで起こる差別です。これは統計的情報に基づくので、統計的差別と呼ばれます。

　例を使って説明しましょう。今、企業が誰かを管理職に昇進させようとしているとします。候補者は、男性のAさんと女性のBさんです。AさんとBさんの年齢や学歴、勤続年数等の観察できる人的資本や属性は同じです。さて、企業はどちらを管理職にするでしょうか。

　性別以外にAさんとBさんの個人属性に違いはありません。しかし、女性というグループで考えると、女性は育児や家族の事情で辞めてしまう人が多いので、女性を管理職にしても、すぐに辞めてしまうのではないかと企業は予想します。その一方で、男性はほとんどの人が定年まで

勤め続けています。企業は、管理職にした人には、企業を支える幹部人材として必要な教育訓練を積極的に行うつもりでいます。そうすると、辞めることが予想される女性ではなく、勤続が予想される男性、すなわちAさんを企業は昇進させるでしょう。その結果、昇進したAさんは高い賃金をもらえるようになりますが、昇進できなかったBさんは低い賃金のままになります。

　つまり、企業はある従業員個人のことを完全にはわかりませんし（情報の不完全性）、その人の将来の行動もわかりません（不確実性）。このような状況で、採用や昇進に関する意思決定を企業が行わなければならない場合、当てずっぽうに意思決定をするのではなく、今もっているグループに関する統計的情報を参考にして意思決定を行うことが合理的なので、そうするのです。その結果、男性は高賃金の仕事に、女性は低賃金の仕事に割り振られやすくなり、男女間賃金格差が生み出されます。

統計的差別に内在する問題

　差別自体が由々（ゆゆ）しき問題ですが、統計的差別に内在する問題は特に深刻です。統計的差別は統計的情報に基づくものですが、もし統計的情報が過去の情報にすぎず現在の状況を表していない誤った情報であった場合、単なる不公平になってしまいます。

　また、仮に統計的情報が正しかったとしても、問題は残ります。それは、情報の不完全性や不確実性がある状況で、企業が今ある統計的情報に基づいて判断することには合理的な側面があるので、「統計的差別が起こるのは仕方がない」と私たちが勘違いさせられやすい点にあります。

　統計的差別は、決して仕方がないものでも受け入れなければならないものでもありません。企業が合理的に意思決定をした結果であったとしても、なぜ女性「個人」が「グループ」の情報に基づいて男性と異なる取り扱いをされなければならないのでしょうか。ある女性は同僚の男性よりも生産性が高いかもしれませんし、また別の女性は定年まで働くか

もしれません。他の女性がそうだからといって、女性ひとりひとりがそうとは限らないのです。また、女性はこうだという思い込み自体が、差別に基づいていることもあります。

　さらに、統計的差別には「フィードバック効果」があるので、悪循環が起こる可能性があります。例えば、企業が「女性はすぐに辞めてしまうだろう」という「予言」をしているとしましょう。その場合、企業はすぐに辞められても構わないあまり大事でない仕事や教育訓練の必要のない平易な仕事に女性従業員を配置するでしょう。そのような仕事にやりがいを感じられなかったら、女性の意欲は低下し、本当に短期で離職してしまう可能性が上がります。つまり、企業の予言が実際に成就してしまうので、これは、「予言の自己成就」とも呼ばれます。

　フィードバック効果の問題点は、企業が当初信じていることが間違っていても、それが女性の行動を変えることで自己実現してしまい、結局は正しいものとなってしまうことにあります。そして、企業にとっては「やはり予言は正しかった」となり、その結果、統計的差別はより強力になって持続してしまうおそれがあるのです。このように、労働需要と労働供給は相互に作用し合うことにも注意が必要です。

ジェンダー規範

　話を変えて、ジェンダーに関する社会規範（ジェンダー規範）について考えましょう。ある社会で共有される「〜をすべきである」という価値観を社会規範と呼びます。社会規範に関する研究は主に社会学や社会心理学等で行われてきましたが、近年になって、経済学でも急速に発展しています。特に、経済活動における男女差の規定要因として、ジェンダー規範への注目が高まっています。例えば、「男性は外で働き、女性は家庭を守るべき」という伝統的な性別役割分担意識がこれに当たります。

　調査の結果をみると、日本では 1970 年代以降、ジェンダー規範に賛成する人は減ってきてはいますが、近年でも 4 割に近い人が賛成して

います (NHK 放送文化研究所「『日本人の意識』調査」)。また、日本は、国際的にもジェンダー規範の強い国の１つです (「世界価値観調査」)。

ジェンダー規範が強い社会では、何が起こると予想されるでしょうか。まず、女性は仕事自体だけではなく、仕事にかかわる人的投資を積極的に行うことを避けるでしょう。なぜならば、女性は家庭を守るべきという規範がある社会で、女性が外で働いたり、仕事に関連する活動を熱心に行ったりすれば、規範に反することになり、有形・無形の不利益を被ることが予想されるからです。研究結果をみると、日本でも、ジェンダー規範が弱まると働く女性の割合が増えることが報告されています (Rodríguez-Planas & Tanaka 2022)。そして、女性が仕事や人的投資に消極的であれば、女性の賃金は上がらず、男女間賃金格差がもたらされます。

これは個人への影響ですが、ジェンダー規範は企業行動にも影響を与えると考えられます。ジェンダー規範があると、例えば「家庭を守るべき女性は外で働くことに向いていない」といった女性に対するバイアス (偏見) が無意識のうちに生み出され、会社が人事評価を行う際に、女性の仕事の成果を無意識に実際よりも低く評価してしまい、女性の賃金が低くなり、男女間賃金格差が発生しうるのです。このように、ジェンダー規範の影響は無視できないので、さらなる研究が期待される分野です。

男女間賃金格差のさらなる縮小のために

ここまでみてきたとおり、日本の男女間賃金格差は以前より小さくなっていますが、今でも人的資本の男女差では説明できない男女間賃金格差があり、ガラスの天井の存在もうかがえます。日本では、少子高齢化の進行で労働力人口の減少が予想されているため、女性への労働力としての期待が高まっています。しかし、労働の対価である賃金に納得できない男女間格差があったり、女性が職位の高い仕事につくことが難しければ、女性は意欲をもって働けないでしょうし、そもそも働くことを選択しないかもしれません。よって、社会にとっても、このような格差が

なくなることが望ましいと考えられます。

　このような格差を引き起こす一因として、女性は生産性が低いといった企業の思い込みや無意識のバイアスが考えられます。よって、企業が変われば、悪循環が断ち切られ、逆に好循環へと流れを変えられるかもしれません。そのためには、社会全体での働き方の見直しが必要です。例えば、長時間労働や決められた場所で働くこと、突発的な事態への対応などが社員に求められ、それらを企業が評価しているとしましょう。男性はそのような働き方ができても、現状では女性従業員は家庭で家事や育児の役割を担うことが多く、そのような働き方ができないことがままあります。そうすると、女性は企業から評価されず賃金は上がりませんし、企業の女性に関する思い込みやバイアスは持続してしまうでしょう。しかし、働く時間や場所の自由度が高く家事や育児と両立しやすい働き方が一般的になり、このような働き方が評価されるようになれば、男性と女性が同じ働き方をできるので、そうしたことは起こりません(Goldin 2014)。このように変わると、女性だけでなく、男性にとっても働きやすくなることはいうまでもありません。

　また、人的資本の男女差で説明できる格差があることも忘れてはなりません。私たちが生活をするうえで、家事や育児といった活動も決しておろそかにはできません。でも、女性がその負担を多く負っているのが現状です。私たちには1日24時間という時間制約があるので、家事や育児に多くの時間を割けば、仕事や仕事のための人的投資の時間が削られます。男性だけでなく、女性も仕事や人的投資に十分に時間を使えるように、配偶者や家族が家事や育児を分担することは公平性の観点からも重要なことですし、もし意欲のある女性が人的投資をできていないのであれば、効率性の観点からも改善されるべきです。

　ただし、決して政府も手をこまねいているわけではありません。男女雇用機会均等法、次世代育成支援対策推進、女性活躍推進法など、女性や子どものいる労働者をサポートするための法律が日本には複数あり

ます。ただし、これらの法律が目的どおりに機能しているのかは、よく
わかっていないのが現状です。EBPM（Evidence Baced Policy Making：
証拠に基づく政策立案）への関心が高まっていますが、Part I の Col-
umn 1 で説明されている因果推論に基づいた政策評価を行い、有効な政
策とそうではない政策を識別し、有効な政策を推進していくことも、男
女間賃金格差を縮小するために重要です。

参考文献

・ボネット、イリス、2018、池村千秋訳『WORK DESIGN──行動経済学でジェンダー格差を
克服する』NTT 出版
・Arulampalam, W., A. L. Booth & M. L. Bryan, 2007, "Is There a Glass Ceiling over Europe?
Exploring the Gender Pay Gap across the Wage Distribution," *Industrial & Labor Relations
Review* 60 (2), pp. 163-186.
・Blau, F. D. & L. M. Kahn, 1997, "Swimming Upstream: Trends in the Gender Wage Differential
in the 1980s," *Journal of Labor Economics* 15 (1), pp. 1-42.
・Goldin, C., 2014, "A Grand Gender Convergence: Its Last Chapter," *American Economic
Review* 104 (4), pp. 1091-1119.
・Hara, H., 2018, "The Gender Wage Gap across the Wage Distribution in Japan: Within- and
Between-Establishment Effects," *Labour Economics* 53, pp. 213-229.
・Rodríguez-Planas, N. & R. Tanaka, 2022, "Gender Norms and Women's Decision to
Work: Evidence from Japan," *Review of Economics of the Household* 20, pp. 15-36.

著者紹介　　**原ひろみ**（はら・ひろみ）
　　　　　　　　明治大学政治経済学部教授（労働経済学）

　　　　　　　　〈主要著作〉"The Effect of Public-Sponsored Job Training in Japan," *Journal
of the Japanese and International Economies* 64, 101187, 2022.
　　　　　　　　〈なぜこの学問・この専門分野を志したか〉経済学部在学中に、人的資本理論
を発展させた経済学者の故ゲイリー・ベッカー氏（アメリカ・シカゴ大学教授）
がノーベル経済学賞を受賞したことをきっかけに、人的資本理論に興味をもち、
労働経済学を学びたいと思いました。

2. 政治学

女性議員が増えれば
政治は変わるのか？

松林哲也

日本では政治の世界で活躍する女性が少ない

　政治や経済の分野において、日本では大きな男女格差があるという報道を目にしたことはありますか。2022 年 7 月には、「男女平等、日本 116 位　先進国最下位、経済分野で後退」(朝日新聞)、「日本の男女平等指数 116 位　政治・経済で改善進まず」(日本経済新聞)という見出しの新聞記事が出ました。これらの記事は、世界経済フォーラムというスイスのシンクタンクがまとめた男女平等に関する報告書に基づき、経済、教育、健康、政治という 4 つの分野における男女平等の実現が日本では大きく遅れていることを報じています。

　この報告書で特に目を引くのが、日本の政治分野における男女格差です。国会や内閣の構成員に占める女性の比率、そして女性が過去に首相や大統領を務めた期間を指標として用いた場合、2022 年時点で日本は 146 カ国中 139 位となっています。この順位の低さについて驚かれる方は少ないのではないかと推測します。というのも、私たちがふだん目にする政治家の多くは、ダークスーツに身を包んだ中高年の男性政治家だからです。

　実際、これまで日本では女性の首相経験者はおらず、また歴代内閣での女性大臣の比率は 1 割程度です。**図 1** は過去 40 年間 (1977〜2017 年)の国会と地方自治体議会における女性議員比率を示していますが、2020 年時点でも衆議院、都道府県議会、町村議会では女性議員は全体の約 10% を占めるのみです。比較的比率の高い参議院や東京都 23 区

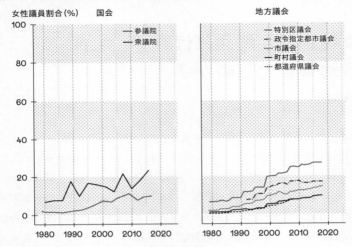

図1　日本の国会と地方議会における女性議員の割合

女性議員割合(%)　　　国会

- 参議院
- 衆議院

地方議会

- 特別区議会
- 政令指定都市議会
- 市議会
- 町村議会
- 都道府県議会

（注）『令和3年版男女共同参画白書』のデータに基づいて筆者作成。

の特別区議会でも、女性議員の比率は約4分の1にとどまっています。

女性の少なさに疑問をもつべき理由

　日本に住む私たちは女性議員が少ないこのような現状に慣れてしまっており、それが当たり前のように思ってしまいます。しかし、このような現状に対して、「なぜ日本では女性議員が少ないのだろう、もし女性議員が増えたら政治や社会にどのような変化が起きるのだろう」という疑問をもってもいいはずです。

　疑問をもつべき理由は3つあります。1つ目の理由は、人口に占める男女の比率です。日本の人口の男女比率は1：1なので、政治の世界でも男女比率が（ほぼ）等しくなってもおかしくありません。

　2つ目の理由は他分野における女性の進出です。近年になって、教育・医療・司法・メディアなどの分野での女性比率や女性管理職比率が増え

てきています。例えば、最近の『男女共同参画白書』によると、小学校では全教員に占める女性の比率が6割、中学校で4割を超えています。医療や司法の分野でも女性の割合が増えており、女性医師や女性検察官の比率は過去20年間で倍増しています（2020年時点では女性医師は22%、女性検察官は25%）。若い世代では医師の女性比率は3割を超えています。ところが、政治の世界、特に町村や都道府県の議会では未だに女性が少なく、政治だけが例外にみえます。

　最後の理由は他国の状況です。先ほどの世界経済フォーラムの報告書によると、ランキング上位の北欧諸国、ニュージーランド、ニカラグア、ルワンダ、バングラデシュなどでは女性の政治リーダーが数多く活躍しています。コロナ禍でも強いリーダーシップをみせたドイツのアンゲラ・メルケル前首相、ニュージーランドのジャシンダ・アーダーン前首相、台湾の蔡英文総統は代表的な女性リーダーといってもいいでしょう。日本とは対照的な状況です。

この章の目的

　ここまでは日本における女性の政治進出の低調さに焦点を当ててきましたが、実は同様の男女格差は他国でもみられます。政治の世界では歴史的に男性優位が続いてきたこともあり、現時点で完全な男女平等が実現している国は存在しません。前述のランキング上位の国々でも、少なからず男女格差は存在します。そのため、女性の政治進出を阻む要因、そして女性の政治進出によってもたらされる社会の変化という2つのトピックは、程度の差こそあれ、どの社会にとっても重要な意味をもちます。そこで、政治学、経済学、社会学といった社会科学分野の研究者はこれら2つのトピックについて、さまざまな研究を行ってきました。

　この章では、社会科学分野におけるこれまでの研究成果を参考にしながら、以下の2つの疑問に答えていきます。

・なぜ日本を含む世界の多くの国では女性議員が少ないのか。どうすれば女性議員を増やすことができるのか。

・より多くの女性議員が政治の場で活躍すると、政策や社会に大きな変化が起きるのか。

　1つ目の疑問は、女性の政治進出を阻害する要因・促進する要因に注目しています。政治の世界で女性が少ないのは選ぶ側である有権者が女性議員を望んでいないからでしょうか。あるいは選挙に立候補する女性が少ないからでしょうか。このような現状を変えるために効果のある制度はあるのでしょうか。

　2つ目の疑問は、女性の政治進出の結果についてです。女性議員が増えると、私たちの社会に目にみえる変化が起きるのでしょうか。大きな変化が生じないのであれば、女性の政治進出は象徴的な意味のみをもつことになります。一方で、女性議員が増えることで政治や社会に大きな変化が起きることがわかれば、女性の政治進出は実質的にも大切な意味をもつということができます。これまで政治の世界に女性が少なかったために実現されてこなかった、さまざまな願いの中身を考えるきっかけになります。

　この章で注目する女性議員とは選挙で選ばれて公職に携わる女性を意味し、自治体の首長も含みます。なお、これから紹介する研究成果の多くは、因果推論という手続きを使って前述の2つの疑問に答えようとしています。因果推論の考え方については Part I の Column 1「社会科学のなかの因果推論」を参照してください。

なぜ女性議員は少ないのか

　政治の世界において女性議員が少ない理由を理解するには、需要と供給という考え方を使うのが便利です。議員になるためには、選挙で選ばれる必要があります。選ぶ側である有権者が「女性議員にもっと活躍し

てほしい」と思うのであれば、つまり女性議員に対する有権者の需要が高ければ、女性候補者が選挙で勝てるはずです。同時に、選ばれる側である候補者のプールに女性が増えれば、つまり女性候補者の供給が高まれば、女性議員は増えるはずです。

　日本を含む多くの社会で女性議員が少ないのは、有権者側の需要と女性候補者の供給の両方が低いからだといわれています。その理由の1つとして、人々がもつ性別役割分担意識や女性に対する偏見の影響を挙げることができます。性別役割分担意識とは、社会における男女の役割を個人の能力とは関係なく性別に基づいて決める考え方を意味します。具体的には、「男性は外で仕事をし、女性は家事や子育てに専念すべき」や「男性は女性をリードすべき、女性は男性の決定に従うべき」といった意識のことです。このような性別役割分担意識は「政治は男性のもの、女性は政治にかかわらなくていい」という考え方を生み出しても不思議ではありません。また「女性は政治に向いていない」という偏見を生み出す可能性もあります。

　政治に関する性別役割分担意識は、有権者側の需要と女性候補者の供給の両方に影響を及ぼします。「政治は男性の仕事だ」とか「女性に比べて男性のほうが政治に向いている」と考える有権者は、女性候補者ではなく男性候補者に投票するでしょう。また、社会の中で性別役割分担意識が強いと、立候補する女性の数も減ってしまいます。というのも、性別役割分担意識が強い社会で育った女性の多くは、「議員になりたい、自分は議員に向いている」と考えなくなるからです。

　アメリカの高校生や大学生を対象とした研究は、高校生や大学生の時点で、男性と比べると女性は政治家になることに消極的であることを明らかにしています。また、立候補することを考えたとしても、自分に期待されている家事や子育てを理由として断念するかもしれません。同時に、日本における研究は、家族のサポートを得られるのであれば女性の間で立候補する意思が強まることを示しています。

女性議員が増えれば政治は変わるのか？

性別役割分担意識の強さと女性議員比率

　図 2 は、日本を含む世界各国における性別役割分担意識の強さと女性議員比率の関係を示しています。各国における性別役割分担意識の強さを測定するために、World Values Survey という世界各国で定期的に実施されている世論調査のデータを使いました。この調査では各国で無作為に選ばれた千人から数千人の人々に政治や社会に関する意見を尋ねています。「男性の方が政治に向いている」という意見に対して、「強くそう思う」と「そう思う」と答えた人たちの割合を各国別にまとめました。女性議員比率は、各国の国会（特に下院、日本の場合は衆議院）に占める女性議員の割合を使っています。

　図 2 をみると、性別役割分担意識の強さと女性議員比率の関係は右肩下がりであることがわかります。つまり、「男性の方が政治に向いている」と考える人々の割合が高い社会では女性議員が少ないのです。例えば、図左上に位置するのは主に北欧諸国ですが、これらの国々では「男性の方が政治に向いている」と考える人はほとんどおらず、女性議員の割合は 40% 近くになっています。

　他方、図右下に位置する国々では過半数を超える人々が「男性の方が政治に向いている」と思っており、女性議員の比率も 20% を切っています。日本では、「男性の方が政治に向いている」と思う人々の割合はあまり高くないのですが、女性議員比率はかなり低いという例外的な国です。

　女性が議席を得たとしても、女性議員は議会内外で困難に直面します。例えばインドの地方議会を対象とした研究では、男性に比べて女性の発言機会が少なく内容が短いことを示しています。この背景の一部にはマンスプレイニングがあるかもしれません。マンスプレイニングとは、男性 (man) が女性に対して上から目線で偉そうに説明したがる (explaining) ことを意味しています。自分 (＝男性) と比べると女性は何も知らない、だから教えてやろうという男性議員の偏見があり、これが女性議

図2 「女性より男性の方が政治に向いている」と思う人の割合と女性議員比率の関係

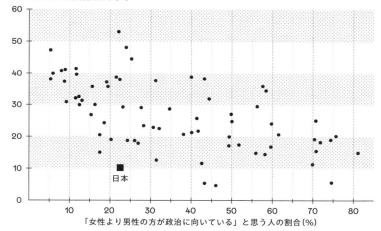

下院における女性議員比率(%)

「女性より男性の方が政治に向いている」と思う人の割合(%)

(注) World Values Survey Wave 7 データ (https://www.worldvaluessurvey.org/wvs.jsp) と the Inter-Parliamentary Union がまとめた女性議員割合データ (http://archive.ipu.org/wmn-e/classif.htm) より筆者作成。

員の発言機会を奪うかもしれないのです。また、男性議員と比べると、女性議員は有権者からの暴力の危険にも晒されます。スウェーデンで行われた政治家を対象とした研究は、男性と比べて特に要職を務める女性政治家は脅迫やハラスメントのターゲットになりやすいことを明らかにしています。

クオータ制の導入

ここまでの議論を踏まえると、性別役割分担意識が変化すれば、女性候補者に対する需要や供給が高まり、結果として女性議員が増えると予測できます。ただし、性別役割分担意識は急激に変化することはありません。むしろ、時間とともに徐々に変化していくものだと考えられます。なので、目の前にある男女格差の解決策とはなりえません。また、日本

では「男性の方が政治に向いている」と思う人々の割合はそれほど高くないにもかかわらず女性議員比率は低いままです。

　この現状を変えるのに役立つのが制度改革です。女性議員を増やすために有効な制度改革と考えられているのがクオータ制の導入です。一般的に、クオータ制とは、候補者や議席に占める女性の割合が事前に定められた最低限の基準を満たすことを求める規則を意味します。この規則は主に 3 つの型に分けられます。1 番目は、全議席に占める女性議員の割合を定めるものです。例えば、アフリカの国々（ケニア、タンザニア、ジンバブエ、ウガンダ、ルワンダなど）のクオータ制では全議席のうち 10% から 30% ほどが女性に割り当てられています。

　2 番目は、全候補者に占める女性候補者の割合を定めるものです。フランスで 2000 年に採用されたパリテ法は、男女候補者数が均等になることを全政党に求めています。

　3 番目は、政党が自発的に工夫して女性候補者の割合を調整するものです。例えば、スウェーデンの社会民主労働党は男女が交互に並べられた候補者リストを作成します。こうすることで、候補者の男女比が均等になるだけでなく、選挙における当選確率も男女で均等になるような工夫をしています。このようなクオータ制を導入する国は増えており、2015 年の時点ではその数は 130 を超えています（Paxton, Hughes & Barnes 2021）。

　なお、日本では 2018 年から候補者男女均等法という法律が施行されています。この法律は、選挙における男女の候補者数をできる限り均等にするように政党などが努力することを求めています。しかし、均等にすることを義務化しているわけではないので、その効果は不透明です。

クオータ制の導入がもたらす変化

　クオータ制が導入されることで生じる最も重要な変化は、当然ですが、女性議員の増加です。女性議員や女性候補者の割合が高く設定されるほ

ど、女性議員比率も増加します。ただし、2番目や3番目のタイプのクオータ制で設定された女性候補者の割合と、議会全体における女性議員比率が1：1の関係になるとは限りません (Paxton, Hughes & Painter 2010)。女性候補者の割合が最低でも30％になるような規則があったとしても、女性候補者全員が当選するとは限らないからです。また、そもそも罰則規定などがなければ、クオータ制により定められた基準を無視する政党が出てくるので、結果としてそのクオータ制の効力は小さくなります。

クオータ制導入の影響は女性議員の単純な増加だけにとどまりません。クオータ制が導入されることにより、男女とも能力の高い議員が選ばれるようになります。議員の能力を定義するのは難しいのですが、ここでは認知能力、情報収集能力や処理能力、他者との対話力、勤勉さ、公正さなどをイメージしてください。クオータ制が導入されると、能力が高くても政治の世界で活躍するチャンスを摑めなかった女性が議員として参入できるようになります。

これに加えて、候補者間の競争が激しくなることで、これまでは競争相手が少なくて議員になることができていた能力の低い男性が退場し、結果として政党や議会内で高い能力をもつ議員の比率が増加します。クオータ制導入に対しては「資格や能力のない女性に下駄を履かせて議員になることを許せば、議員の平均的な質が落ちる」という反論があります。しかし、これらの研究はクオータ制の導入が議員全体の質を高めるという真逆の知見を示しています。

女性議員が増えれば議会が変わる

クオータ制が導入されるなどして女性議員が増えたとしましょう。このとき、政策や社会にどのような変化が起きるのでしょうか。例えば、100人の議員で構成される架空の議会があるとします。現在、議員のうち90人が男性、10人が女性とします。比率は9：1です。クオータ制が導入されるなどして、男性議員が70人で女性議員が30人になった

とします。比率が 7：3 に変化しました。まだ平等とはいいがたい状況ですが、女性議員の比率は大きく増えています。

　女性議員が大きく増えたこの議会では、主に 2 つの変化が生じると考えられます。1 番目は議会内の政策選好の変化です。一般的に、女性と男性では重視する政策が違うといわれています。例えば、性的暴力やセクハラなどの被害者になるのは女性のほうが多いので、男性と比べると、女性有権者や女性議員はそれらの撲滅を目指すような政策が実現されることをより強く望むでしょう。また、女性議員が増えれば、議会内において女性の権利にかかわる議論が活発になり、結果として権利保護を目指す政策が実現されやすくなると予測できます。女性の教育機会が制限されているような社会では、女性のほうがその改善を強く求めるでしょう。

　また、女性の権利とは直接に関連しない一般的な政策（例えば、社会保障政策、医療衛生政策、教育政策など）に関しても、男女では選好が異なります。一般的に、男性に比べて、女性は日常生活において政府がより積極的な役割を果たすことを求めます (Inglehart & Norris 2000)。自分や他の人々の医療・教育・雇用の問題などについて個人のみが責任をもつ（自助）のではなく、必要があれば社会全体、特に政府が主体となってその問題の解決を目指す（公助）ことを望むのです。女性は社会的・経済的に不利な立場に置かれることが多いので、政府が社会保障政策を拡充したり、教育政策や保育政策に必要な予算を増額したりすることを支持するのです。このような政策選好をもつ女性議員が増えれば、政策の提案、委員会や議会などでの発言、そして最終的には議会内での投票で影響力を発揮できるので、政策の実現可能性が高まります。

女性議員が増えれば議員の質が変わる

　2 番目は議員の質の変化です。クオータ制が導入されることで議員全体の質が高まることは前述のとおりです。そこで、ここでは、クオータ

制が導入されていない状況で女性議員が増えることの意味を考えてみます。先に述べたように、候補者として女性が当選を目指したときに立ちはだかるのが有権者の性別役割分担意識です。「政治は男性の仕事だ」とか「女性に比べて男性の方が政治に向いている」と考える有権者は、女性候補者ではなく男性候補者に投票すると考えられます。

ただし、もし能力の高い女性候補者が自分の経歴や政治家としての資質をアピールできれば、性別役割分担意識に打ち勝ち当選できるかもしれません。つまり、性別役割分担意識が残っている状況で実際に当選して議会内で活躍している女性議員は、男性議員と比べると平均的に能力が高いと考えられます。クオータ制のない状況で選挙を通じて選ばれる女性議員が増えるということは、能力が高い女性議員が増えるということを示唆するのです (Anzia & Berry 2011)。これらの女性議員にはトップ・ポジション(首相や政党リーダーなど)にまで上り詰める可能性も十分にあります。議会内で能力の高い(女性)議員が増えれば、有権者の望む政策や社会のニーズに適した政策が実現されやすくなるかもしれません。

女性議員が増えれば政策が変わる

女性議員が増えて議会内でこれらの 2 つの変化が別々に、あるいは同時に起きることで、議会が生み出す政策にも多岐にわたる変化が生じます。これまでの研究が示している変化をいくつかみてみましょう。女性議員個人の影響力に注目した研究は、女性市長は男性市長に比べて補助金獲得により成功しており、また公衆衛生の改善にも寄与することを明らかにしています。また、多国間比較を行った研究は、クオータ制が導入され女性議員の比率が増えると、医療健康政策への政府支出が増えることや、紛争後の平和が持続することを示しています。

女性議員の増加によって生み出されたこのような政策は、社会のさまざまな分野に影響を及ぼし、同時に女性の社会的・経済的地位の向上にも一役買うはずです。例えば、女性に対する強い差別が残るインドでは

クオータ制を導入することで女性の政治参入を促そうとしてきたのですが、クオータ制の導入を通じた女性議員の増加により重要な変化が起きたことが示されています。例えば、クオータ制が導入され女性リーダーが増えると、男女児童の教育格差が小さくなりました。また、女性議員の比率が増えると、新生児死亡率が低下し、女性に対する犯罪の申告が増えることもわかっています。

　女性リーダーの活躍を目にすることで、人々の意識や行動にも変化が生じます。女性議員がロールモデルとして活躍することにより、人々がもつ性別役割分担意識や女性に対する偏見が変化します。男性に比べて、一般的に女性は政治への関心や知識量が低い場合が多いのですが、女性の政治リーダーが活躍するようになると、このような男女格差は小さくなります。さらに、女性リーダーが活躍している地域では、その女性リーダーとは関係のない別の女性候補者への支持も高まることがわかっています。また、政治への参入を考える潜在的女性候補者を増やします。

おわりに

　この章では、日本において女性議員が少ないことを背景として、女性の政治参入を阻む要因と女性の政治参入がもたらす政策や社会の変化をみてきました。多くの社会では性別役割分担意識や女性への偏見が強いため、女性政治家に対する人々の需要が低く、同時に政治家になりたいという女性候補者の供給が低い状態が続いてきました。その結果、女性議員がなかなか増加しなかったのです。また女性候補者が当選して議員になったとしても、議員活動にはいくつもの障壁が立ちはだかることも論じました。

　性別役割分担意識が変化したりクオータ制が導入されたりして女性議員が増えると、政策や社会には大きな変化が生じます。女性議員が増えると、女性の要望に関する議論が議会内で活発になります。その結果、女性の要望が政策として実現されやすくなります。また、いくつものハ

ードルを乗り越えて議員になる女性の多くは高い能力をもつため、議員全体の質が高まります。さらに、女性議員の活躍を日常的に目にすることで、女性議員に対する人々の意識も変化するのです。

性別役割分担意識が変化し、またクオータ制など女性の政治参入を促すような制度が導入されれば、女性の政治リーダーは増えていくはずです。その結果、政治の世界における男女格差がなくなり、また女性は自分たちの望む政策や社会を実現できる可能性が高まっていきます。では、男性側にとっては、このような変化は何を意味するのでしょう。1ついえるのは、女性が政治に参入するようになれば、議員になる人々の競争が激しくなります。その結果、男女を問わずより能力の高い人々が私たちのリーダーとして活躍してくれるようになるのです。これは男性にとっても望ましいことです。

この章では男性と女性という2つのグループの対比に基づいて議論を進めてきました。しかし、近年では、男女だけではなく、異なる性的指向・性自認をもつ人々の政治参入の原因と結果に注目する研究も増えています。また、性別・性的指向・性自認に加えて、私たちは年齢、民族、言語に基づく多種多様な社会集団に属しています。例えば、民族的マイノリティの女性は、多数派に属する女性と比べると、より政治参入が難しいといわれています。残念ながら、スペースの制限がありこの章ではこれらのトピックを取り上げることができませんでしたが、社会の中で誰がどのような理由で政治の世界から排除されているのか、その結果として何が起きているのかを考えることは、とても大切です。

参考文献

· Anzia, S. F. & C. R. Berry, 2011, "The Jackie (and Jill) Robinson Effect: Why Do Congress-women Outperform Congressmen?," *American Journal of Political Science* 55, pp. 478-493.
· Inglehart, R. & P. Norris, 2000, "The Developmental Theory of the Gender Gap: Women's and Men's Voting Behavior in Global Perspective," *International Political Science Review* 21 (4), pp.441-463.
· Paxton, P., M. M. Hughes & T. D. Barnes, 2021, *Women, Politics, and Power: A Global Per-*

spective, 4th ed., Rowman & Littlefield.
· Paxton, P., M. M. Hughes & M. A. Painter, 2010, "Growth in women's political representation: A longitudinal exploration of democracy, electoral system and gender quotas," *European Journal of Political Research* 49, pp. 25–52.

※紙幅の都合で掲載できなかった、より詳しい参考文献情報は、有斐閣のウェブサイトで提供しています。下記の URL または右記の二次元コードからアクセスし、「ウェブサポート」のコーナーをご覧ください。
https://www.yuhikaku.co.jp/books/detail/9784641126459

著者紹介　**松林哲也**（まつばやし・てつや）
　　　　　　大阪大学大学院国際公共政策研究科教授（政治学）

〈主要著作〉『自殺のない社会へ――経済学・政治学からのエビデンスに基づくアプローチ』（澤田康幸・上田路子と共著。有斐閣・2013 年）、『政治学と因果推論――比較から見える政治と社会』（岩波書店・2021 年）
〈なぜこの学問・この専門分野を志したか〉民主社会に住む私たち一人ひとりが積極的に、そして平等に政治に参加すれば社会にどんな変化が起きるのかをデータ分析を通じて明らかにしたいという思いがあり、政治学を志しました。

3. 社会学

社会のあり方は
性別にどう関係するのか？

森山至貴

最良の道具を手に入れる

　「女の子なんだから、乱暴な言葉づかいをしてはダメ」「働いて稼いで妻や子どもを養うのが男のつとめ」「人生の途中で性別が変わるなんてありえない」「同性愛者は男と女の両方の心をもっているのでどちらの気持ちもわかる」……こんな言葉に、「そんなはずない！」と反発したくなったり、「そう……なのかな？」と疑問を感じたりしたことはありませんか。

　どれか1つに対してでも反発や疑問を覚えた人は、割り切れない、納得できないというその気持ちを出発点に、これらの言葉やその背後にある発想について、もう少し突きつめて考えてみませんか。どの言葉も正しいと思った人は、これらの言葉は、反発や疑問を押し切ってでもみんなが納得したり従ったりするべき「正しさ」を備えていると本当に言えるかどうか、考えてみませんか。

　これらの言葉について考えるための最良の道具が、「ジェンダー」という概念です。この章では、性別にまつわるさまざまな経験を分析し、考察するために使われるこの概念について、社会学の観点から説明していきます。

性別の社会性

　「ジェンダー」という言葉のさまざまな使われ方をこれから説明していきますが、そのためにまず、それらの使われ方に共通の特徴を確認し

ておきましょう。それは、性別の社会性に着目したり、強調したりするために「ジェンダー」という言葉が使われる、という点です。さっそく社会学っぽくなってきた、と思いませんか？ なにしろ、「社会」という言葉が登場しましたからね。

　ある現象に社会性が備わっているとは、その現象に「人々が織りなす相互行為や人間関係、制度や規範のあり方と分かちがたく結びついているという性質がある」という意味です。「人々が織りなす相互行為や人間関係、制度や規範のあり方」を全部まとめて「社会」と呼ぶことができます。ですから、ある現象に社会性が備わっているとは、社会のあり方を考えること抜きにその現象を考えることができない、という意味だと言い換えることができます。

　ちなみに社会学とは「人々が織りなす相互行為や人間関係、制度や規範のあり方」についてあらゆる方向から調べたり考えたりする学問です。ですから、性別の社会性について考えるのにも、社会学はぴったりだ、ということになります（ただし、社会学だけが性別の社会性を扱っているわけではありません。この点はあとで説明します）。

　さて、性別が「人々が織りなす相互行為や人間関係、制度や規範のあり方と分かちがたく結びついている」とか、性別を「社会のあり方を考えること抜きに考えることができない」とは、いったいどういうことを指しているのでしょうか？ 厄介なことに、その答えは複数あります。社会学が性別の社会性を取り扱うさまざまな方法を理解してもらうために、以下ではそれらの答えを1つずつ確認していきます。

男女の違いはすべて生物学的なもの？

　性別が違えばそれにともなって違うことはいろいろとある、という基本的な事実から始めます。例えば、身長はどうでしょうか。男性の方が女性より身長が高い気がします。国会議員に占める男性と女性の比率はどうでしょうか。日本では2022年現在、男性が約9割、女性が約1割

です。男女で大きな違いがありますね。このような性別による違いをまとめて性差と呼びます（ここでは性別を女性と男性の 2 つに分けていますが、そのことの問題についてはのちほど考えます）。

さて、これらの性差は、どのようなメカニズムによって生まれるのでしょうか。まず思い浮かぶのは、「生物学的」な原因です。先ほど取り上げた身長のほかにも、体脂肪率、射精や月経の有無に関してなど、性別によって異なることはたくさんあるように思われます。ヒトのあいだにある、「生物学的」な原因によって生まれる性差のことをセックスと呼ぶ、と教わった人もいるでしょう（性行為を表す「セックス」と同じ単語ですが、この章ではこの言葉を「生物学的性差」という意味で使います）。

では、国会議員の性別による比率についてはどうでしょうか。「生物学的」に男性の方が国会議員に向いている、のでしょうか。どうもそうではなさそうだということが、日本以外の国との比較でわかります。2022 年の時点で、ルワンダ、キューバ、ニカラグア、アラブ首長国連邦では、国会議員に占める女性比率が 5 割以上です。女性議員が 4 割を超える国は 20 カ国以上あります。国によらず男女の「生物学」上の特徴はほぼ変わらないはずですから、日本における女性議員の圧倒的な少なさを「生物学的」な原因では説明できません。

となると、日本における女性議員の少なさは、選挙制度、国会議員について周囲の人から与えられる情報の性質や条件など、さまざまな要素が複合的に引き金となって引き起こされた、と考えることができるでしょう（☞ Part Ⅴ_2. 政治学）。これらの要素はまとめて言い換えれば「人々が織りなす相互行為や人間関係、制度や規範」ですから、日本における女性議員の少なさは社会のあり方によって生まれている、と考えることができます。

社会のあり方は性別にどう関係するのか？

社会的性差とは

このように、さまざまな性差のうち、社会のあり方によって生まれるものを、社会的性差と呼びます。ジェンダーという言葉の1つめの意味は、この社会的性差です（加藤ほか 2005：24-25）。この意味でのジェンダーについて調べることが、社会学がジェンダーについて行う作業の1つめのものです。

育児休暇を取得する割合は男女でどちらがどれくらい高いのか、理系の学部に進学する割合は男女でどちらがどれくらい高いのか、プロポーズをするのは男女のどちらがどれくらい多いのか、男女でデートをする場合、食事代はどのような比率で支払うのか……育児休暇や大学入試の制度も、プロポーズや「おごり」や「割り勘」の慣習も、社会の要素の一部です。したがって、これらに関する性差は社会的性差だといえます。それらを調べるのが社会学の作業の1つめです。

ひとつ注意が必要なのは、性差は性別による個々人の違いではない、という点です。ある男性の身長が 165 cm で、別の女性の身長が 170 cm だからといって「女性は男性より身長が高い」という結論を出すことはできません。性差はあくまで性別による傾向の違いです（加藤 2006：92-97）。たくさんの場合を調べて傾向の違いを導く必要がありますので、社会学の中でも統計調査を使った方法などが、社会的性差を調べるには役立ちます。また、収入や賃金といった広く「お金」に関係する性差は、これらを得意とする経済学の分野で調査されることも珍しくありません（☞ Part V_1. 経済学）。

「女らしさ」「男らしさ」

結婚したら男女のどちらかが仕事を辞めて専業の家事労働者になる場合を考えてみましょう。日本における各種の調査では、妻の方が高い割合で仕事を辞めることが示されています。国や地域によって、そもそも結婚しても夫婦のどちらも仕事を辞めないことが一般的な場合もありま

すので、日本におけるこの性差は社会的性差だといえるでしょう。では
この社会的性差はどこからやってくるのでしょうか?

　最もわかりやすく、かつありそうな説明は、「結婚したら女性は仕事
を辞めて家事に専念すべき、男性は働き続けるべき」と聞かされて育っ
たからそうすべきだと思っている、そうせざるをえない、といったもの
ではないでしょうか。このように、「すべき」「すべきでない」という形
でなされる価値判断を規範と呼びます。これらの規範は、個人が1人で
決めたもの(例えば新しい宗教の教祖が定めたもの)のような例外を除
けば、「人々が織りなす相互行為や人間関係、制度」の中で定まり、人々
に一定程度以上の広さで共有されているものですので、「社会規範」あ
るいは「社会的規範」とも呼ばれます(加藤 2017:70-72)。つまり、社会
的性差には、社会規範によって生み出される側面があるのです。

　ジェンダーという言葉の2つめの意味は、この性別に関する社会規
範です。性別に関する社会規範は多くの場合「女性なら〜すべき(でな
い)」「男性なら〜すべき(でない)」という内容になるので、思い切っ
てまとめて「女らしさ」「男らしさ」のこと、と言い換えてもよいでし
ょう。この意味でのジェンダーについて調べることが、社会学がジェン
ダーについて行う作業の2つめのものです。

　進路選択や職業選択の場面から、服装や化粧のあり方、日常会話の中
での口調や発言の頻度、歩き方や座り方などの所作に至るまで、社会に
は性別に関する社会規範が無数に存在します。これらの「女らしさ」「男
らしさ」に関する社会規範が具体的にどのようなものであるかを調べる
のが、ジェンダーに関する社会学の作業の2つめなのです。

そもそも性別って何?

　ここまで、「性別」という言葉を何度も使ってきました。では、この
言葉はいったい何を指しているのでしょうか?「男性と女性」という区
分のことでしょうか? でも、それっていったい何のことでしょうか?

そんなの決まっているじゃないか、ペニスや精巣があるのか、卵巣や膣や子宮があるのか、性染色体が XY なのか XX なのか、そういう要素によって分けたヒトの 2 つのグループのことだよ、そう言いたくなる人もいるかもしれません。生殖に関する生物学的な違いによるヒトの区分＝性別、というわけですね。

　たしかに、そういう意味で「性別」を理解する場合もありそうです。でも、「性別」をこのような意味で理解してよいのでしょうか？ 2 つの観点から考えてみましょう。

　1 つめは生物学的な観点です。性に関する生物学の発展によってわかってきたことですが、有性生殖をする種においても、実は生物学的にすべての個体を明確に 2 つの種類に分ける単一の基準はありません。そもそも有性生殖には身体の複数の部分がかかわっています。それらのすべての要素がいつも「雄」か「雌」のどちらかの性質をもったものとなっていて、かつそれらのすべての要素が一貫して「雄」側のものか「雌」側のものに統一されてヒトが生まれてくるわけではないのです（ファウスト-スターリング 2018：6-14）。したがって、生物学的に精密に考えるのであれば、むしろ男女の区分こそが「性別」であるとはいえません。「生物学的な性別」はもっと複雑なのです。

「性別」には複数の意味がある

　では「男女に二分できると考えていたのは間違いだったけれども、それでもやっぱり生物学的に判断されるのが性別」ということなのでしょうか？ ここで 2 つめの観点が登場します。生物学がどのような議論をしてきたか、しているかにかかわらず、つまりそれらを知らずとも、私たちは「性別」という概念を使っているはずです。では、そのとき、性別はどのように理解されているのでしょうか？

　性別に関して社会学が明らかにしてきたことの 1 つに、人々は他人の性別を、その人の姿を見るや否や瞬間的かつ自動的に判断している、と

いうものがあります（これを「一瞥による判断」と呼びます）。たしかに、他人を見てその人の性別を判断しないというのは、なかなか考えにくいことのように思われます（しかし、不可能ではありませんし、判断しないことを積極的に選ぶべき場合もあるでしょう）。このとき、私たちは、生殖機能の特徴でもなく、公的書類上の表記でもない、「見た感じ」とでも呼ぶしかないもので「性別」を判断しています（鶴田 2009）。

　ここで、「見た感じ」はあくまで性別の判断材料であって、性別そのものは「生殖に関する生物学的な違い」だ、と言いたい人もいるかもしれません。しかしこれは、「一瞥による判断」がなされる場面で、多くの場合起こっていないことを主張しています。私たちがひと目見てある人を女性や男性だと判断するとき、その人の生殖機能のことをいちいち考える必要はありませんし、実際に考えてもいません。「見た感じ」の性別が、まさにその目撃の場における相手の性別なのです。それ以外のことを私たちはしていません。

　確認したいのは、私たちは「性別」という言葉を日常的に複数の意味で使っているということです。それらはたしかに「実は生殖に関する生物学的な違いだった」と後づけで説明できるものも多いのですが、たいていの場合にはそう説明していませんし、説明できない場合もあります。例えば、生物学の知見を踏まえれば、出生前のヒトの胎児には性腺や胎児のホルモンの「男女差」が、出生時には外性器、内性器、脳の「男女差」がありますが、この時点ではこれらが「男」「女」としての生殖機能に発達していくかは未知数です（ファウスト-スターリング 2018）。それにもかかわらずヒトの赤ちゃんは出生時に医師や助産師などに「女の子です」「男の子です」などと判断され、その後「男」「女」としての生殖機能をもつはずの存在として扱われるようになります。この意味での性別を「出生時に割り当てられた性別」と呼びますが、この区分は明らかに厳密な意味での「生殖に関する生物学的な違い」ではありません（もちろん関連はしていますが）。また、出生時に割り当てられた性別と異な

社会のあり方は性別にどう関係するのか？

る性別の人間として生活を営みたいと望み、現に営んでいる人をトランスジェンダーと呼びますが、日本ではトランスジェンダーの人々は一定の条件を満たせば、戸籍上の性別を変更することができます。このとき、同じく女性として、あるいは男性として生活を営んでいるトランスジェンダーの人でも、戸籍上の性別変更を経たか経ないかによって「公的書類上の性別」が違う、ということがありえます。「公的書類において女性なのか、男性なのか（場合によってはそれ以外なのか）」も、私たちがもつ「性別」という言葉の意味の1つです（☞ Part V_4. 法学）。

「性別」の真の意味、なんてあるの？

　そもそも私たちは、自分は女性だ、あるいは男性だ、あるいはそれ以外の何かだ、という実感をもち、その実感に根ざした生活を送っています、あるいは送ることを望んでいます。一定のライフスタイルのあり方に対するリアリティをともなった実感は、その人のアイデンティティと言い換えられます。自分は女性だ、男性だ、それ以外だ、というアイデンティティを特に「性同一性」「性自認」（どちらも gender identity という同じ単語の日本語訳です）と呼びますが、これも「性別」という言葉の1つの意味です。

　それでもなお、「生殖に関する生物学的な違い」、この章ですでに紹介した単語を使えばセックスこそが「性別」の真の意味であり、ほかの使い方は間違いか、あるいは派生的なものなのだと言いたい人もいるかもしれません。しかし、かりに「生殖に関する生物学的な違い」が「性別」の真の意味だとして、なぜそんなことが言えるのでしょうか？　生殖器を観察すると、「生殖に関する生物学的な違いが性別の真の意味です」と書いてあるのでしょうか？　もちろん書いてありません。「性別」の真の意味がかくかくしかじかなのはなぜかと言われたら、「それが性別の真の意味だと私たちが考えているから」としか答えようがありません。

　この意味で、性別という言葉の複数の意味も、それらの中からどれを

選ぶべきかという判断基準やそれに従った選択も、「人々が織りなす相互行為や人間関係、制度」によって定まるのです。これもまた性別の社会性です。ということで、性別という言葉を人々がどのように理解し、どのように使用しているかを調べることが、社会学がジェンダーに関して行う作業の3つめ、となります。

　このように、どのような意味で使おうとも性別は社会性をもっています。それを反映し、性別そのもののことをただ「ジェンダー」と呼ぶことがあります。性別の社会性にいくつかの側面があることに対応して、「ジェンダー」という言葉にもいくつかの使われ方がある、と確認しておきましょう。

で、どうする？

　性別の社会性に光を当てるためのジェンダーという概念、そしてこの概念に関する社会学の作業について説明してきました。しかし、最後に大きな問いが2つ残っています。1つめに、性別に関するこんな社会規範がある、とわかったとして、それを残すべきなのか、それとも捨て去るべきなのでしょうか。2つめに、「性別」には複数の意味があるとして、どういう場合に、どういう意味でこの言葉を使ったらよいのでしょうか。

　ある意味、この2つの問いこそ、「性別」に関する問いの中でも最も重要なものです。なぜなら、答えによっては、特定の生き方をする人を見下したり、時には死に追いやったりする可能性があるからです。「女性は専業主婦になるべき」との社会規範は、働きたい、あるいは働かざるをえない女性の生き方を否定し、その自尊心を傷つけるでしょう。「男性は生物学的に女性を愛するもの」という社会規範は、男性同性愛者を不必要かつ効果のない「治療」で追いつめるでしょう。「生殖に関する生物学的な違い」こそが「性別」の真の意味だとの理解は、トランスジェンダーの人々を「偽物の女性・男性」と見なすことでその生き方を否定するでしょう。性別について考えるならば、「で、どうするべきか？」

まで考える必要があるのです。さまざまな問題に関して「どうするべきか」を考える学問分野としてはまず倫理学が挙げられますが、社会学にできることはあるでしょうか？

　社会学は、ある社会の成り立ち方やその成り立ちの条件を精密に描き出すことによって、「ほかにはどういう社会がありうるのか」を示します。私たちが大事にしている「平等」「自由」「公正」「権利」といった価値に基づくならば、このような別の社会のあり方を私たちは選ぶことができる。社会学はより望ましい選択肢をそのように示すことで、「どうするべきか？」という問いに答えようとするのです。過去の社会を扱う場合は歴史学、自分自身が属するのと異なる社会を扱う場合は人類学がこれらの作業を担う場合もありますが、これらの学問と重なりながら、あるいは連携しながら、より望ましい社会のあり方を探るのが社会学のもう1つの重要な仕事です。

フェミニズムの社会運動に学ぶ

　より望ましい社会のあり方を探るためにできる社会学の作業として、実際により望ましい社会を目指して活動する社会運動のあり方について調べ、そこから何らかの手がかりを得る、というものがあります。この章の最後に、少しだけこの作業をやってみましょう。具体的には、フェミニズムの社会運動と、セクシュアル・マイノリティの社会運動の一側面を取り上げ、そこから手がかりを引き出してみます（ここではヨーロッパやアメリカの社会運動を取り上げます）。

　フェミニズムの社会運動とは、社会の中で女性が被る不平等や不自由を解消することを目指す社会運動です。その特徴によっていくつかの「波」として分類されることがあるので、そのうちの2つについて取り上げてみましょう（北村 2020）。

　19世紀後半から20世紀前半にかけての第一波フェミニズムは、女性の参政権を求めました。当時の社会においては、女性はそもそも「生物

学的に」難しい知的作業をこなすことができず、したがって投票したり、政治家になったりする能力がないと考えられていました。フェミニズムの社会運動家たちは、このような考えは女性に対する無理解に基づいていること、つまりは女性も十分に知的作業が可能であることを示し、「権利」という言葉のもつ「誰にでも当てはまり、また当てはめられるべき」という性質に訴えることで、女性参政権の獲得に成功していきました。この経緯の中から、性別に関する社会規範の解除についての手がかりを見つけることができます。

性別に関する社会規範は、ときに「生物学的な性差」を装って、女性（ときには男性、あるいは男女以外の性別の人）に対し特定の生き方を強いることでその権利を奪う、ということを、第一波フェミニズムは明らかにしました。ということは、この歴史を知る私たちは、「生物学的な性差」とされるものが実際には特定の性別の人々を苦しめている社会規範である可能性に注意し、実際に苦しめている場合には例えば「平等」という理念にのっとってその社会規範を解除する必要がある、と主張できます。これもまた、社会学の仕事といってよいでしょう。

ちなみに、女性の政治参加という課題は、第一波フェミニズムの時代にだけ取り組まれたものではなく、今でも取り組まれているものです。この点については、まさに政治を扱う政治学の分野でも議論が盛んです（☞ Part Ⅴ_2. 政治学）。

1960 年代以降に盛んになった第二波フェミニズムは、まさに「男らしさ」「女らしさ」として課される社会規範を問題にしました。その意味で、この運動から引き出せる手がかりはいくつもあるのですが、ここでは次に取り上げる社会学の作業に関連する手がかりを 1 つ引き出しておきましょう。第二波フェミニズムの初期（のアメリカ）において、ある深刻な問題点が明らかになりました。フェミニズムが対象としている「女性」が、実際のところ白人女性でしかないことを、黒人のフェミニストが批判したのです。この問題点を重く受け止めた第二波フェミニズ

ムは、黒人女性の経験や問題意識を尊重したものへと変貌を遂げていきました。その後も「女性」の中に含まれていなかった障害者女性、外国人やエスニック・マイノリティの女性、移民・難民の女性の経験が次々とフェミニズムの内部に蓄積され、社会運動をより多様なものへと変容させてきました。ここからは、「性別という言葉は、特定の女性（や男性）だけを含むものとして使われかねないのであり、それは避けなければならない」という教訓を得ることができます。

セクシュアル・マイノリティの社会運動に学ぶ

　この教訓からどんな結論を引き出すかを考える前に、次はセクシュアル・マイノリティの社会運動について簡単に振り返ってみましょう（新ヶ江2022）。ここにもジェンダーの問題が隠れています。

　19世紀の後半にはさまざまなセクシュアル・マイノリティは「男女双方の特徴を持つ者」としていっしょくたにされ、治療の必要な「病気」と考えられていました。「生殖に関する生物学的な違い」に対応した装いをし、「異性」を欲望し、生殖活動を行うといったことが「正常」とされ、「女性は／男性はこうあるべき」という隠れた社会規範としてセクシュアル・マイノリティを苦しめていたのです。セクシュアル・マイノリティは、これらの社会規範を1つずつ明るみに出し、その暴力性を指摘しながら規範の解除に努めてきました。同性愛者や両性愛者の社会運動は、性的指向（sexual orientation、どの性別に性的欲望や恋愛感情を抱くか）という概念を練り上げることで、「女性は・男性は互いを性愛の対象として求めるべき」という規範を解除しました。トランスジェンダーの社会運動は、性同一性・性自認という概念を練り上げることで、私たちが自分自身の性別をどのように感じ、その性別の人間として社会生活を送っていく、という事態こそ誰もが尊重されるべき権利の内実であると世間に示しました。また同時に「生殖に関する生物学的な違い」を前提とした「性別」理解では、その権利が保障されないことを明らか

にしてきました。性別に関する社会規範をさまざまな側面から疑っていくために、レズビアン（女性同性愛者、Lesbian）、ゲイ（男性同性愛者、Gay）、バイセクシュアル（両性愛者、Bisexual）、トランスジェンダー（Transgender）の相互連携を掲げ、LGBTという言葉も生まれました。また、ノンバイナリー（男女に二分される性別の枠組みに基づかずに生きる人々）は、「男女」の二元論的枠組みで「性別」をとらえることの正当性を疑問視してきました。

性同一性・性自認を尊重することの重要性

　これらの営みは、性別に関するさまざまな社会規範の変容を目指しています。くわえて、性別というものをどのようにとらえ、その理解に基づく実践をどのように社会で積み重ねれば多様な性のあり方を尊重できるようになるかを考えてきました。この歴史を知る私たちは、多様な「性別」理解のうち、「個々人が自分自身の性別をどのように感じ、その性別の人間として社会生活を送っていくか」に即して「性別」という言葉の意味を考えると、人々の権利や幸福を最も適切に支えることができる、という教訓を手にすることができます。これもまた、社会学の大事な仕事です。

　したがって現在では、何らかの部分的で例外的な事情があるのでなければ、性同一性・性自認を性別の最も重要な要素と捉え、「女性」「男性」といった言葉をこの意味での性別を指す言葉として使うことが最も適切である、と性に関して研究する社会学者たちは考えています。とりわけ、第二波以降のフェミニズムが「女性（や男性）という言葉を、特定の女性（や男性）だけを含むものとして使うのは避けるべき」と考えていたことを踏まえれば、トランスジェンダー女性を（出生時に割り当てられた性別に基づいて男性として扱うのではなく）女性としてその性別のあり方を尊重することが重要です。少なくない数の人がこのような意味で「性別」を用いることに慣れていないかもしれませんし、個別の場面に

よってはもう少し丁寧に原則やルールを設定する必要もありますが、この基本的な方針が十分にありうるもので、かつ望ましい理由を社会学（だけが、というわけではありません）は説明できます。この作業は、社会学ができる一種の社会貢献のようなものといえるでしょう。

ジェンダーという概念を使いこなす

まとめましょう。この章では、性別の社会性に着目するための概念がジェンダーである、と述べ、その中身として「社会的性差」「社会規範」「性別という言葉の理解され方と使われ方」の３つを挙げました。ジェンダーについて社会学的に考えるとは、これらの３つの具体的な内容を探ること、いわば性別の社会性の内実を探ることであり、さらにはその社会性を踏まえたうえで、社会のあるべき姿を考える作業でもありうると述べました。

冒頭に取り上げたいくつかのセリフを思い出してください。そこにはジェンダーという概念で取り出すことのできる要素が隠れています。そして、ジェンダーという概念の使い道を知ったあなたは、それらの要素を実際に取り出すことができるはずです。ジェンダーという概念の意義を深く理解したのであれば、そこにあるいくつかの要素について、そのままにはしておけないとすら感じるかもしれません。そのときあなたは、社会学的に性別について考えるだけでなく、社会学を使って社会を変える、という実践の入り口に立っています。ジェンダーという概念は、そんなあなたにとって使いこなす甲斐のある最良の道具となるはずです。さあ、この道具を手に取ってください。そして扉を開け、前に進んでください。そうやって誰かに手渡され使われていくことで、ジェンダーという概念はその意義を果たしていくのですから。

参考文献
・加藤秀一、2006、『知らないと恥ずかしいジェンダー入門』朝日新聞社

・加藤秀一、2017、『はじめてのジェンダー論』有斐閣
・加藤秀一・石田仁・海老原暁子、2005、『図解雑学 ジェンダー』ナツメ社
・北村紗衣、2020、「波を読む——第四波フェミニズムと大衆文化」現代思想 48 巻 4 号 48〜
　56 頁
・新ヶ江章友、2022、『クィア・アクティビズム——はじめて学ぶ〈クィア・スタディーズ〉の
　ために』花伝社
・鶴田幸恵、2009、『性同一性障害のエスノグラフィ——性現象の社会学』ハーベスト社
・ファウスト-スターリング、アン、2018、福富護・上瀬由美子・宇井美代子・立脇洋介・西山
　千恵子・関口元子訳『セックス／ジェンダー——性分化をとらえ直す』世織書房

経済学　政治学　法学　社会学

著者紹介　　**森山至貴**(もりやま・のりたか)
　　　　　　　　早稲田大学文学学術院准教授(社会学、クィア・スタディーズ)

　　　　　　　　〈主要著作〉『LGBT を読みとく——クィア・スタディーズ入門』(ちくま新
　　　　　　　　書・2017 年)、『10 代から知っておきたい 女性を閉じこめる「ずるい言葉」』
　　　　　　　　(WAVE 出版・2023 年)
　　　　　　　　〈なぜこの学問・この専門分野を志したか〉大学 1 年生のときに、性の多様性
　　　　　　　　について研究してみたいと基礎演習の担当教員に相談したところ、紹介された
　　　　　　　　のがジェンダー論を専門とする社会学の教員でした。その先生のもとで成り行
　　　　　　　　きで社会学を学び始め、なんやかんやで今でも社会学者を続けています。

社会のあり方は性別にどう関係するのか？

4. 法学

性別による区別・格差に
法学はどう向き合うか？

石綿はる美

法学と性別がかかわる場面

パスポートや保険証、場合によっては学生証など、身分を証明する際に用いる書類の多くには性別が記載されています。なぜ、性別を記載する必要があるのでしょうか。性別は、氏名・年齢・住所とともに、個人の特定のための基本になる要素であると説明されることがあります（山野目 2022：36）。個人を特定するために複数の要素が必要であり、性別はそのための一要素としての役割を果たしていることは事実です。

では、法律において、性別は、個人の特定以外にどのような役割を果たしているのでしょうか。そして、法学は、性別に関する問題にどのように対応しているのでしょうか。

法の下の平等を定める日本国憲法 14 条 1 項は、性別による差別を禁止しています。

> **日本国憲法 14 条 1 項**　すべて国民は、法の下に平等であって、人種、信条、性別、社会的身分又は門地により、政治的、経済的又は社会的関係において、差別されない。

したがって、男女を差別するような法律は、違憲となります。しかし、必ずしも違憲ではないかもしれませんが、男女の区別・格差が存在する場合もあります。

1 つは、法律等で性別による異なる扱いが定められている場合です。

婚姻可能年齢が男女で異なっていたこと（2022 年 3 月 31 日までは男性 18 歳、女性 16 歳）、女性にのみ再婚禁止期間があったこと（2024 年 3 月 31 日まで）等が挙げられます。もう 1 つは、法律では性別による区別をしていないのに、結果として格差が生じている場合です。例えば、結婚する際に、圧倒的に多くのカップルにおいて、女性が男性の姓（法律上は「氏^うじ」といいます）を名乗ることなどがあります。

　この章では、法律上の性別の決定方法を確認したうえで、再婚禁止期間に関する規定の変遷の検討を通じて、再婚について男女が異なって扱われていた理由、人の性別を国が把握することの意味を考えたいと思います。次に、実態として男女に格差が生じている問題について、格差が生じる理由、法学からの問題解決方法を考えます。これらの検討を通じて、法学の問題へのアプローチ方法を示せれば幸いです。

法律上、人の性別はどのように決まるのか？

　法律上、人の性別はどのように決まるのでしょうか。

　人が誕生すると、「出生届」という書類を子の出生地などの市役所、区役所、町村役場に提出する必要があります。出生届には、「子の男女の別」、つまり性別を記載しなくてはいけません（戸籍法 49 条 2 項 1 号）。この出生届に記載された性別に基づき、戸籍に、ある人の性別が親との続柄（長男・長女など）として記載されることになります（戸籍法 13 条 4 号）。このような手続を通じて、性別が国により把握・記録されます。

　出生届に記載する性別については、通常は、出生に立ち会った医師や助産師が、外性器の形状を目視し、男女の判断をします。この方法による男女の区別は容易だと思う人も多いかもしれません。しかし、出生時に外性器の形状が典型的ではなく、性別がわからない子もいます。この場合、性別未確定として扱われ、性別欄を空欄としたまま出生届を提出します。ただし、後日、性別が確定したときに性別を補充（「追完^ついかん」といいます）する必要があり、将来的には男女のいずれかの性別を決定す

ることが前提となっています (辻村ほか 2021：77、渡邊 2018：85)。

　また、戸籍に記載された性別と自己が考える性別が異なる人もいます。2003 年に成立した「性同一性障害者の性別の取扱いの特例に関する法律」(以下では、「特例法」といいます) は、このような人が、次のような条件を満たす場合、戸籍上の性別を変更することを認めています。まず、性同一性障害について 2 人以上の医師の一致した診断をうけたうえで (特例法 2 条)、①18 歳以上であること、②現在婚姻 (いわゆる「結婚」のこと) をしていないこと、③現在未成年の子がいないこと、④生殖腺（せん）がないことまたは機能しないこと、⑤新たな性別の性器に近似する外観を備えていること、という 5 つの条件を満たす場合には、家庭裁判所の判断 (この場合は「審判（しんぱん）」といいます) により、戸籍上の性別を生物学上の性別と異なる性別に変更することができるのです (特例法 3 条 1 項。詳細は谷口ほか 2017：30〜35)。

　Part Ⅴ の「3. 社会学」でも詳しく説明されているように、人の性別は、簡単には男女に二分できません。それにもかかわらず、現状、日本の法律は、人を男女いずれかの性別に分類しようとしています。

法律が男女を区別して扱うことはあるのか？──女性の「再婚禁止期間」

　それでは、法律が男女を異なって扱うことはあるのでしょうか。市民社会の基本ルールであるといわれる民法（みんぽう）の規定をみていきましょう。

　今の民法の基礎になっている 1898 年に施行された明治民法は、男女の不平等がある内容でした。例えば、明治民法のもとでは、戸主（こしゅ）という家族の長が、家族に対して大きな権限と義務をもっており、戸主の財産は次の戸主のみが相続できました。そして、戸主になることができるのは、原則として男性でした。

　多くの男女不平等な規定がある明治民法は、1947 年 5 月に施行された日本国憲法で定められた個人の尊重 (13 条)、法の下の平等 (14 条 1 項)、婚姻・家族制度における両性の本質的平等 (24 条 2 項) に反すると考えら

れました。そこで、1947 年 12 月 22 日に、民法が改正され (施行は 1948 年 1 月 1 日)、男女平等に反すると考えられた規定は削除・改正され、男女の平等が形式的には実現しました。例えば、新たに設けられた、婚姻中は、父母双方が子に対して共同して親権を行使するという規定 (民法 818 条 3 項) は、当時としては、世界的にも先進的な規定でした。

しかし、その後も男女を区別する規定が、民法にはありました。それは女性の再婚禁止期間を定めた規定です。この規定は、2022 年 12 月に成立・公布された「民法等の一部を改正する法律」により廃止されることが決まりましたが、法律の施行は、2024 年 4 月 1 日とされているので、しばらくは、女性のみの再婚禁止期間のルールは残ります。では、改正前の規定 (民法旧 733 条 1 項) を詳しくみていきましょう。

> **民法旧 733 条 1 項**　女は、前婚の解消又は取消しの日から起算して 100 日を経過した後でなければ、再婚をすることができない。

まず、用語の確認をします。婚姻の解消とは、離婚と死別のことを指します。また、婚姻の取消しとは、婚姻ができる条件を満たしていないのに婚姻をした結果、後日婚姻が取り消されることをいいます。婚姻の取消しの例は少ないので、以下では、離婚と死別という婚姻の解消の場合を念頭に説明をしていきます。

民法旧 733 条 1 項によると、女性は、前の夫との離婚・死別から 100 日を経過した後、つまり 101 日目以降でないと再婚できません。それに対して、男性は、前の妻と離婚や死別した後、ただちに再婚できます。法律が再婚に関して男女を区別し、女性の再婚する自由を一定期間制限しているのです。このような規定は、日本国憲法 14 条 1 項が禁止する性別を理由とする差別に当たらないのでしょうか。このことを考えるために、再婚禁止期間が問題になった最高裁判所の判決 (以下では、「再婚禁止期間判決」といいます) (最高裁大法廷平成 27 年 12 月 16 日判決〔最高

裁判所民事判例集 69 巻 8 号 2427 頁掲載]）をみてみましょう。

　再婚禁止期間判決で問題になったのは、明治民法の成立から 2016 年
6 月まで用いられていた次のような規定です。以下では、この古い規定
を「民法旧々 733 条 1 項」と呼びます。

　　民法旧々 733 条 1 項　女は、前婚の解消又は取消しの日から 6 箇^か
　　月を経過した後でなければ、再婚をすることができない。

　明治民法の制定当時の科学技術では、妊娠してから 6 カ月程度経た
ないと女性が妊娠しているかどうかを確定することが困難だと考えられ
ていました。そのため、前の夫の子を妊娠していないことが明確になる
離婚・死別後 6 カ月を再婚禁止期間としたのです。しかし、この規定は、
女性のみに再婚禁止期間を設けており、差別に当たるのではないかとし
て、長く批判され、また裁判でもその正当性が争われてきました。

　再婚禁止期間判決の事案では、ある女性が、民法旧々 733 条 1 項は、
法の下の平等（憲法 14 条 1 項）、両性の本質的平等（憲法 24 条 2 項）に違反す
ると、国を訴えました。判決は、再婚禁止期間を定めた目的には合理性
があり、再婚禁止期間が存在すること自体は問題ないが、民法旧々 733
条 1 項の定める期間に問題があると考えました。具体的には、100 日間
の再婚禁止期間は憲法違反ではないが、100 日を超える再婚禁止期間は
日本国憲法 14 条 1 項・24 条 2 項に違反するとしました。これを受けて、
2016 年 6 月 7 日に民法が改正され、再婚禁止期間は 100 日間に短縮さ
れました（さきほど紹介した民法旧 733 条 1 項がその改正後の規定です）。

再婚禁止期間とかかわる法律上の父の決定方法
　たとえ 100 日間であっても女性のみが再婚を禁止されていることは、
なぜ、憲法違反ではないのでしょうか。このことを正確に理解するため
には、再婚禁止期間が設けられている理由であるとされる、法律上の父

図1　民法旧772条による嫡出推定の考え方

の決定方法について知る必要があります。少し回り道になりますが、法律上の親子関係の決定ルールを確認しましょう。

　まず、法律上の母は、子を産んだ女性であるとされています。卵子提供により他人の卵子を用いて妊娠・出産した場合も、産んだ女性が母になります。

　それに対して、法律上の父の決定のルールは少し複雑です。婚姻している女性から生まれた子を 嫡 出 子と呼びますが、嫡出子の法律上の父子関係は、嫡出推定（民法772条）というルールにより決まります。一方、婚姻していない女性から生まれた子である嫡出でない子の法律上の父子関係は、父が認知（子を自らの子と認めること）をすることで成立します（民法779条）。再婚禁止期間との関係で問題になるのは、嫡出子の法律上の父の決定方法を定める次の条文です。この規定も、再婚禁止期間と同様に、2022年12月に成立した「民法等の一部を改正する法律」により改正されたので、ここでは、民法旧772条と呼びます。

　　民法旧772条1項　妻が婚姻中に懐胎した子は、夫の子と推定する。
　　2項　婚姻の成立の日から200日を経過した後又は婚姻の解消若しくは取消しの日から300日以内に生まれた子は、婚姻中に懐胎したものと推定する。

　つまり、**図1**の太線の期間に生まれた子は、民法旧772条2項に基づいて婚姻中に懐胎した子と推定されることで、民法旧772条1項の「妻が婚姻中に懐胎した子」という条件を満たすことになる結果、子を産んだ母の夫が法律上の父とされるのです。父子の血縁関係は、母子関

係に比べて明白にわかるわけではありませんが、嫡出推定というルールがあることにより、子が生まれてすぐに、法律上の父を決めることができ、子に対して第一に責任をもつべき人を確定できます。

なぜ100日間の再婚禁止期間の存在は違憲ではないのか？

　法律上の父の決定ルールを踏まえて、再婚禁止期間判決をもう少し詳しくみていきます。

　まず、判決は、再婚禁止期間の立法目的は、女性の再婚後に生まれた子について、民法旧772条によって決まる法律上の父とされる人が複数生じることを回避し、父子関係をめぐる争いの発生を未然に防ぐことだとします。そして、法律上の父子関係が早期に明確になることの重要性から、この立法目的には合理性があるといいます。

　そのうえで、立法目的との関係で、再婚禁止期間の定めが本当に合理的なものかを検討します。判決は、民法旧772条に基づくと、女性の再婚後に生まれる子については、計算上100日の再婚禁止期間を設けることによって、法律上の父の推定の重複が回避されることになり、100日の間女性の再婚を制約することは、立法目的との関連で合理性があると判断しています。

　100日あれば法律上の父の推定の重複が生じないというのは、どのような計算に基づくのでしょうか。再婚禁止期間のルールがなかったとして、ある女性が、離婚すると同時に再婚するとしましょう。先ほど確認した民法旧772条の嫡出推定のルールに基づくと、離婚・死別後300日以内に生まれた子は前の婚姻の夫の子と推定されます。そして、婚姻の成立から200日経過後に生まれた子は、新しい婚姻の夫の子と推定されます。そうすると、**図2**で示すように、前の婚姻と新しい婚姻の双方の夫の子と推定される期間が100日間存在し、この期間に生まれた子には法律上の父と推定される人が2人存在することになります。これを避けるため、女性の再婚を遅らせ、100日間の再婚禁止期間を設け

図2　再婚禁止期間判決の考え方

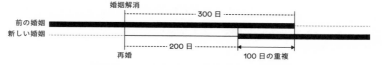

・再婚禁止期間が100日あれば、嫡出推定の重複は避けられる。

れば、法律上の父が早期に決まる、というのが判決の考え方です。

　それに対して、再婚禁止期間を設けず、法律上の父が2人存在することになった場合は、裁判やDNA鑑定を通じて、前の婚姻の夫と、新しい婚姻の夫のどちらが父であるかを決めるという方法も考えられます。しかし、判決は、それらの方法では、父が決定するまでに一定の時間がかかり、子の法律上の父が誰かが明らかではない期間が生じ、子どもの利益にならないということを前提にしているのです。

なぜ100日を超える再婚禁止期間は違憲なのか？

　判決は、100日の再婚禁止期間は憲法に違反しないとしたのに対して、100日を超える再婚禁止期間は、法の下の平等（憲法14条1項）、両性の本質的平等（憲法24条2項）に違反するといいます。その理由として、①医療や科学技術が発達した今日においては、再婚禁止期間を厳密に法律上の父の推定の重複を回避するための期間（100日）に限定しないで、一定の期間の幅（6カ月）を設けることを正当化することは困難になったこと、それに加えて、②国内外で、再婚への制約をできる限り少なくするという要請が高まっていること、③婚姻をする自由は日本国憲法24条1項の規定の趣旨に照らし十分尊重されるべきものであること、④妻が婚姻前から妊娠していた子を産むことは再婚の場合に限られないこと、を挙げています。科学技術の進歩・社会の変化等から100日を超える再婚禁止期間は正当化できないと判断されたのです。

ここまでのまとめと再婚禁止期間の廃止

　以上のように、女性のみに再婚禁止期間があるのは、生まれてくる子の法律上の父を早期に1人に決定するためであると説明されています。女性には婚姻の解消後一定期間の貞操を求めるという理由によるものではなく（もっとも、なかなか規定が見直されなかった背景にそのような考え方がある可能性は否定できません）、男女の区別は、生殖やそれにともなう法律上の親の決定ルールとかかわっているのです。

　なお、100日であっても、女性のみに再婚禁止期間があることは、女性の再婚の自由を侵害していることは間違いありません。再婚禁止期間判決後も、民法旧733条は違憲なのではないか、違憲でないにしても改正すべきではないかという意見が多くありました。

　そのような背景もあり、2022年12月に民法が改正され、女性の再婚禁止期間が廃止されることになりました。女性が離婚後すぐに再婚をしても、法律上の父の推定の重複が生じないように、嫡出推定のルールも変更されたからです。

　民法新772条は、婚姻成立から200日経過後および婚姻解消から300日以内に生まれた子は、婚姻中に懐胎したものと推定したうえで、夫の子と推定するというこれまでのルールに、①婚姻成立から200日以内に生まれた子は、婚姻前に懐胎したものと推定したうえで、夫の子と推定する（**図1**の太線部分と**図3**の太線部分を比べてみてください）、②女性が子を懐胎した時から子の出生の時までの間に複数の婚姻をしていた場合には、その子は直近の婚姻における夫の子と推定する、という2つのルールを追加しました。

　①のルールが追加されるのは、妊娠が判明した後に婚姻届を提出するようなカップルが増加している中で、婚姻後に子が出生している場合には、子の父は夫である可能性が高いと考えられるようになったからです。

　①のルールの追加だけを前提に、法律上の父となる者の重複を避けようとすると、現在より長い300日間の再婚禁止期間が必要となります。

図3　民法新772条による嫡出推定の考え方と再婚禁止期間

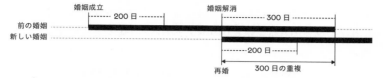

・嫡出推定が重複する300日の間に生まれた子の父は、新しい婚姻の夫であると推定することで、再婚禁止期間は不要になる。

図3で示すように、婚姻解消の日に再婚すると300日間の嫡出推定の重複が生じるからです。それでは女性の再婚の自由を今以上に制約することになってしまいます。しかし、②のルールを追加することにより、前の婚姻の嫡出推定と新しい婚姻の嫡出推定が重複する場合、新しい婚姻の夫を子の法律上の父としていることで、再婚禁止期間が不要となるのです。

　今回の改正で、再婚禁止期間の規定が必要とされてきた理由である、法律上の父とされる人が複数生じることを避ける必要があるという考え方がなくなったわけではありません。100日間の再婚禁止期間を容認する前提であった嫡出推定のルールが変わり、重複が生じうる場合のルールが作られたため、再婚禁止期間の男女の区別がなくなるのです。ルールの変更の背景には、100日であっても女性の再婚の自由が侵害されていることに対して、立法で対応しようという考えもあるでしょう。

早期の父子関係の決定の必要性と性別の役割

　民法772条の嫡出推定の規定は、明治民法の成立時から中心的な内容は変わることがない規定です。子が生まれた日から懐胎した時期を推定し、一定の期間内に生まれた子は夫の子とするという嫡出推定のルールは、科学技術が未発達で、父子の間の血縁の証明が困難な時代に、日本だけではなく多くの国で、法律上の父を決定する役割を果たしてきました。そして、類似するルールが依然として多くの国で用いられている

のは、このルールを使うと、法律上の父を早期に決定できるからです。

　科学技術が発展した現在、DNA鑑定などで生物学上の父を確認し、法律上の父とすればよいという考え方もあるでしょう。しかし、DNA鑑定にも一定の時間がかかりますし、DNA鑑定の結果、子にとって身近な人の中に生物学上の父が見つからないかもしれません（婚姻している妻が夫以外の子を出産することは一定程度あります）。嫡出推定のルールを用いれば、子が生まれてすぐに法律上の父が決まり、子に対して責任をもつ人を明らかにできます。これは、子の保護・子の利益につながると考えられています。

　最高裁判所は、嫡出推定による法律上の父子関係の決定のルールは、特例法により性別を変更した人にも適用されると判断しています（最高裁平成25年12月10日決定）。特例法に基づき女性から男性に性別変更をしたAが、Bという女性と婚姻をし、Bがドナー（提供者）の精子を利用して、Cという子を出産したとします。AはCの生物学上の父ではないですが、嫡出推定のルールが適用されると、Aが法律上の父となります。Aが生物学上、Cの父となりうる可能性があるかを判断することなく、戸籍上の性別の記載に従って、法律上の父を決定するのです。

　このように、戸籍に性別が記載されていることで、さまざまな事情に立ち入ることなく、すぐに子の父が決定し、子に対して責任をもって養育する人を確保することができます。国が性別を把握することや、今までみてきたような法律上の父の決定ルールを設ける意味は、ある人が、子の母・父のいずれになりうるのかを、戸籍に記載された性別の情報からただちに明らかにすることができ、個々人のさまざまな事情に立ち入ることなく、子が生まれてすぐにその子の母・父を決定できることにもあるといえるでしょう。

法律は男女の区別をしていないのに格差が生じる問題①──夫婦の氏

　今までみてきた話とは異なり、法律は男女の区別・差別をしていない

ものの、実際には、男女間に大きな格差が生じている問題もあります。その例として、夫婦の氏の問題と交通事故などの際に加害者から被害者に支払われる損害賠償の金額について簡単に触れたいと思います。

　まず、夫婦の氏の問題です。皆さんの中には、結婚すると、妻が夫の氏に変更しなくてはいけないと法律で決まっていると思っている人もいるかもしれません。しかし、法律は次のように定めています。

> **民法 750 条**　夫婦は、婚姻の際に定めるところに従い、夫又は妻の氏を称する。

　民法は、結婚する時に、夫婦のどちらか一方の氏を名乗ることを決めなくてはいけないと定めているだけで、夫の氏を名乗ることは求めていません。しかし、実際には、96% のカップルが夫の氏を選択し、大多数の女性は、結婚と同時に自らの氏を名乗ることができなくなります (厚生労働省 2016：10)。その理由としては、女性が氏を変えるべきだという社会通念などさまざまなものが考えられますが、法学の視点からは、このような実態が生じる原因である民法 750 条は、性別による差別を禁止する日本国憲法 14 条 1 項などに反しないかなどが問題になります。

　この問題についてはじめて最高裁が判断したのが、再婚禁止期間判決と同じ日に出された最高裁大法廷平成 27 年 12 月 16 日判決 (最高裁判所民事判例集 69 巻 8 号 2586 頁掲載) です (以下、夫婦同氏判決といいます)。この事件では、当事者たちが、民法 750 条は日本国憲法 13 条 (幸福追求権)・14 条 1 項 (法の下の平等)・24 条 (婚姻の自由と両性の本質的平等) 等に違反するとし、民法 750 条が定める夫婦同氏制度に加えて、夫婦が別々の氏を名乗る夫婦別氏制度の選択肢を設けないことについて、国に損害賠償を求めました。

　夫婦同氏判決は、民法 750 条は、夫婦が夫または妻のいずれかの氏を称することを定めるのみで、条文の文言上、性別に基づく差別的な取

り扱いをしているわけではないとして、日本国憲法 14 条には違反せず、また、13 条・24 条にも違反しないと判断しました。しかし、法律が性別に基づく形式的な差別をしていないとしても、実際には、婚姻をした女性の 96% が氏を変えており、そこには大きな男女格差、実質的な男女差別ともいえる状況があります。民法 750 条が違憲でないにしても、結婚するために望まないのに氏を変えざるをえない人のために選択的夫婦別氏制度の導入が主張されています。

　ところで、夫婦同氏判決で、15 名いる最高裁判所の裁判官のうち、民法 750 条は日本国憲法 24 条に違反するとした裁判官が 5 名おり、そのうちの 3 名は女性でした。裁判官は法学の理論に基づいて判断をしますが、判決に裁判官自身の経験や価値観が投影されていることは否定できないとも指摘されています（山浦 2020：413）。夫婦同氏判決後も、民法 750 条の合憲性をめぐる最高裁の判決はいくつか出ていますが、いずれも規定を合憲と判断し続けています（ただし、違憲とする反対意見も出されています）。最高裁判所の裁判官に女性が増えると、この問題についての判断も変わってくるかもしれません。

　なお、最高裁は、選択的夫婦別氏制度の導入を否定していません。その点は、司法ではなく立法の問題だと考えているのです。実は 1996 年に選択的夫婦別氏制度を導入する民法の改正が法務省の専門家会議（法制審議会）によって提案されているのですが、家族の一体性を損なうなどの理由から、国会では議論されていません。国会議員に女性が増えると、選択的夫婦別氏制度の導入の議論が進み、立法が早く実現することがあるかもしれません（☞ Part V_2. 政治学）。

法律は男女の区別をしていないのに格差が生じる問題②
──交通事故における損害賠償額

　交通事故など、加害者と被害者の間に契約などの特別の結びつきはありませんが、加害者の行為により被害者に損害が生じた場合に、加害者

がその損害を賠償することがあります（不法行為という制度です）（詳しくは、松久ほか 2022：276 以下）。被害者が事故が原因で働けなくなった場合、加害者は、事故がなければ将来得られたはずの収入額を被害者に支払うことになるのですが、その金額に男女格差があるといわれています。そこには、Part Ⅴ の「1. 経済学」でみたような、男女間の賃金格差が関係しています。

　まず、被害者がすでに働いている場合、その収入を基準として、あと何年働くことができたかを考えて賠償額が算定されます。男女の平均賃金が異なることから推測できるように、一般的に、女性が被害者である場合、男性に比べて損害賠償の金額が低くなります（吉田 2022：168〜172）。

　また、被害者が子どもであるなど働いていない場合は、将来得られるであろう収入を予測して損害賠償の金額を決めます。この際、全国の労働者の賃金を記録した賃金構造基本統計調査を利用し、性別や学歴に応じた金額を算定するのですが、女性の方が平均賃金が低いため、受け取れる金額が低くなります。そのため、女性の損害賠償額を算定する際には、全労働者の基準を用い、男女の格差を是正しようとする動きもあります。しかし、これでも、全労働者の平均賃金は男性の平均賃金を下回ることから、依然として男女間に格差があります。そこで、できるだけ男女を平等に扱うために、男女ともに全労働者の平均賃金を用いるなど、金額が平等になるような方法が検討されています（窪田 2018：375 以下）。

　以上、簡単にみてきた 2 つの問題は、法律では男女の区別がされていないものの、現実には、男女間に格差が生じているものです。このような格差が生じる背景には、「結婚したら男性の氏を名乗るべき」という社会通念や、男女間の賃金格差という問題が存在します。社会通念を変えたり、男女間の賃金格差をなくしたりするという方法により男女の格差を解決する方法もありますが、法学は適用するルールを検討することで、男女の格差の問題に対応しようとするのです。

おわりに――これからの課題

　この章の最初に説明したように、性別は、個人の特定のための一要素としての役割を果たしています。それに加えて、法律上の親の決定を迅速に行うために、ある人の性別を決定し、戸籍上に性別を記載することの意味があると整理することができるかもしれません。また、婚姻が異性間でのみ認められている現状において、その婚姻が異性間のものかどうかを、戸籍上の性別の情報のみで判断できる点にも、性別を決定する意味があるでしょう。

　しかし、本当に人の性別を決め、戸籍等で把握する必要はあるのでしょうか。親子関係の決定のルールが変更され、父親・母親ではなく、親を決めればよいというルールになれば、さらには、婚姻が同性間でも認められるようになれば、性別の決定・把握は不要になるでしょうか。親子関係の決定等のルールの変更がないとしても、性別は男女の2つである必要があるのでしょうか。男女どちらでもないという第三の性を認めたり、性別を決定・把握したりしないという可能性はないのでしょうか。

　実際に、オーストラリアなどいくつかの国では、パスポートの記載に、男女のいずれでもない性別という選択肢を設けるようになっています。また、国に身分を登録する際に第三の性を認める国も出てきています（藤戸 2019：55〜60、渡邉 2018：83 以下）。世界に目を向けると、そもそも性別は男女の2つである必要があるのかなど、新たな問題が生じてきているのです。

　新しい問題について考えるためには、なぜ性別を決定・把握する必要があるのか、性別は法学（のみならず社会）においてどのような役割を果たしているのか、という哲学的ともいえる問いについてあらためて考える必要があるでしょう。その際には、従来のルール・考え方は本当に説得的なものか、社会が変化する中で依然として維持すべきかといった批判的な視点も重要です。

　また、法律では何ら区別されていないのに実態として男女の格差が生

じている問題について、不合理な格差を解消するための論理・方法を考えていくのも法学の大きな役割です。そこでは法学の概念も重要な役割を果たしますが、多様な問題が生じる今日において、格差が生じている原因を探り、問題解決方法を探る際には、他の社会科学分野との連携も重要になってくるでしょう（性別の他、さまざまな格差・差別への対応など、今後の課題については茂木（2023）も参照）。

参考文献

・厚生労働省、2016、平成 28 年度人口動態統計特殊報告「婚姻に関する統計」（https://www.mhlw.go.jp/toukei/saikin/hw/jinkou/tokusyu/konin16/dl/01.pdf。2023 年 5 月 26 日閲覧）

・窪田充見、2018、『不法行為法──民法を学ぶ〔第 2 版〕』有斐閣

・谷口洋幸・綾部六郎・池田弘乃編、2017、『セクシュアリティと法──身体・社会・言説との交錯』法律文化社

・辻村みよ子・糠塚康江・谷田川知恵、2021、『概説ジェンダーと人権』信山社

・藤戸敬貴、2019、「性の在り方の多様性と法制度──同性婚、性別変更、第三の性」レファレンス 819 号 45〜62 頁

・松久三四彦・遠山純弘・林誠司、2022、『オリエンテーション民法〔第 2 版〕』有斐閣

・茂木明奈、2023、「賃貸借問題と医学部入試問題からみる差別──民法は差別問題にどう立ち向かうのか」法学セミナー 818 号 30〜35 頁

・山浦善樹、2020、『お気の毒な弁護士──最高裁判所でも貫いたマチ弁のスキルとマインド』弘文堂

・山野目章夫、2022、『民法概論 1〔第 2 版〕』有斐閣

・吉田克己、2022、「逸失利益の男女格差をめぐって」Law & Practice16 号 167〜197 頁

・渡邉泰彦、2018、「第 3 の性別は必要か──ドイツ連邦憲法裁判所 2017 年 10 月 10 日決定から」産大法学 52 巻 1 号 83〜129 頁

著者紹介　**石綿はる美**（いしわた・はるみ）
一橋大学大学院法学研究科准教授（民法学）

〈主要著作〉「遺言における受遺者の処分権の制限──相続の秩序と物権の理念 (1)〜(7・完)」法学協会雑誌 131 巻 2 号〜9 号 (2014 年)、『家族と刑法──家庭は犯罪の温床か？』(深町晋也著、コメント執筆。有斐閣・2021 年)
〈なぜこの学問・この専門分野を志したか〉家族という身近な集団に生じるさまざまな問題を、当事者の多様な利益・要望を踏まえながら、法学を通じて、どのように解決できるか知りたい・考えたいというささやかな知的好奇心から研究の世界に入りました。

「ジェンダー」について考えるための読書案内　Book Guide

01 犬伏由子・井上匡子・君塚正臣編
『レクチャージェンダー法〔第 2 版〕』
法律文化社、2021 年

02 イリス・ボネット
『WORK DESIGN——行動経済学でジェンダー格差を克服する』
（池村千秋訳）NTT 出版、2018 年

03 大沢真知子『女性はなぜ活躍できないのか』
東洋経済新報社、2015 年

04 加藤秀一・石田仁・海老原暁子『図解雑学　ジェンダー』
ナツメ社、2005 年

05 川口章『日本のジェンダーを考える』
有斐閣、2013 年

06 三浦まり編著『日本の女性議員——どうすれば増えるのか』
朝日新聞出版、2016 年

07 森山至貴『LGBT を読みとく——クィア・スタディーズ入門』
ちくま新書、2017 年

08 ルース・ベイダー・ギンズバーグ／アマンダ・L・タイラー
『ルース・ベイダー・ギンズバーグ——アメリカを変えた女性』
（大林啓吾ほか訳）晶文社、2022 年

索引

319

世の中を知る、考える、変えていく
——高校生からの社会科学講義

2023 年 7 月 31 日 初版第 1 刷発行
2023 年 9 月 20 日 初版第 2 刷発行

編　者　飯田　高、近藤絢子、砂原庸介、丸山里美

発行者　江草貞治

発行所　株式会社有斐閣

　　　　〒101-0051 東京都千代田区神田神保町 2-17

　　　　https://www.yuhikaku.co.jp/

デザイン　Siun

イラスト　朝野ペコ

印　刷　大日本法令印刷株式会社

製　本　大口製本印刷株式会社

装丁印刷　株式会社亭有堂印刷所